LES BLESSURES
DE LA VÉRITÉ

LAURENT FABIUS

LES BLESSURES DE LA VÉRITÉ

Flammarion

DU MÊME AUTEUR

La France inégale, Hachette, 1975.
Le Cœur du futur, Calmann-Lévy, 1985.
C'est en allant vers la mer, Le Seuil, 1990.

ISBN : 2-08-06-7091-3
Imprimé en France

Pour Françoise.

Avant-propos

Laurent Fabius a-t-il une âme?

Cette question plutôt abrupte, j'ai constaté depuis longtemps qu'elle revenait d'une façon récurrente. Connu, je l'étais. Mais connu souvent pour être l'un de ces animaux politiques froids, sans convictions ni affects, tout entier inspiré par une forme chimiquement pure de l'ambition. A quoi s'ajoutait, pour faire bonne mesure et parce que, disait-on, trop souvent trop de choses m'avaient réussi, un côté enfant gâté et né coiffé.

Pendant des années, j'ai traité cela par l'indifférence. Que m'importait, au fond, l'opinion de ceux qui, quoi qu'il arrive, ne m'écouteraient pas, ne m'aimeraient pas – et que d'ailleurs je n'aimerais pas davantage! Qu'avais-je à faire de spécialistes de la médisance, pour qui la méchanceté constitue un jogging intellectuel quotidien? Je m'en moquais. J'avais, comme on dit, ma conscience pour moi.

J'avais tort. Je porte, en effet, une part de responsabilité. Longtemps j'ai répugné à parler de moi, de mes sentiments, de mes émotions et même de mes idées. Je croyais que les êtres et les situations possédaient leur vérité en soi, qu'il n'était pas besoin de s'en préoccuper, qu'elle s'imposerait par elle-même. Mes amis y voyaient une forme de pudeur. Les indifférents, une manière de maîtrise. Les malveillants, confondant la forme et le fond, y décelaient un défaut caractérisé d'humanité. En tout état de cause, je constate que cette disposition d'être, pourtant assez commune, est de moins en moins acceptée; chacun désormais est prié de venir exposer son intériorité devant les regards. Je n'échappe pas à la règle, même si elle me pèse.

Car, qu'on le veuille ou non, la politique c'est aussi un rapport avec l'opinion, un rapport qui engage vos idées, bien sûr, mais aussi votre personne. L'équation personnelle, comme disait de Gaulle. Et ce qu'on perçoit de vous sert ou dessert vos convictions. Or je souhaite, profondément, faire partager mes idées, les faire avancer. J'ai donc cherché dans ce livre à les décrire, à me décrire. Sans complaisance. Tout en sachant combien la « scène » publique est paradoxale : on y paraît souvent autrement qu'on est. Des indécis congénitaux y figurent des hommes de caractère, des apparatchiks impénitents jouent aux idéalistes. J'ai essayé d'éviter ce travers en disant, tout simplement, ici, la vérité.

Le livre est né de cette quête. Il comporte deux aspects : l'un est fait de récits singuliers, d'observations personnelles ; l'autre est davantage tourné vers le bilan politique, la prospective et la réflexion générale. La coexistence entre ces deux approches risquait de surprendre. J'ai songé à les séparer. Finalement, je ne l'ai pas fait. Parce que c'est mon chemin que je décris et que ce chemin mêle les deux registres. Le va-et-vient entre l'individuel et le collectif, entre l'anecdote et l'histoire : telle est ma vie. J'ai donc choisi de mélanger les genres. Parce que j'ai choisi de respecter les faits.

Un dernier mot d'avant-propos. Celles et ceux dont je parle, célèbres ou anonymes, sont en général mes contemporains. En les évoquant, je n'ai pas voulu choquer. Je n'ai pas voulu non plus affadir. J'ai essayé seulement de dire la réalité, avec ses lumières et ses ombres, y compris celles qui me concernent. En promenant une caméra subjective sur le chemin parcouru depuis vingt ans – et parfois sur le futur –, j'ai essayé de relater des choses vues et senties par ma génération. Ce ne sont pas des mémoires exhaustifs. Ce sont les instantanés d'une vie à mi-parcours, le parcours d'un de ceux qu'on a appelés d'un mot dont j'aime la sonorité et le sens : un « sabra » de la gauche.

Trocadéro

Je suis né le 20 août 1946, au cœur du XVIe arrondissement, à Paris. C'est là que j'ai passé mon enfance, dans ce quartier du Trocadéro, si calme, si propre, si ennuyeux, d'où je me suis dépêché de m'échapper dès que j'eus atteint mes dix-huit ans. Nous habitions une maison à deux étages avec un petit jardin, au numéro 14 de la villa Scheffer, une villa-impasse au style anglais, entourés de voisins que nous connaissions à peine et que nous saluions poliment.

Mon père André avait quatre frères, Emmanuel, Raymond, Fernand et Pierre, mais un seul neveu, Bruno. Ma mère, Lise, avait une sœur, une artiste bouillonnante, Aimée Mortimer, qui eut elle-même une fille, Michèle. Quoique d'un abord policé, mon père était assez taciturne. Il était bel homme. Ma mère, superbe dans sa jeunesse, était, elle, très exubérante. Le couple s'était rencontré sur la plage des Sables-d'Olonne alors que, adepte de boxe, le jeune André Fabius faisait étalage de ses muscles. Cousins, oncles, neveux, nous sommes au total peu nombreux. Rien à voir avec ces tribus joyeuses qui s'installent l'été dans une maison de vacances, dont les enfants grandissent ensemble, se retrouvent pour fêter les réussites ou pour pleurer en communion un être cher. Nous savons pouvoir compter les uns sur les autres. Nous nous aimons beaucoup. Mais, comme par discrétion, nous n'avons pas mêlé nos vies. Un coup de fil par-ci, une lettre par-là, rien de plus. Ma famille n'a jamais eu vraiment l'esprit de famille.

Mes relations avec mon frère François et avec ma sœur Catherine, un peu plus âgés que moi, sont plus étroites. Si nous avons vécu notre adolescence assez isolés les uns des autres, ensuite, lorsque chacun de nous a fondé une famille, nous nous sommes beaucoup rapprochés. Catherine, d'un caractère enjoué, a épousé un cinéaste, elle est devenue costumière de films et a eu trois enfants. François, après avoir failli choisir l'équitation pour profession, a rejoint mon père et mes oncles dans le commerce d'antiquités. Il a deux filles, il vit avec son épouse une vie tranquille. Nous sommes tous trois unis par une affection profonde et vraie.

La famille de ma femme, rencontrée beaucoup plus tard, est d'une tonicité très différente. Originaire de Salonique et d'Istanbul, elle est, comme Françoise, bouillonnante. Je n'ai pas connu le père de ma femme, personnage haut en couleur, qui fit, m'a-t-on dit, plusieurs fois fortune et qui la perdit avec une égale constance. En m'épousant, Françoise a un peu distendu ces liens familiaux, non par choix raisonné mais parce que spontanément nous avons tourné l'essentiel de notre énergie d'affection vers nos enfants et nos amis.

Pourquoi cette « retenue » familiale chez les Fabius? Peut-être est-elle liée aux souffrances de la guerre. Plusieurs de mes parents plus ou moins proches ont été déportés et ne sont pas revenus des camps. Cette période noire nous a marqués profondément, au point longtemps de ne pas même en parler. Par pudeur peut-être, par espoir d'oublier certainement. Les tempéraments individuels ont accentué ces traits. Chez nous, les hommes sont plutôt tournés vers les études, ils mènent des existences paisibles et n'ont pas de vie mondaine. Certains sont même carrément « originaux », notamment mon oncle Emmanuel, célibataire endurci, collectionneur d'autographes, doué d'une culture encyclopédique, qui se promenait hiver comme été avec des chaussures d'après-ski, limitant ses contacts avec ses neveux quand nous étions enfants à des interrogations sur les multiplications à quatre chiffres, et nous offrant invariablement en récompense pour nos réponses un anneau de caoutchouc fort utile à la montre de gousset... de son propre gilet.

L'espoir d'oublier les épreuves de la guerre explique aussi sans doute que, comme un certain nombre de juifs, mes parents aient décidé d'élever leurs enfants dans la religion catholique. Sans prosélytisme, mais parce que c'était la religion qu'il convenait de suivre, au cas où de nouveau... J'ai donc été baptisé, j'ai suivi les cours de catéchisme, j'ai même fait ma communion solennelle en aube blanche à Notre-Dame de Paris. Avec le temps, je suis devenu agnostique. Je suis un laïque dans l'âme. J'apprécie la générosité des hommes d'Église, surtout les plus humbles, ceux qui vivent auprès des déshérités, mais les Églises, pour ce qu'elles comportent de vérité unique et d'enrégimentement, me font peur. Je suis un laïque dans l'âme. L'opinion me considère comme juif, j'ai éprouvé ici ou là un certain antisémitisme : dès lors je laisse dire, j'assume et même je revendique.

Peu répandu, le nom de Fabius évoque une résonance historique particulière. Quitte à décevoir les latinistes et la presse spécialiste des mariages illustres, je ne descends en droite ligne ni du célèbre Fabius Cunctator, général romain qui savait attendre l'ultime minute avant d'accepter la bataille, ni des trois cent six Fabius, massacrés au service de Rome à l'exception d'un enfant qui survécut. Mes origines sont plus plébéiennes : le nom de Fabius remonte à mon arrière-arrière-grand-père, Joseph, né en Moselle, commis-marchand de son état. Il s'appelait en réalité Lion, Joseph Lion. En 1808, lorsque les juifs reçurent le droit de porter un nom de famille, il déclare à la mairie de Sarrebourg vouloir prendre Fabius comme patronyme. De commis-marchand il a réussi à devenir instituteur, il est estimé de tous dans la ville de Pont-à-Mousson où il exerce, on le surnomme Fabius par référence au grand Fabius de l'Antiquité, en hommage à ses qualités civiques et humaines. Il choisit donc ce patronyme. Sur sa tombe au cimetière de Pont-à-Mousson figure une épitaphe où il est décrit comme un « homme pieux, sensible, compatissant, éclairé, fidèle au culte, ami des hommes ». J'aime à imaginer ce Joseph Fabius, « ami des hommes », mon aïeul instituteur, qui eut sept enfants.

Mon arrière-grand-père fut le quatrième de ses enfants. Après ses études, il quitta Pont-à-Mousson pour Lyon où il fut d'abord marchand-tailleur, se maria avec une jeune fille du Bas-Rhin, puis vint s'installer à Paris. Mon grand-père Elie se lança, lui, dans le commerce d'antiquités, en plein IXe arrondissement de Paris, rue de Provence ; puis boulevard Haussmann, à côté du musée Jacquemart-André. Mon père et deux de ses frères reprirent le commerce paternel pour en faire une des maisons appréciées de Paris. Cela leur a permis de vivre confortablement, sans clinquant, cependant que ma mère écrivait de temps en temps des articles sur l'équitation dans des revues spécialisées.

Du côté de ma grand-mère paternelle, on tenait également boutique, on fabriquait des filets pour la coiffure des dames et on s'adonnait à la peinture. Quant au père de ma mère, il était d'origine américaine, commerçant lui aussi, mais cette fois dans les bijoux. Bref, tous étaient issus d'un milieu de commerçants, petits commerçants au départ, puis bien établis. Tous avaient un grand sens de la communauté familiale et des devoirs envers le prochain.

Jusqu'au baccalauréat, ma vie fut absorbée par deux activités : les études et l'équitation. Je fus d'abord inscrit au cours Lamartine, une institution laïque privée fort bien tenue, située rue de la Pompe, non loin du bois de Boulogne. En classe de 8e – le CM1 d'aujourd'hui – je franchis un pâté de maisons pour devenir élève du lycée Janson-de-Sailly, établissement également fort sérieux, doté d'excellents professeurs où j'accomplis ma scolarité jusqu'en terminale. En 7e, l'un de mes maîtres, une institutrice à chignon, Mlle Soubie, nous ordonnait d'inscrire comme devise en haut de chacune de nos copies la formule : « Fais bien ce que tu fais. » En 6e, je commençai le latin, puis le grec en 4e. Scolarité non pas exceptionnelle, mais bonne, dans un établissement où les élèves étaient quasiment tous reçus au bac. De cette période, je garde malheureusement peu d'amis intimes, celui qui m'était le plus proche, Jacques Perrot, que j'aimais fraternellement pour sa joie de vivre et pour son extrême gentillesse, ayant été tragiquement assassiné quelque trente années plus tard.

Longtemps je me contentai d'apprendre, écolier appliqué, sans révolte ni génie, curieux cependant de tout et passionné d'histoire. En classe de première, je devins ce qu'il est convenu d'appeler un très bon élève. Je me mis à réfléchir et à lire : les romanciers français du XIXe, notamment Balzac, Stendhal et Flaubert ; la littérature russe, surtout Dostoïevski ; Baudelaire, Proust et Rimbaud ; Robbe-Grillet, Nathalie Sarraute ; et une multitude d'ouvrages historiques, de la Révolution française à nos jours. Mon livre préféré était le splendide *Rivage des Syrtes* de Julien Gracq. Mais j'aimais les contrastes : je fréquentais assidûment aussi Simenon, San Antonio et James Hadley Chase. J'avais hésité entre les mathématiques et les lettres. En 1963, je fus reçu au baccalauréat de philosophie. Sur la base de mes lectures, du conseil de mes professeurs, et du chemin parcouru par quelques figures que j'admirais, dont Léon Blum, je décidai, sans savoir exactement de quoi il s'agissait, de préparer le concours d'entrée à l'Ecole normale supérieure de la rue d'Ulm. C'était d'abord la curiosité intellectuelle, la soif d'apprendre qui me poussait. Le souci d'emploi n'existait alors pas, aucune contrainte ne me pressait, j'avais dix-sept ans et des rêves plein la tête : je pouvais essayer d'emprunter l'itinéraire exigeant des brillants sujets.

Ma deuxième passion était alors l'équitation. Ma mère et mon père étant cavaliers tous deux, ils avaient poussé naturellement leurs enfants vers ce sport. Ma sœur n'insista pas. Mon frère, lui, devint un authentique champion, membre de notre équipe nationale aux Jeux olympiques, spécialiste de concours hippique et de concours complet, avant de bifurquer vers l'enseignement de l'école du Louvre. Quant à moi, je passais mes dimanches et deux après-midi par semaine au manège, près de la porte Dauphine. J'alternais dressage, concours hippique, entraînement et épreuves officielles. Je me sentais à cheval comme sur la terre ferme, et cette vie de jeune sportif consacrant chaque fin de semaine et les vacances d'été aux compétitions me plaisait. Tous mes loisirs furent occupés ainsi pendant une dizaine d'années, à l'exception de quelques semaines que nous passions chaque été avec mes parents, en général au Pouliguen, sur la côte atlantique, près de La Baule. Pour les non-spécialistes, j'étais un excellent cavalier. Pour les spécialistes, je manquais de ce petit quelque chose qui fait les vrais champions. Je remportai quelques victoires. J'obtins même avec l'équipe de France une médaille de bronze aux championnats d'Europe juniors. Mais je ne possédais pas la classe exceptionnelle de mon frère et je le savais. Lorsque mes études devinrent réellement prenantes, après le baccalauréat, je dus arrêter l'entraînement.

Jeunesse de riche ? Enfance de « grand bourgeois » ? Au début de mon engagement politique, j'ai souffert de cette réputation rétrospective parce que je pensais qu'elle jetait un doute sur mon appartenance à la gauche et qu'elle m'éloignait de mes compagnons. Que le même reproche ait été adressé en leur temps à d'illustres leaders de la gauche ne me rassurait pas vraiment. « Fils d'antiquaire », me dépeignait-on : on imaginait aussitôt la vie de cocagne. « Cavalier émérite », ajoutait-on : je devais voyager de château en chasse à courre. « Elève à Janson-de-Sailly » : j'étais classé définitivement parmi ce qu'on appelle aujourd'hui les « fils de bourge ».

En réalité, si ma famille était aisée, elle ne menait pas grand train de vie. Ni maison de campagne ou de vacances, ni voyages luxueux, ni réceptions grandioses. Une maison à Paris – près du Trocadéro –, qui possédait du charme mais dont l'intérieur était vieillot, avec des tableaux souvent beaux disposés à la va-comme-je-t'accroche. Un refus de l'ostentation, voire de la dépense qui ne traduisait ni ladrerie ni gêne : il était seulement l'expression d'une bourgeoisie moyenne refusant de considérer l'argent comme un objectif, et plaçant dans le savoir, dans la compétence, dans le travail la source de tout succès, le critère de tout jugement. Mon père m'a laissé de quoi acquérir un bel appartement à Paris, ce que j'ai fait il y a une vingtaine d'années. Pour l'essentiel, depuis l'âge de dix-huit ans, mes revenus ont été ceux que m'a procurés mon salaire d'élève à Normale sup, puis à l'ENA, puis mes fonctions au Conseil d'Etat, enfin celles de parlementaire. Il n'empêche que j'ai été accompagné par cette réputation de grande fortune. J'en souris.

Parmi les signes extérieurs de ma jeunesse dorée, on n'omet jamais de signaler « mon » Aston Martin. En réalité, il s'agissait d'une Lancia d'occasion, achetée avec mon pécule de normalien, une vieille Lancia poussive, inapte à rouler dès qu'il pleuvait, mais d'un gris magnifique et, pourvu qu'on n'y regardât pas de trop près, d'une allure extérieure superbe. Grâce à ce fastueux véhicule, ma réputation d'amateur d'automobiles de luxe était bouclée pour de nombreuses années. Mon parc automobile imaginaire s'accrut avec le temps et les conversations. Au point que mon frère se vit jurer par plusieurs interlocuteurs qu'on m'avait croisé successivement dans ma Ferrari, dans ma Jaguar, dans ma Porsche... Je dois ajouter, pour être exact, jamais dans ma Rolls, probablement par manque de place dans mes pléthoriques garages.

Aurais-je été d'ailleurs un fils de grand bourgeois, que je n'aurais pas eu à en rougir. On n'est pas nécessairement ce qu'on naît. Cette rupture avec la société de caste est l'une des conquêtes de la Révolution française ! Le mouvement ouvrier a été peuplé, dans son histoire, de ces « fils de bourge » qui, au lieu de profiter confortablement des avantages dont ils avaient hérité, se battaient pour un monde meilleur. Cette trajectoire-là est après tout plus sympathique que l'inverse. Mais surtout, je ne me suis jamais senti dans la peau d'un grand bourgeois. Cette appellation m'a même toujours paru saugrenue. Car la grande bourgeoisie, ce n'est pas seulement un état de fortune, c'est un état d'esprit. Solidifié par des rituels, traduit dans des valeurs, incarné dans des lieux. Si mes parents possédaient un patrimoine, ils n'avaient pas les mœurs qui vont avec. Ils n'appartenaient pas, depuis des générations, à un milieu fermé, où l'on croise, toujours bien nés, hommes d'argent, hommes d'influence, hommes de pouvoir, où l'on prend ses week-ends et ses vacances entre soi, dans les mêmes régions et les mêmes stations, où l'on élève ses enfants dans les mêmes institutions et où on les marie entre eux... Mes parents, fils de commerçants, introvertis et point mondains, n'appartenaient pas à cette haute bourgeoisie qui, du reste, ne les eût pas reconnus pour siens. L'épreuve de la guerre les avait convaincus du caractère incertain des situations et de la dimension tragique de l'histoire. Ils n'avaient pas la quiétude sociale des bourgeois de père en fils. Voltairiens à leur manière, ils cultivaient leur jardin. Un jour, quelqu'un écrira une thèse sur les fils de bourgeois ralliés au camp du progrès, de Marx à Mitterrand par exemple. Je livre ceci à sa réflexion : qu'il cherche ce je-ne-sais-quoi qui a fait de ces familles des « outsiders » de la classe dont elles possédaient certains signes extérieurs de richesse. C'est peut-être cette « différence » qui porte en elle le germe d'engagement de ses enfants.

Jeunesse heureuse, jeunesse sans histoire ? C'est ainsi que sur le moment je la vécus et, matériellement, c'était vrai. Psychologiquement, avec le recul du temps, les choses m'apparaissent plus compliquées. D'abord parce que mon univers était un monde sans présence de jeunes filles, et que je ressentais cruellement ce manque. Les classes d'alors n'étaient pas mixtes, les amies de ma sœur étaient nettement plus âgées que moi, j'étais timide, je n'osais pas entrer en contact avec ces créatures magiques. Je rêvais de serrer dans mes bras telle jeune fille trop brièvement entrevue, sur le rythme langoureux de *Sag Warum,* de Ray Charles, de Leny Escudero ou de Françoise Hardy. En vain. Je garde encore en mémoire la première – et la seule – « surprise-partie » que je pus organiser au domicile de mes parents : nous nous retrouvâmes à vingt..., dix-huit garçons et deux filles.

A cela s'ajoutait, malgré l'harmonie familiale, une assez grande distance entre nos parents et nous. Ils nous aimaient, ils auraient tout donné pour nous, nous les aimions aussi, mais il n'existait pas de vraie complicité, pas d'aventures vécues ensemble, pas de grandes parties de rire comme je peux en connaître aujourd'hui avec mes fils Thomas et Victor. Il demeurait une sorte de réserve, qui provenait d'une retenue permanente, d'une volonté presque excessive de respecter autrui. Elle finissait par distendre les liens. Nous n'évoquions jamais entre nous les sujets vraiment personnels. Au point d'aboutir parfois à des absurdités. C'est seulement par hasard et beaucoup plus tard que j'appris – et pas par elle – que ma mère avait été mariée une première fois pendant quelques jours, puis qu'elle avait divorcé. Tout ce qui était personnel, tout ce qui était susceptible de créer un choc, tout ce qui pouvait simplement poser problème, tout cela devait être évacué. Cette éducation, fille de son époque et de l'histoire de ma famille, était certainement inspirée par de bonnes intentions. Je n'en partage pas les principes. Elle nous plaçait à l'excès dans un cocon. Par amour sans doute. Mais l'asepsie généralisée aurait pu conduire, sinon à des catastrophes, du moins à des échecs graves.

En classe de philosophie, mon emploi du temps scolaire étant assez léger, je consacrais un après-midi sur deux à parier sur les champs de courses. Saint-Cloud, Longchamp, Auteuil, Vincennes, Maisons-Laffitte, n'étaient probablement pas les terrains idéaux pour approfondir ma connaissance de Kant ou de Bergson. Attiré par les chevaux, je passais des heures à potasser le journal *Paris-Turf* sur les hippodromes. Avec quelques amis, nous maîtrisions dans le détail les performances des jockeys et des entraîneurs, les poids et les cotes. Les épreuves dites « à réclamer », les « handicaps », les « classiques » n'avaient plus de secrets pour nous. Tout cela aurait pu mal tourner. Je fus sauvé par les études, probablement aussi par un sentiment moral qui me dictait jusqu'où ne pas aller. J'en ai conservé la certitude que peu d'espace sépare le succès de l'échec ; et la conviction – même si je ne l'applique pas toujours comme il le faudrait à mes propres garçons –, que les parents doivent être en permanence attentifs à la vie de leurs enfants, à leurs interrogations, à leur vague à l'âme ; qu'ils doivent leur parler, ne jamais se satisfaire d'à-peu-près. A l'époque, ni le chômage ni le Sida ne donnaient d'horizon tragique à nos soucis. La drogue était pratiquement inconnue de la jeunesse. Maintenant qu'elle a gravement pénétré les établissements scolaires et les familles, cette proximité familiale et cette vigilance affectueuse sont d'autant plus indispensables.

L'entrée en hypokhâgne signifia pour moi un changement de vie complet. Je changeai de lycée, de rythmes, d'amitiés, d'horizon. Louis-le-Grand après Janson-de-Sailly. Autant ma scolarité à Janson s'était déroulée sans efforts, autant mes trois années à Louis-Le-Grand exigèrent un gros travail. Je ne possédais pas le niveau. Il n'était plus question de champs de courses. Dès le début on nous avait mis dans l'ambiance. Le premier jour, le professeur de lettres nous fit successivement nous lever, la cinquantaine que nous étions, pour décliner notre nom et notre mention au baccalauréat. C'était clair : que nul n'entre ici s'il n'est fort en thème. Or si au Trocadéro j'étais classé parmi les meilleurs, au Quartier latin, dans ce temple de l'élite républicaine, mon niveau était juste passable. Je ne possédais ni la culture ni la méthode. Il n'existait pas d'autre chemin pour les acquérir que l'effort. Je me mis donc avec acharnement au travail. Je changeai d'apparence physique. Je laissai pousser ma barbe. Je portai un caban de marin bleu foncé et fumai la pipe. J'avais la mèche – à l'époque je pouvais me payer ce luxe – en bataille. J'arrêtai l'équitation. Je perdis de vue beaucoup de mes anciens amis de classe et m'en forgeai de nouveaux, mes condisciples de la rue Saint-Jacques. Je consacrai tous mes moments disponibles au travail et à la lecture.

Ce rythme austère dura trois ans. J'acquis une méthode. En hypokhâgne, je bûchai particulièrement la philosophie, le latin et le grec. L'année suivante, en khâgne, où je croisai Brice Lalonde sans en garder – je le confesse – de souvenir écologiquement particulier, les cours étaient dispensés le matin, l'après-midi étant consacré au travail personnel. Nous déjeunions au réfectoire à 12 h 30. A 13 heures nous avions terminé.

S'ouvrait alors un espace d'environ six heures que j'abordais chaque jour avec une sorte de vertige, fasciné par la perspective d'acquérir des connaissances nouvelles, mais paralysé par ce morne et répétitif temps de contrainte, alors que le ciel était souvent si bleu, l'air si léger et les tentations infinies.

Quelques maîtres de cette période m'ont marqué. Mon professeur d'histoire, Lucien Genet, qui ne concevait pas l'enseignement sans anecdotes, et qui, laïque de toutes ses fibres, nous faisait revivre la IIIe République dont il me communiqua la passion. Mon professeur de grec, Henri Goube, traducteur passionné d'Homère, qui mettait de la poésie partout, n'avait pas son pareil pour traquer les subtilités d'Eschyle ou de Thucydide qu'il déclamait avec le ton. En revanche, notre professeur de français, membre du célèbre duo Lagarde et Michard et surnommé « Custos », était si triste qu'il faillit me faire prendre en grippe la littérature. C'était le système des classes préparatoires dans les grands lycées parisiens : un bachotage permanent et intensif, du « petit latin », du « petit grec » plusieurs heures par jour, c'est-à-dire la traduction à livre ouvert d'auteurs anciens pour transformer en quasi langues vivantes les langues mortes.

Lecture. Mémoire. Travail. Matin, midi et soir. Et la semaine. Et le dimanche. Le tout, rythmé chaque trimestre par des « concours blancs », répétitions des épreuves de la rue d'Ulm. Ceux qui ne tenaient pas la cadence étaient distancés. Beaucoup abandonnaient. A force d'application, je progressai, mais je ne fus reçu au concours d'entrée qu'à ma seconde tentative. La première fois, j'avais encore trop de lacunes. Une année d'efforts me permit de les combler, et en 1966 je pus enfin conquérir le Graal en « intégrant » la rue d'Ulm. Le grec me fut secourable et la philosophie m'aida beaucoup, grâce à la bienveillance de l'examinateur Michel Serres qui, après avoir corrigé ma copie sur « Comment communique-t-on avec autrui ? », me fit plancher à l'oral sur « Le héros ». En revanche, je garde le pire souvenir de l'exposé d'histoire ancienne que je dus construire à propos des « princesses lagides », sujet assurément exaltant sur lequel mes lumières n'étaient à l'époque qu'approximatives : elles le sont demeurées depuis.

Je fus reçu. Les portes de la rue d'Ulm, la galerie des grands anciens, de Jean Jaurès à Jean-Paul Sartre en passant par les copains de Jules Romains, s'ouvraient pour moi. J'allais pouvoir, du moins je le croyais, abandonner l'hyper-compétition et la mécanique des concours, goûter ce temps et cette liberté dont j'avais été privé pendant les trois années précédentes. Nous étions à l'été 1966, j'avais vingt ans. Seul l'échec injuste d'un de mes amis, plein d'intelligence et de sensibilité, Jean-Etienne Cohen-Séat jetait une ombre sur mon bonheur. Avec Jean-Etienne nous avions préparé ensemble le concours. Nos espérances, nos compétences étaient les mêmes. La chance sourit à l'un, à l'autre non. Nos souvenirs conjoints, notre affection commune pour Jacques Perrot, l'appartement que nous partageâmes quelques années plus tard, ces circonstances, même si nous nous voyons rarement, apportent la preuve que peut exister, sans proclamations, sans grandes phrases, une amitié vraie de trente ans.

Quartier latin

Le directeur de l'Ecole normale, l'helléniste Robert Flacelière, surnommé « le Flace », accueillit en 1966 notre promotion rue d'Ulm pour nous donner ses recommandations. « Ici, commença-t-il, vous entrez dans une maison de tolérance. » La plaisanterie n'était pas franchement nouvelle, elle contenait cependant beaucoup de vrai. Pendant trois ans, j'avais souffert de travailler sans répit, de me réveiller et de m'endormir dans l'obsession du concours. Soudain, dans cette petite abbaye de Thélème, la vie s'élargissait. Plus d'horaires, plus de contraintes, un diplôme en poche, un salaire. Le monde moderne que je ne connaissais pas encore, les films que je n'avais pas vus, les voyages que je n'avais pas entrepris, les femmes que je n'avais pas courtisées, la vie que je voulais mordre : l'impossible d'hier devenait possible et donc nécessaire. Je me mis à rattraper le temps perdu. Avec autant de frénésie que je m'étais censuré auparavant. Ce furent deux, trois années folles.

Rue d'Ulm, comme c'était la règle, je partageais avec un « coturne » la chambre qui m'avait été attribuée. J'en profitais d'ailleurs peu. Je passais l'essentiel de mon temps à l'extérieur, fréquentant toutefois assez l'Ecole pour y rencontrer des camarades singuliers. Celui-ci, incollable en langues anciennes et à ce point éloigné des réalités contemporaines qu'il demanda un jour au Parisien que j'étais : « Au magasin du Printemps, crois-tu que je pourrais trouver des affaires d'hiver ? » Celui-là, lecteur quotidien des poètes grecs, spécialiste de Proust, devenu plus tard champion du monde professionnel de bridge. Cet autre, révolté, mort prématurément du Sida. Sans oublier un ami, particulièrement chétif, que je rencontrai un beau jour, épanoui, dans les manifestations de Mai 1968 et qui me lança cette confidence jubilatoire : « Je suis heureux comme jamais, je fais partie du service d'ordre ! » Et puis tous ceux qui ne donnent pas prise à l'anecdote mais dont chacun, avec ses qualités, avec déjà ses manies, contribuait à composer un bouquet qui sentait bon la passion, l'intelligence et la liberté.

J'avais été un enfant du Trocadéro. Je m'installai au Quartier latin. Aux rues calmes du XVIe arrondissement, habitées par des diplomates et désertées par les commerces, succédèrent le boulevard Saint-Michel, les cinémas, les cafés et les magasins du nouveau périmètre que je découvrais. Cette atmosphère jusque-là inconnue, cette animation permanente me charmèrent à ce point, moi qui apprenais le plaisir de marcher dans Paris, que je devins amoureux de ces quartiers, le Ve et le VIe arrondissements. Je ne les ai plus quittés depuis. D'abord rue d'Ulm, dans ma « turne ». Puis rue Monge, près du boulevard Saint-Germain, lorsque, préparant mon agrégation, je louai avec une amie un entresol sombre que nous essayâmes d'égayer par une pluie de coussins orange et bleu. Ensuite, quand j'entrai au Conseil d'Etat, je m'installai en haut du boulevard Montparnasse au-dessus d'un restaurant chinois, à proximité du Luxembourg, dans un petit duplex, clair et bruyant. Enfin, il y a une vingtaine d'années, je découvris par une annonce du *Figaro* mon appartement actuel, lumineux et disposé en long, juste en face du Panthéon. Dans ce périmètre du Quartier latin, j'appris l'habitude de flâner, le goût des ruelles, le plaisir d'emprunter chaque jour un chemin à la fois identique et imperceptiblement différent, les séductions de l'architecture, la curiosité de lever le nez pour apercevoir les terrasses et les toits. Je fis connaissance avec les libraires, les épiciers, les bibliothèques, les cafés. J'appréciai les modifications apportées au fil des ans, ici un peu plus d'espaces verts, là des placettes ou des fontaines aménagées, des façades ravalées, des crèches et des équipements sportifs, des animations locales ; ou bien, à l'inverse, des commerces remplacés par des banques, des coins de rue uniformisés par l'installation des MacDonald's, l'habitat populaire et les chambres d'étudiants cédant systématiquement la place à des appartements de luxe pour revenus très supérieurs.

Rue d'Ulm, on dispensait quelques cours sur place. Louis Althusser était alors caïman, c'est-à-dire professeur de philosophie. Je m'étais inscrit en lettres et passais mes journées à lire et à aller au cinéma. J'avais développé mon goût pour la littérature française du XIXe siècle, je m'y donnai à plein : tout ce qui me tombait sous la main était happé, dévoré, digéré. Je songeai à me spécialiser dans cette période. Au cinéma je voyais tout, péplums, westerns, avant-garde, classiques, polars, films de cape et d'épée, fresques romanesques. J'écumais les salles du Quartier latin, goûtant le charme pulpeux des belles actrices italiennes, l'humour pincé des comédiens anglais, la qualité des seconds rôles américains ou des numéros d'acteur de Jouvet, de Gabin, de Belmondo et de Noiret.

Je consacrai assez peu de temps au cursus académique proprement dit. Lorsque j'assistais à un enseignement, je choisissais de préférence les cours d'économie qu'animait Jean Ibanès, un enseignant socialiste de l'Ariège, amateur de philosophie thomiste, surnommé à cause de cela « Thomas ». Avec Thomas, qui était devenu mon ami, nous défaisions et refaisions le monde. Ce qui ne nous empêchait pas de partager des préoccupations plus immédiates. Nous avions peu d'argent. Pour en gagner nous vint, je ne sais comment, l'idée de lancer une « boîte à bachot ». Nous étions des jeunes gens sérieux, nous nous y attelâmes sérieusement. Entre les visites de locaux, les devis de travaux, les expertises juridiques et les préétudes de marché, cela nous prit six mois. Conçu pour nous assurer la sécurité matérielle, ce projet devait posséder une spécificité intellectuelle : n'y enseigneraient que des normaliens. Comme on le voit, tout corporatisme était absent... Faute d'autorisation administrative concernant je ne sais quelle obscure question d'urbanisme, le projet cependant échoua. Ibanès, qui devint ensuite député de Saint-Girons avant d'être emporté par un cancer, et moi-même, nous passâmes de peu à côté d'un destin de codirecteurs de boîte à bachot. Je veux remercier ici chaleureusement le fonctionnaire inconnu qui, en refusant cette autorisation administrative, nous a privés de ce destin.

L'Ecole fournissait à ses élèves le gîte, le couvert, sa bibliothèque et son prestige. En retour, ceux-ci devaient à l'Etat plusieurs années qu'ils promettaient de consacrer à son service et l'obligation de présenter le concours de l'agrégation. En 1968, je passai ma licence de lettres. En 1969, je m'inscrivis à l'agrégation. J'avais le choix entre les lettres classiques, la grammaire et les lettres modernes. La première de ces disciplines exigeait un travail considérable, guère compatible avec les études d'économie que j'avais entreprises par ailleurs. La deuxième était trop austère à mon goût. Je choisis les lettres modernes, c'est-à-dire latin, français, anglais, auteurs classiques et contemporains. J'affrontai l'écrit, puis, après avoir préparé méthodiquement les épreuves, je tirai au sort à l'oral le commentaire d'un texte de Kipling et une leçon d'agrégation sur le beau thème de « la reine dans le théâtre de Corneille ».

Le résultat du concours devait être affiché sur les murs du ministère de l'Education nationale, rue de Bellechasse. Comme pour tout concours, il y aurait dans les résultats un mélange de mérite et de loterie. Le mélange me sourit, au-delà de mes espérances. Je fus reçu, et même tête de liste. En l'apprenant, j'étais rempli de joie, je faisais des sauts de cabri dans la rue. Et en même temps, bondissant et sonné à la fois, je ne pouvais m'empêcher de ressentir comme une injustice. Ce double sentiment, la fragilité de toute réussite et parfois son arbitraire : vingt-cinq ans après, étrange comme je l'éprouve toujours.

Jusqu'ici, je n'ai pas évoqué la politique. C'est que celle-ci ne m'intéressait absolument pas. Ce qu'était la fonction politique concrète, je n'en avais aucune d'idée.

A fortiori, je n'éprouvais pas le désir de m'y consacrer, je voulais seulement mieux comprendre et connaître le monde contemporain. Pour me familiariser avec le siècle, je m'inscrivis à l'Institut d'études politiques. A Sciences-Po, je devins membre d'un groupe de réflexion, la Conférence Olivaint, qui réunissait chaque mois une centaine de jeunes afin de dialoguer avec des personnalités. Cette Conférence organisait l'été, dans l'île de Port-Cros, en face d'Hyères, dans un vieux fortin, une sorte de séminaire d'une dizaine de jours, consacré à la réflexion sur de grandes questions économiques, sociales, politiques. A l'origine, elle avait été patronnée par des jésuites, qui continuaient de lui prêter leurs locaux, mais elle avait perdu son caractère confessionnel et s'était ouverte à toutes les opinions. J'avais été introduit dans ce groupe par Noëlle et Marie-Hélène Uri, filles d'un économiste socialiste Pierre Uri, que j'avais rencontrées à Sciences-Po, toutes deux amies de Jacques Attali, lequel fréquentait aussi la Conférence tout en servant déjà de brillantissime conseiller à François Mitterrand. Au fil des semaines je me liai d'amitié avec plusieurs jeunes membres de la Conférence que je retrouvai par la suite : Michel Vauzelle, futur ministre de la Justice, Jérôme Clément qui m'amena au parti socialiste, Christian Blanckaert aujourd'hui délégué du comité Colbert chargé de l'exportation du luxe français à travers le monde, Etienne Pfimlin, président du Crédit mutuel, et plusieurs autres. Par le jeu des alternances de responsabilités, je devins président de la Conférence pour une année. Avec le trésorier, le secrétaire général, les membres du bureau, j'appris à faire fonctionner une petite communauté. Je commençai à me familiariser avec la vie publique, avec l'action politique, plusieurs de nos conférenciers nous exposant, sans formalisme, ce qu'étaient non seulement leurs convictions mais le quotidien et le concret de leur existence.

Les événements de Mai 1968 constituèrent en réalité ma première véritable expérience politique. Lorsqu'ils éclatèrent, j'étais étudiant à l'Ecole normale et à Sciences-Po. Rue d'Ulm, tout se passa très vite. Une assemblée générale se réunit. Un de mes condisciples proposa la dissolution de l'Ecole, temple supposé de l'élitisme et de la sélection. « Y a-t-il quelqu'un qui soit contre ? » demanda-t-il. Aucune main ne se leva, aucune voix ne s'éleva. L'Ecole fut réputée dissoute. La séance avait duré cinq bonnes minutes. Ladite Ecole reprendra tranquillement ses activités quelques semaines plus tard, une fois la révolution terminée. Entre-temps, la quasi-totalité des normaliens participera aux manifestations de rue, aux batailles du Quartier latin, aux meetings permanents. Toutes les nuances de l'ultra-gauche étaient représentées. Je ne faisais pas exception à la règle, mais, quoique de gauche, je passais dans ce contexte pour très modéré. Avouons-le : je n'ai pas joué un rôle déterminant dans la révolution en marche.

De gauche, je l'étais et j'avais conscience de l'avoir été toujours, d'abord et simplement parce que je refusais les injustices. Avant d'être une réflexion, c'était et c'est chez moi un sentiment, une évidence, un élan, une soif d'humanité et de fraternité que traduisait d'abord un mouvement d'indignation ou d'enthousiasme. En premier, il y avait la justice, et pour moi la justice c'était la gauche. Je me sentais de gauche, aussi, parce que dans cette société la place de l'argent m'apparaissait excessive, parfois même indécente, et les inégalités choquantes. L'égalité, la liberté, la solidarité, la laïcité, le respect des droits de la personne humaine, toutes ces valeurs qui me semblaient essentielles m'apparaissaient du côté de la gauche. Si des personnes de droite, des actions de droite méritaient assurément respect et estime, la philosophie générale de la droite, son fatalisme, souvent sa dureté, rebutaient l'esprit amoureux du progrès que j'étais. Pourquoi êtes-vous de gauche ? m'aurait-on demandé à l'époque. Parce que je suis révolté par la misère et par les violences, aurais-je répondu. Parce que je rêve d'un monde qui soit plus humain et plus habitable. Parce que, en dépit des erreurs, parfois même des impostures vécues en son nom, la gauche, par ses valeurs, me semble tracer un chemin vers plus de justice, du côté de l'avenir et de l'espoir. Même lorsque j'ai douté de tout, je n'ai jamais douté qu'il faille me tenir du côté des plus pauvres et des plus faibles. J'étais – et je suis – de gauche parce que j'aime la fraternité universelle et la paix.

Vision simpliste? Approche romantique? C'est en tout cas celle qui a déterminé mon choix. Le mot « choix » est d'ailleurs inexact. Il n'y a pas eu de déclic, de révélation. Je ne me suis jamais demandé, comme à une croisée des chemins, quelle route j'allais emprunter, celle de gauche ou celle de droite. Je n'y ai donc pas de « mérite » particulier. La sensibilité de gauche, le vote de gauche ont pour moi toujours été là.

Rue Saint-Guillaume, à l'Institut d'études politiques de Paris dont je suivais parallèlement l'enseignement, les réunions passionnées se succédaient en ce mois de mai 1968 dans le grand amphithéâtre Emile-Boutmy. Les débats étaient plus animés que rue d'Ulm, parce que vraiment contradictoires. Des élections furent organisées pour désigner les représentants des élèves, et je me retrouvai propulsé par des camarades à la tête d'une liste positionnée nettement à gauche. La campagne fut ardente. Au dernier moment, juste avant le vote, par une démarche-labyrinthe dont les organisations de jeunes ont parfois le secret, l'UNEF apporta son soutien à une autre liste que la mienne, conduite – on n'en était pas à un paradoxe près – par un ancien militant d'extrême droite. Grave dilemme et longs conciliabules : ou bien je maintenais ma liste et je risquais de faire le jeu d'une liste droitière qui, dès le début, m'avait été opposée; ou bien je la retirais et j'appelais à voter pour les candidats soutenus par l'UNEF; mais au nom de quoi décevoir mes partisans et céder aux manœuvres? Il est possible que j'aie dû finalement maintenir ma liste... tout en recommandant de ne pas voter pour elle. Ce genre d'imbroglio préfigurait quelques-uns de ceux que les délices des joutes d'appareil me feront connaître plus tard.

Les procédures n'avaient pas d'intérêt. Les gens, si. Et les rapports nouveaux qui s'établissaient entre eux. Mai

1968 fut mon premier vrai contact avec la liberté. Dans les autobus qui circulaient encore, on s'abordait spontanément, on se souriait, on se parlait. Dans la rue, sans agressivité, on discutait. Un soir, au théâtre de l'Odéon où je m'étais installé pour passer quelques heures, un dialogue sur l'économie française se noua entre un frère Giscard d'Estaing, reconnaissable à son élocution et à la forme de son crâne, et un artisan boucher. Tout y passa : l'Etat, les impôts, les Américains, la bureaucratie. La salle prenait parti tantôt pour l'un, tantôt pour l'autre, comme au catch, puis contre les deux. J'en souris ; et en même temps il y avait dans cette caricature de Grande Révolution une liberté de ton, une fraternité, une ouverture d'esprit admirables. Je participai à la manifestation du 13 mai 1968, ma première manifestation. Il n'était pas question de ne pas en être. Pas question de ne pas être contre de Gaulle. Dix ans, pour moi qui en avais tout juste vingt et un, cela suffisait ! La plupart de ceux qui défilaient ne possédaient pas plus d'expérience politique que moi, mais ils étaient spontanément membres de la foule enthousiaste qui scandait, au-delà des slogans matériels, qu'elle avait besoin d'un projet, qu'il lui manquait une espérance, un changement, le changement. Nous ne savions pas précisément de quoi nous étions partisans, et il y avait beaucoup de confusions, d'obscurités, de naïvetés dans nos demandes et dans nos têtes. Mais nous savions que nous étions hostiles à une société de consommation sans générosité ni dessein. Quitte à reconnaître vingt ans plus tard que de Gaulle fut un grand homme. Simplement, à l'époque, il avait vieilli.

La révolution-récréation dura jusqu'à la fin du mois. Le 29 mai, comme des millions de Français, j'écoutai l'oreille collée au transistor le bref message de De Gaulle. Quelle trouvaille ! S'exprimer à la radio et uniquement à la radio en une ère commençante de la télévision triomphante, refuser l'image, concentrer l'attention sur une voix et sur un contenu : c'était du grand art. La majorité silencieuse en avait assez de la « chienlit ». Je l'avais constaté lors d'un court séjour au Pays basque. Les photos images diffusées donnaient le sentiment d'une région parisienne livrée au feu et au sang, d'un pays paralysé par des étudiants irresponsables, par de vieux appareils syndicaux et par des politiciens décatis qui voulaient profiter de l'aubaine. La gauche politique était aussi vieille que la droite, sans bénéficier, elle, du puissant soutien du parti de la peur. Le raz de marée électoral de juin en faveur de la droite ne me surprit pas. Pour la première fois avec une telle intensité, j'éprouvai un extraordinaire sentiment de liberté, cette liberté qui fut extrêmement bénéfique pour le pays sur le plan des mœurs, de la culture, de l'économie. Je n'en retirai pas de leçon politique précise mais une intuition, une conscience forte : les peuples – le nôtre en particulier – ne se satisfont pas de la seule prospérité. Rien ne dure sans le soutien de l'idéal.

Aussitôt acquis le résultat de l'agrégation, je me présentai au concours de l'Ecole nationale d'administration, l'ENA, qui se déroulait en septembre. Je ne me voyais pas un avenir de professeur, à cause du caractère répétitif que je prêtais alors à ce métier, pourtant l'un des plus beaux du monde. Je souhaitais une activité de service public sans savoir encore exactement laquelle, dès lors qu'elle serait utile et en prise sur le monde contemporain. Pour réussir à l'ENA, je ne possédais pas la formation idéale, notamment dans le domaine juridique. Malgré tout je tentai ma chance, encouragé par mon maître de conférences, un conseiller d'Etat chaleureux et subtil, Jacques Rigaud, futur patron de RTL. Admissible avec un score médiocre à l'issue des épreuves écrites, je terminai le concours, après l'oral, dans un bon rang. Admis : c'était l'essentiel. Sans vouloir « cracher dans la soupe », l'ENA ressemblait alors à sa caricature : une comédie pour chiens savants.

Dès l'abord, le ton était donné : l'ENA, du moins celle que j'ai connue comme élève, n'était qu'une école de classement. A l'entrée comme à la sortie, tout procédait de ce principe, y compris le service militaire. Un certain nombre d'affectations étaient offertes aux énarques : ils les choisissaient en fonction de leur rang. J'optai pour la marine. J'espérais voyager. Au bout de deux mois de « classes » que j'effectuai à l'Ecole navale, à Lanvéoc-Poulmic, près de Brest, je savais à peu près piloter un bateau. On m'affecta sur un porte-avions, l'*Arromanches*, puis quelques semaines sur un dragueur de mines. Le porte-avions était basé à Toulon. Il avait longtemps appartenu à la marine britannique, la France l'avait récupéré et, quoique imposant par son volume, il était peu capable de livrer bataille, selon mon jugement de novice. Il souffrait en effet d'une contradiction qu'on ne put longtemps me dissimuler en tant qu'officier de quart, chargé de la navigation et par ailleurs être pensant. Afin de lancer, comme son nom l'indique, des avions, notre porte-avions devait créer une certaine vitesse de vent, appelé « vent relatif ». Celui-ci était le produit de la vitesse du bateau et de celle du vent. Malheureusement, en raison de son grand âge, l'*Arromanches* ne pouvait se déplacer qu'assez lentement. Il lui fallait donc le concours d'un vent fort. Or, second malheur lié à dame nature, lorsque le vent forçait, des vagues en général l'accompagnaient ; faute d'une stabilité suffisante, le porte-avions ne pouvait alors plus catapulter ses avions. Je m'ouvris de ces constatations désabusées à quelques marins de carrière embarqués comme moi sur l'*Arromanches* : ils partagèrent ma perplexité. Heureusement nous étions en temps de paix.

Outre l'apprentissage de la navigation – et celui, à mes heures perdues, de l'espagnol et d'un peu de japonais grâce à des cassettes audiovisuelles –, mon temps de service fut surtout marqué par ma participation à un jeu télévisé appelé « L'homme du XXe siècle », émission hebdomadaire où le même candidat jouait à la fois « la tête et les jambes ». Sous l'impulsion souriante de l'animateur Pierre Bellemare, il s'agissait de répondre à des questions intellectuelles et de compenser d'éventuelles erreurs par une performance sportive. Ce jeu remportait beaucoup de succès. Le nombre de candidats potentiels se réduisait. On cherchait un agrégé sachant monter à cheval. La Fédération française d'équitation et la télévision jetèrent leur dévolu sur moi. Inconscient que j'étais ! J'acceptai. C'était une occasion inespérée de briser un peu la monotonie du service des armes. Et d'améliorer ma solde. Et me voilà, quittant chaque semaine Toulon et mon porte-avions pour Paris, afin de répondre à des questions abracadabrantes sur le mélodrame au XIXe siècle, la poésie romantique anglaise, ou sur je ne sais quel sujet si pointu que je n'en comprendrais même plus l'énoncé aujourd'hui. Heureusement, le brave Roc d'Or, un cheval gentil et télégénique, rattrapait mes bévues. La chance, mes connaissances littéraires d'alors et surtout Roc d'Or me permirent de surmonter les difficultés. Au bout de cinq semaines, j'emportai la cagnotte. Ce n'était pas rien : 30 000 francs de l'époque. Avec une telle somme, auréolé d'un succès qui rejaillissait incontestablement sur les armes de la France, je me présentai au commandant de mon porte-avions pour lui demander au culot une permission spéciale d'un mois. Il me l'accorda. Je transformai la somme en billet d'avion. Grâce à la télévision, au service militaire et à Roc d'Or, je partis pour mon premier séjour de découverte au Japon.

Une anecdote liée à cet épisode donna naissance à une rumeur politique qui m'accompagna par la suite : j'aurais hésité à cette époque entre la droite et la gauche avant de fixer mon choix, et Georges Pompidou serait à l'origine de cette hésitation. La réalité est différente, mais l'anecdote ne manque pas de saveur. Quelques jours après mon succès télévisé en cinquième et dernière semaine, ma mère reçut en effet à Paris un coup de téléphone : « Allô, ici la présidence de la République, le président Pompidou souhaiterait parler à M. Laurent Fabius. » Ma mère eut une réaction normale : elle crut à une plaisanterie et raccrocha. Le téléphone sonna de nouveau. Même demande, même réaction de ma mère, qui continuait à penser qu'il s'agissait d'un canular et recommanda à son correspondant, s'il souhaitait vraiment me joindre, de téléphoner sur le porte-avions *Arromanches* où je poursuivais mon service national. Ce qui fut fait. Georges Pompidou me joignit finalement, pour m'expliquer qu'il avait regardé par hasard la télévision, qu'il était lui-même normalien et amateur d'équitation, qu'il avait apprécié mes réponses et qu'il me félicitait. C'était extrêmement gentil de sa part. On en resta là. Mais l'épisode, connu de quelques-uns, suscita peu à peu un halo de rumeurs. Ce coup de téléphone devint un acte quasi politique, ces quelques minutes de conversation une authentique coopération.

Après la période toulonnaise, je repris la vie civile. Une partie de la scolarité à l'ENA était consacrée à des stages. Un stage « long », que j'accomplis à Quimper ; des stages courts, l'un en Grande-Bretagne, l'autre dans une entreprise. Ils furent passionnants et demeurent à vrai dire les seuls moments enrichissants de mon passage à l'ENA. De l'entreprise, je connus d'abord le consultant Mac Kinsey. Pendant quelques jours, je fis partie d'une équipe qui examinait pour ce cabinet les résultats de la Compagnie des compteurs, dépendant du groupe industriel Schlumberger, afin de proposer à celle-ci une stratégie. On m'affecta ensuite plusieurs semaines sur une chaîne de montage de moteurs, à l'usine Renault de Boulogne-Billancourt. Pour bref qu'il fût, ce passage me marqua : la pénibilité physique du travail, le manque d'intérêt total de la tâche qu'effectuaient pour leur vie mes « voisins de chaîne », le bruit, la fatigue, tout cela s'imprime et ne s'oublie pas. Abasourdi, je l'étais quotidiennement lorsque, quittant l'usine après ma journée de travail, vers 14 heures, je rentrais chez moi pour m'écrouler et dormir. Si partiel soit-il, si brèves et si particulières qu'en soient les conditions, un « stage ouvrier » devrait être une obligation pour tous les jeunes pendant ou à la fin de leur formation scolaire et universitaire. Chacun en tirerait des conclusions différentes. Au moins cela conduirait-il à avoir les yeux ouverts.

Mon stage principal, je l'accomplis durant trois trimestres auprès du préfet du Finistère, dans la bonne et belle ville de Quimper. Chargé de mission auprès du préfet, directeur de son cabinet, je pus me familiariser avec les réalités administratives locales. Le fonctionnement des services d'une préfecture et d'un département, le contact avec les élus, la diversité des problèmes posés à l'Etat, toutes les facettes de l'activité publique ou à peu près me furent dévoilées, en situation de responsabilité. Jeune, célibataire, j'étais taillable et corvéable à merci. Le préfet me prit en sympathie et s'attacha à faire de cette période le moment formateur qu'il devait être. Je présidai des commissions de retrait du permis de conduire et découvris que certains journaliers agricoles pouvaient boire plus de quinze litres de bière par jour sans troubles apparents du comportement. Je participai à des réunions de travail sur le maintien de l'ordre, où j'appris la technique des pouvoirs publics face aux manifestants. Et vice versa. En dépit du simple bon sens, la préfecture du Finistère était construite au bas d'une colline, du sommet de laquelle les agriculteurs bretons pouvaient lancer au milieu de la cour toutes sortes de projectiles, dont certains très odoriférants. Ils ne s'en privaient pas. Le bâtiment préfectoral était bordé, de l'autre côté, par le fleuve Odet, ce qui fournissait aux cortèges une rime facile : « Le préfet dans l'Odet ! Le préfet dans l'Odet ! » Je constatai à de nombreuses reprises que les manifestants la mémorisaient aisément.

J'appris à connaître les personnalités locales qui, chaque année, reçoivent le stagiaire de l'ENA, le jaugent, le jugent et modulent leur accueil en fonction de leur diagnostic. Dans ce monde stendhalien, les fumées de la gloire ne me montèrent pas trop à la tête. Un soir où le Rotary ou le Lions Club quimpérois m'avait invité à disserter sur je ne sais quel sujet de portée mondiale, à peine parlais-je depuis cinq minutes que mon vis-à-vis, un notable impressionnant, tomba le nez dans son assiette, endormi et ronflant. Sa propre chute ne le réveilla même pas : ma conférence en prit un coup, mon amour-propre aussi. L'incident n'eut pas de suite fâcheuse. N'empêche ! J'aurais dû méditer ce signe du destin. Un futur homme politique – mais je ne le savais pas encore –, qui, dès son premier discours, fait s'endormir ses auditeurs, était-ce vraiment un bon signe ?

Les meilleures choses ont une fin. Je dus regagner Paris. La deuxième partie de ma scolarité commençait. Il fallait classer les élèves puisque l'ENA servait à cela, donc disposer des haies sur la piste et demander aux concurrents de les franchir. Cet exercice ne comportait pas plus de difficultés qu'un autre mais il n'apprenait rien. Ceux qui avaient découvert la méthode – je suis convaincu qu'il existe une science des examens, plusieurs d'entre nous y étaient devenus experts – pouvaient sans trop de péril affronter indistinctement des épreuves de droit social, d'informatique, de relations internationales ou d'économie : ils s'en tiraient. D'autres n'avaient pas compris le truc et s'en désespéraient. Le plus grand nombre hésitait entre résignation et bachotage. On verrait bien ce que donnerait le classement final. Dans tout cela, où étaient l'apprentissage de l'intérêt général, la familiarisation avec la société moderne au sein de laquelle ces futurs administrateurs auraient à vivre ? Je cherche encore.

Le souvenir peut enlaidir. Sur ce point, je crains qu'il ne soit fidèle. Les élèves partageaient pour la plupart mon diagnostic. Tous n'en tiraient pas les mêmes conséquences. Mes amis d'alors, Jean Picq, Michel Cicurel, Michel Mathieu, futurs hauts fonctionnaires, travaillaient avec sérieux sans perdre leur équilibre et leur bonne humeur. François Léotard, qui était mon collègue de promotion, s'occupait surtout à l'époque d'une section syndicale CFDT et, me semble-t-il, également de sa moto. Gérard Longuet accomplissait le virage qui devait le conduire du mouvement extrémiste Occident vers une vision heureusement plus souple du libéralisme. Philippe Jaffré, futur patron d'Elf Aquitaine, autre élève de ma promotion, esprit rapide, raisonnait déjà comme un ordinateur : 0,1 ; 0,1 ; 0,1. Quant à mon amour de jeunesse, future actrice et romancière, après avoir accompli son stage de préfecture à Mâcon, elle faisait tourner les têtes, battre les cœurs et s'apprêtait à s'éloigner de l'administration pour laquelle elle n'était pas faite. Vint le temps des résultats. Je pus choisir l'affectation qui m'intéressait le plus. Désireux de poursuivre mon engagement de service public, souhaitant parfaire ma connaissance du droit, attiré par la liberté de pensée et d'action que ce choix devait me permettre, je décidai d'entrer au Conseil d'Etat. Nous étions à la mi-1973, une nouvelle voie s'ouvrait devant moi.

Palais-Royal

Du Conseil d'Etat où j'ai travaillé quatre années, je ne garde que de bons souvenirs. Le Conseil, c'est d'abord une atmosphère. Une sorte de club anglais, sans le confort ni la lecture du *Times*. En y entrant, les pensionnaires savent qu'ils auront à passer ensemble quarante ans. Cela rend poli, aimable, même si on n'y est pas spontanément disposé. La courtoisie permet à ces hommes – et à ces femmes – de sensibilités différentes, de cohabiter, voire de nouer des liens d'amitié. Les jeunes auditeurs sont aidés dans leurs tâches par les conseillers plus anciens. Aucun membre, sauf s'il le souhaite ou s'il exagère, n'est exclu de la communauté. La maison accueille bien et traite bien.

Comme tout club, celui-ci comporte des règles. La frugalité en fait partie. Non pas la frugalité alimentaire : au contraire quelques conseillers d'Etat ont trouvé dans la gastronomie un passe-temps mobilisateur. Je songe à la frugalité de fonctionnement. Au Conseil d'Etat, pas de bureaux individuels. La seule circonstance où j'ai senti mes collègues vraiment en colère, quasiment prêts à la grève, fut le moment où l'on évoqua le projet d'attribuer à chacun un bureau et même un téléphone. Qui dit bureau dit nécessité d'une présence, obligation d'horaires fixes. On commence avec un combiné téléphonique et on finit avec une feuille de route ! La mutinerie n'était pas loin. Sagement, on renonça. Le Conseil, organe délibérant collectivement, est le temple de l'individu.

Le respect des traditions constitue une autre règle. Les novations sont admises, mais avec parcimonie. La notion de « jurisprudence », c'est-à-dire l'exigence du sacro-saint « précédent », a gagné jusqu'aux comportements personnels. Je me souviens de ce conseiller d'Etat chenu, rencontré devant la photocopieuse alors que, jeune auditeur, je m'apprêtais innocemment à dupliquer une série d'arrêts, et qui me regarda d'un air mi-réprobateur, mi-apitoyé. « Vous utilisez cet instrument, jeune collègue ? » « Oui, Monsieur le Conseiller, lui répondis-je, c'est pratique ! » « Sans doute, mais rien ne vaut la calligraphie pour apprendre vraiment le droit ! » Le combat pour l'introduction de la photocopieuse fut gagné. La généralisation de l'informatique nécessita un autre combat d'envergure. Même le Conseil a fini par épouser son siècle. Les épousailles furent longues à consommer et elles manquèrent parfois d'enthousiasme.

Les membres du Conseil sont regroupés en une association répondant au doux nom d'Amance (Association des membres et anciens membres du Conseil d'Etat), qui publie périodiquement un bulletin, organise un repas annuel, signale les naissances, les promotions et les décès. Je fus élu par mes pairs trésorier de cette institution dont les responsabilités n'étaient pas écrasantes mais qui, dans des circonstances qui méritent d'être rapportées, faillit connaître un scandale majeur. Comme la plupart des associations, l'Amance disposait d'un compte-chèques postal et d'un pécule modeste. Un matin, le président de l'Amance et moi-même nous reçûmes au Palais-Royal la visite embarrassée d'un commissaire de police, qui nous exposa les faits. Dans un lot de marchandises volées, venait d'être trouvé un carnet de chèques postaux imprimés au nom de l'Amance. Le chéquier était intact sauf deux chèques, qui d'ailleurs n'avaient pas été encaissés. Seulement voilà : sur la souche du carnet retrouvé figuraient les noms et les coordonnées des deux bénéficiaires de ces chèques, et c'étaient... deux prostituées notoires du bois de Boulogne. Bref le fonctionnaire de police était en train de nous expliquer avec ménagement et circonlocutions que quelqu'un s'était payé deux passes avec le chéquier de l'association du Conseil d'Etat. Qui avait osé ? Qui avait consommé ? Le président ? C'était peu vraisemblable. Moi-même ? Ç'aurait été peu convenable et je m'en serais souvenu. Un canular ? Un début de déstabilisation de l'Etat ? L'affaire était, on le voit, délicate. La police était sur les dents. Vingt ans plus tard, elle l'est sans doute toujours, et pourtant le mystère demeure. Je livre la morale à qui voudra s'en inspirer : n'acceptez pas sans réfléchir les fonctions de trésorier, fût-ce de l'institution la plus respectable, elles peuvent vous exposer au pire !

De fait, le Palais-Royal rassemble une collection d'individus singuliers. Beaucoup sont passés par l'ENA, mais, même chez ceux-là, pourtant formés au moule, l'habitude a été prise d'une certaine originalité. Bien sûr, il existe parmi les membres du Conseil des experts – c'est assez logique –, de véritables bibliothèques ambulantes qui, face à n'importe quelle situation contentieuse, sont capables de vous réciter la liste des arrêts significatifs, avec le nom de l'affaire, la date du jugement, l'identité du commissaire du gouvernement, et même la page du recueil « Lebon » où sont consignées les décisions importantes rendues par la juridiction. Le Conseil compte aussi ses poètes : un collègue, aujourd'hui à la retraite, et qui avait accompli une partie de sa carrière dans l'audiovisuel, me confia sans y insister lors d'un de ses passages au Palais-Royal qu'il habitait en Toscane et ne pouvait donc se rendre qu'assez épisodiquement aux séances. Il y a également les passionnés d'art : ainsi ce conseiller pour lequel le Palais-Royal valait essentiellement par son architecture et par l'ensemble harmonieux qu'il formait avec ses prestigieux voisins, le Conseil constitutionnel d'un côté, le ministère de la Culture de l'autre. Ou bien encore – elles sont quelques-unes de ce style –, cette personnalité nommée par recommandation politique, totalement fâchée avec le droit, qui s'arrangeait pour ne pas remplir les tâches qu'on lui confiait, au point... qu'on ne lui en confia plus. Avec un tel système le risque pourrait être l'incompétence ou le dandysme. Le miracle vient de ce que l'addition de ces individualités disparates produit une justice administrative et des conseils au gouvernement qui sont intellectuellement de la plus haute qualité et qui rendent d'éminents services à la nation.

Car le Conseil d'Etat est aussi et d'abord un métier. Comme on sait, il est juge supérieur du droit administratif, une sorte de Cour de cassation chargée de trancher les litiges dans lesquels l'Etat ou les collectivités publiques sont en cause. La plupart des membres du Conseil bénéficient déjà d'une solide formation juridique en y entrant. Tel n'était pas mon cas : ni doctorat de droit, ni même licence, je possédais juste quelques rudiments. Mon apprentissage se fit sur le tas, guidé par un remarquable professeur, Bernard Tricot, président de la sous-section d'instruction à laquelle j'avais été affecté. Tricot était un homme exceptionnel, l'image même du grand serviteur de l'Etat. Ancien secrétaire général de l'Elysée du temps du général de Gaulle, il avait joué un rôle actif dans le règlement du conflit algérien et avait mis son point d'honneur, dès le départ du Général, à revenir immédiatement au Conseil pour des tâches obscures et contentieuses. Excellent juriste, il m'accueillit avec une gentillesse constante et m'enseigna les principes que devait respecter un bon rapporteur. Au bout de quelques mois, j'étais devenu un juriste convenable. On me fit confiance, on me donna à traiter des dossiers de plus en plus intéressants, je pus m'exprimer comme je le souhaitais dans cette maison où, jeune ou vieux, débutant ou aguerri, la voix de chacun pèse le même poids lors des délibérés où se prennent les décisions. Finalement, je fus affecté au Centre qui rassemblait toute la jurisprudence et conduisait aux fonctions enviées de commissaire du gouvernement. Je n'eus pas le loisir de poursuivre mon cursus : aux élections législatives de 1978, nouveau député de Seine-Maritime, je dus quitter le Conseil d'Etat et me retrouvai, comme l'exigent les textes, mis en position de « détachement ». J'y suis toujours.

Pendant le temps où j'ai siégé au Palais-Royal, j'ai apprécié son atmosphère. La liberté de pensée et de ton qui y règne, le respect envers chacun sont pour moi des vertus majeures. Seule compte ici la précision du raisonnement, la force de l'argument, la capacité de persuasion. Pas de performances purement techniques, pas d'outils-prothèses sophistiqués : les moyens de travail sont le papier, la plume, la réflexion, le bon sens. D'où le spectacle offert chaque après-midi, en traversant la grande bibliothèque, de ces augustes conseillers, muets, assis, attentivement penchés sur des ouvrages de jurisprudence, réfléchissant en silence et noircissant au stylo, presque à la plume sergent-major, des rames de papier, les futurs rapports qu'ils liront à leurs collègues-juges pour les convaincre de la solution qu'ils proposent ou pour réviser les analyses de jeunes auditeurs un peu chiens fous. Montrant ces lieux à un groupe d'adolescents non spécialistes, un de mes amis s'entendit interpeller ainsi devant les conseillers ébahis : « Tout cela, c'est très bien, mais où sont les prisonniers ? » Non, il n'y a pas de prisonniers au Conseil, du moins pas d'autres prisonniers que ceux qui ont décidé de faire don d'un pan de leur existence à la justice pour dire le droit « au nom du peuple français ».

Ces habitudes, ces méthodes aboutissaient souvent à une justice trop longue, trop lente, surtout dans les années 70 car les utiles réformes décidées depuis n'étaient pas encore intervenues. Une justice soigneuse, précise, chaque dossier ayant été disséqué par un rapporteur, revu par un réviseur, examiné par un commissaire du gouvernement, délibéré par une première formation d'instruction et de jugement, parfois à nouveau délibéré par une seconde. Inutile luxe de precautions ? Je ne le crois pas. La justice a besoin de regards croisés et d'arguments contradictoires pour être équitable. Le fait que le justiciable soit en général physiquement absent de son procès – car la procédure au Conseil d'Etat est écrite et les rares plaidoiries des avocats spécialisés n'apportent en général pas grand-chose –, ce fait-là, qui donne à la procédure un aspect desséché, rend encore plus nécessaires les précautions multiples et les échelons successifs d'examen. A travailler ainsi, on acquiert une capacité de dépouillement des problèmes, d'exposition des choix, de démontage des arguments qui est précieuse. Une fois acquise, la méthode ne s'oublie pas. Elle conduit à porter attention à tous les aspects d'une affaire, à ne négliger aucun détail, à ne sauter aucun maillon : le droit a été un passage extrêmement utile dans ma formation.

Les jeunes membres du Conseil d'Etat exercent rarement leur activité à plein temps. Pour ma part, je décidai de proposer mes services au commissariat général au Plan et de donner, en appoint, quelques cours. Depuis mon passage rue d'Ulm, j'avais fréquenté assidûment les livres d'économie, je m'intéressais beaucoup à cette discipline. Thomas Ibanès me demanda d'animer un séminaire d'économie à l'Ecole normale, ce que j'acceptai avec plaisir. Parallèlement, avec la complicité de Jacques Rigaud, mon ancien maître à Sciences-Po qui avait pris la direction du cabinet du ministre de la Culture, Jacques Duhamel, je fus nommé aux impressionnantes fonctions de membre d'une sous-commission de la commission de contrôle des films ; bref – je frémis en écrivant le mot – je devins membre de la commission de censure. Mon expérience y fut de courte durée. Chaque semaine, on nous projetait des films litigieux, susceptibles d'être classés aujourd'hui « X ». Bizarrement les membres présents lors de ces séances étaient surtout des célibataires de sexe féminin et d'âge mûr, déléguées par les bureaux spécialisés des ministères, dont j'avais le sentiment certainement malveillant qu'elles regardaient ce genre de films avec autant d'indignation que de satisfaction. Les projections cinématographiques étaient médiocres. La chair était triste. Blanchâtre. Souvent molle. A peine propre. La pellicule elle-même semblait de qualité seconde. La règle alors en vigueur était dite « règle du poil ». Elle donnait lieu de temps en temps à des échanges dignes d'un meilleur cadre. Un ou une des censeurs soutenait, dès la pellicule visionnée, qu'il ou elle y avait aperçu des poils et que le film litigieux devait donc être interdit aux mineurs ou même totalement interdit. Un ou une autre plaidait que ce n'était qu'une ombre de poils et que l'interdiction n'était donc pas fondée. Parfois, un ou une troisième, à la limite du libertaire, contestait la règle elle-même. La discussion rebondissait, passionnée. Ce débat – je vous dis « poil » et moi je vous réponds « pas poil ! » –, je l'aurais volontiers imaginé dans une scène de comédie. Je n'avais pas vocation à en être durablement l'acteur. Au bout de quelques semaines, je déclarai forfait. Mon goût pour le principe même de la censure, déjà peu prononcé, était devenu une hostilité radicale.

Beaucoup plus sérieusement, je collaborai à une commission du Plan chargée de réfléchir sur les inégalités sociales. Le commissariat du Plan n'était plus dans sa période faste, celle qu'il avait connue après la guerre puis lorsque de Gaulle y avait vu une ardente obligation. Mais la « rue de Martignac », comme nous l'appelions, constituait encore un lieu utile d'études et de confrontations, où des syndicalistes, des patrons, des économistes, des hauts fonctionnaires, des élus de toutes tendances politiques dialoguaient sur quelques grands sujets d'aujourd'hui ou de demain. Valéry Giscard d'Estaing venait d'être élu président de la République, la réduction des inégalités sociales faisait – déjà – débat, le thème me passionnait. Je participai à cette réflexion comme rapporteur. J'en retirai une deuxième expérience de la vie administrative, après mon stage à la préfecture de Quimper. Simultanément, je rassemblai les matériaux pour un livre que je décidai de publier en 1975 sous le titre *La France inégale*. J'essayais d'y montrer que les inégalités en France étaient multiples et profondes, qu'elles se cumulaient, que le discours du gouvernement d'alors – dirigé par Jacques Chirac – sur la réduction des inégalités était le plus souvent un leurre, et qu'une stratégie vraiment volontariste exigeait d'autres choix politiques.

A la relecture aujourd'hui, mon livre n'était pas foudroyant d'originalité. Il ne traduisait pas une avancée doctrinale digne d'un John Rawls. Mais, avec ses imperfections, avec ses schématismes, il faisait le point sur un certain nombre de connaissances, il démontait bien les mécanismes des inégalités socioculturelles, il traduisait ma conviction et reprenait en termes simples les principaux points du programme du parti socialiste d'alors. La sortie de l'ouvrage fit l'objet de commentaires plutôt aimables. J'en dédicaçai avec soin quelques exemplaires à des hommes – dont François Mitterrand – que j'admirais sans les connaître, lesquels me remercièrent par des mots dactylographiés. L'essentiel était qu'à travers ce travail mi-théorique, mi-pratique, j'avais lu, réfléchi, élaboré, partagé. J'étais certain que l'application des doctrines conservatrices ne pouvait rien donner de durablement équilibré et de performant, qu'il y avait en elles trop de myopie et d'égoïsme. Je ne réécrirais pas les choses exactement ainsi aujourd'hui, même si mon jugement d'ensemble n'a pas changé, en particulier sur le rôle central de la redistribution. Ce livre avait été rédigé pour les autres, mais il m'avait fait progresser.

Les quatre premières années de tout conseiller d'Etat sont d'habitude consacrées au contentieux : je respectai cette règle. Je n'eus pas la possibilité de participer aux autres tâches de cette institution, tâches proprement administratives, tâches de conseil du gouvernement. Je les découvris seulement plus tard, indirectement, à la tête des ministères que je dirigeai ou à Matignon. Je mesurai à cette occasion la compétence et la précision des avis rendus, fort utiles pour tout gouvernement parce qu'ils lui évitent des erreurs et des excès. Comme chaque Premier ministre, je devins même temporairement président du Conseil d'Etat : pas plus que mes homologues je n'abusai de cette fonction purement théorique. Je me liai d'amitié avec plusieurs membres du Conseil ; j'en recrutai certains dans mes cabinets successifs et je contribuai à en nommer quelques-uns « au tour extérieur ». Je n'ignore pas tel ou tel défaut de ce corps. Je sais aussi qu'à certaines périodes de l'histoire – je pense à l'Occupation – beaucoup de ses membres se conduisirent sans grand courage. Il demeure que pour ce que j'ai directement vécu, j'ai été frappé par la qualité de cette grande institution, animée par de remarquables serviteurs de l'Etat.

La grâce des électeurs m'arracha au Palais-Royal. Depuis 1974, j'étais membre du parti socialiste et – je l'évoquerai plus loin – je militais à Paris. Adhérent de base, heureux de l'être. On m'avait demandé, en outre, de travailler en expert à la commission économique du PS, où j'épaulai Jacques Attali, que j'avais connu étudiant. Ce fut par son intermédiaire que je rencontrai Robert Badinter puis François Mitterrand. Badinter avait été chargé par ce dernier de préparer un ouvrage sur les libertés. Il avait réuni autour de lui un groupe de rédaction composé notamment de Jean-Denis Bredin, Roger-Gérard Schwarzenberg, Michel Serres et de Régis Debray, auréolé de son passé révolutionnaire et de son dur séjour dans les prisons de Camiri. Manquait une plume pour traiter des questions d'éducation. Robert Badinter m'en fit la proposition. J'acceptai, et pendant quelques semaines nous nous réunîmes le samedi et le dimanche chez lui pour réfléchir, discuter et rire, nous attachant à remplir la tâche qui nous avait été assignée : cela donna un livre intitulé *Liberté, libertés*. Entre-temps nous étions tous devenus des amis dont la fidélité réciproque ne s'est jamais démentie.

Il fallut présenter l'ouvrage à François Mitterrand qui devait le préfacer. Nous lui rendîmes visite au siège du parti socialiste, situé alors place du Palais-Bourbon, à côté de l'Assemblée nationale. C'était la première fois que je le rencontrais vraiment. Pour le tout jeune militant que j'étais, François Mitterrand, en 1976, était un personnage quasi mythique, leader incontesté de l'opposition, auréolé de sa courte défaite en 1974 devant Giscard, reconstructeur romantique et acharné du socialisme français. On accédait à son bureau par un monte-charge poussif qui tenait lieu d'ascenseur. Après une longue attente, Mitterrand finit par nous recevoir. Nous échangeâmes quelques mots. Le lendemain, sa secrétaire, Marie-Claire Papegay, me téléphona : « Le Président » voulait me voir chez lui. Je me rendis rue de Bièvre. Nous parlâmes. Mitterrand aimait les jeunes gens supposés brillants, au point parfois de s'enticher à la légère et d'être déçu trois mois après. Sur la foi des commentaires qu'on lui avait sans doute faits de moi – notamment Georges Dayan et Robert Badinter –, sur la base de la longue conversation que nous eûmes ce jour-là, il me proposa de diriger son cabinet, en me précisant immédiatement, par une dialectique typiquement mitterrandienne, qu'il n'avait pas de cabinet. Il ne reconnaissait à celui-ci en effet aucune légitimité. Tout passerait par lui, tout procéderait de lui. Je demandai quelques jours de réflexion. Je tournai et retournai la proposition dans ma tête, conscient qu'en l'acceptant je choisissais de sauter le pas, passant d'une sensibilité de gauche à un véritable engagement et, même, à une fonction qui pouvait faire basculer ma vie. Finalement, séduit par la perspective et par le personnage, je décidai d'accepter. Je me retrouvai soudainement – en titre du moins – le plus proche collaborateur de François Mitterrand.

Mon travail auprès de François Mitterrand, chef du parti socialiste et de la gauche, était celui d'un secrétaire-maître Jacques : rédiger et corriger des lettres, préparer des discours, organiser des déplacements. A cheval sur l'administratif et sur le politique, militant de base propulsé du côté du sommet, Parisien en contact permanent avec les fédérations de province, j'appris à vitesse accélérée l'activité politique, la géographie du parti socialiste et le fonctionnement de Mitterrand. La méthode de travail de François Mitterrand était formidablement instructive. Avec les hommes – et les femmes – le goût du contact direct, ou plutôt (car Mitterrand, timide, n'aimait pas beaucoup les rencontres radicalement nouvelles) le système du contact direct dans lequel son charme opérait quel que soit l'interlocuteur : ce dernier terminait l'entretien convaincu d'avoir établi avec lui une relation qui ne s'effacerait pas. Avec les choses, la passion du détail, liée à une grande méfiance envers l'imprévu, à une longue expérience des situations, à une exigence sourcilleuse du travail bien fait : pas une lettre, même banale, qu'il ne signât sans l'avoir décortiquée, corrigeant ici la lourdeur d'une formule, barrant là un adverbe inutile. Avec le temps, la volonté de rester maître de soi, le refus de se laisser absorber par la routine ou même par la comptabilisation ordinaire des heures (à cette époque, Mitterrand arrivait toujours en retard), le souci de se ménager de larges plages de liberté et de réflexion. Avec l'espace, un besoin physique de marcher, de sentir, de toucher, une inclination vers l'approfondissement plutôt que vers la découverte, l'amour de la nature porté jusqu'à la rudesse, parfois même le sentiment donné d'un certain panthéisme. Avec lui-même, enfin, une rigueur extrême, servie par une capacité de travail, par une résistance et une plasticité d'intelligence exceptionnelles, accompagnées d'une volonté d'acier. Assurément le peintre Mitterrand, dont je devenais le directeur de cabinet fantôme, possédait une palette peu commune.

Ce qui devait arriver arriva : peu à peu cet engagement censé compléter mon métier de conseiller d'Etat grignota mon temps et ma vie. Collaborateur du premier secrétaire, je fus rapidement promu un des « sabras » du PS, puis élu par les instances compétentes. Comme je consacrais désormais l'essentiel de mes jours et de mes soirées à la politique et que le député-maire socialiste Tony Larue me proposait de m'implanter en Normandie, à Grand-Quevilly, je décidai de réaliser ce nouveau saut.

Contrairement à la légende, mon arrivée à Grand-Quevilly ne fut pas décidée par François Mitterrand. Tony Larue, à l'époque maire de cette commune de Seine-Maritime, près de Rouen, avait à ses côtés depuis de longues années un premier adjoint, inspecteur des Finances, répondant au beau prénom de Napoléon. Celui-ci, pour des raisons de famille, choisit, juste avant les élections municipales de 1977, de renoncer. Au dernier moment, Tony dut se mettre en quête d'un adjoint et il estima qu'une compétence nationale était nécessaire pour l'épauler. Il en fit la proposition à Michel Charasse, alors collaborateur du groupe socialiste à l'Assemblée, lequel déclina l'offre : il souhaitait pour sa part être élu dans le Puy-de-Dôme, ce qui fut le cas un peu plus tard ;

Michel avança mon nom car nous avions travaillé ensemble sur plusieurs dossiers pour le groupe parlementaire. Tony Larue me contacta au Conseil d'Etat, je me déclarai intéressé. Et nous voilà, fin 1976, en chemin pour notre première rencontre : lui le député maire socialiste inamovible, moi le jeune militant réputé brillant pour l'aider.

Tony Larue et moi, nous nous plûmes réciproquement. Nous partagions l'engagement socialiste, l'amour du travail et un certain goût pour la discrétion. Il appréciait ma qualité de membre du Conseil d'Etat et ma relative inexpérience politique qui devait lui permettre de mieux me former. Plus tard, lorsque nous devînmes des amis, il sut pouvoir compter aussi sur ma loyauté, qualité qu'il plaçait au-dessus de tout. Tony était formidablement attaché à sa ville, qu'il avait façonnée. Sa ville, c'était sa vie. Sa vie, c'était sa ville. A ses yeux, je présentais l'avantage supplémentaire de n'être lié à aucune querelle locale et de me situer au-dessus de la mêlée. N'était-il pas, en outre, secrètement heureux de donner rétrospectivement à son propre mandat un label de notoriété nationale ? Ecrivant cela, j'ai l'air sévère : en fait Tony Larue, disparu juste après les élections municipales de juin 1995 où je lui succédai, a été un grand maire et un grand bonhomme. Doté d'un mauvais caractère incontestable, pressentant des pièges partout, mais compétent, honnête, visionnaire, bâtisseur, charmeur, fonceur, ayant donné l'essentiel de sa vie aux autres, sans autre ambition que d'avoir bien mérité du socialisme. Car ce petit homme, droit comme un i au propre et au figuré, militant dès le lendemain du congrès de Tours, compagnon de Guy Mollet, et d'une certaine façon revenu de tout, était resté socialiste dans l'âme, admirant avec ferveur Jean Jaurès et Léon Blum, maudissant ce qu'il appelait l'opportunisme des socialistes des années 80 au nom des épreuves subies par les socialistes des années 30. Sceptique envers les programmes et les promesses, réputé droitier, Tony Larue pleurait comme un enfant en évoquant la misère des ouvriers du Front populaire, et il nous tirait des larmes lorsqu'il évoquait la Résistance. Nourrissant une passion laïque digne des débuts du siècle, il pestait à ses heures contre les patrons, tout en réalisant des expertises comptables pour les grands groupes qui étaient ses clients. Tel qu'en lui-même, Tony Larue m'a beaucoup appris et toujours soutenu, même lorsque ce n'était pas facile. Le contrat moral silencieux et pudique que nous avons passé l'un avec l'autre lors de mon arrivée à Grand-Quevilly n'a jamais subi d'égratignure.

La première vraie campagne que j'eus à conduire fut celle de 1978, lors du scrutin législatif. Certes, j'avais participé à l'élection municipale de Grand-Quevilly l'année précédente, j'avais même été élu adjoint, mais ma contribution au succès avait été plutôt modeste : donner mon nom sur la liste. De campagne, il n'y avait pas eu, tant l'emprise de Tony Larue sur sa ville était puissante, lui qui, élu pour la première fois maire en 1935, avait constamment occupé cette fonction depuis, à l'exception de la période de la guerre où, résistant, il avait été révoqué.

Depuis 1977, j'étais donc premier adjoint au maire. J'avais loué puis acquis un petit appartement non loin de l'hôtel de ville, je m'y rendais chaque semaine, faisant mieux connaissance avec la commune que je représentais. Les élections législatives devant avoir lieu quelques mois plus tard, je m'y préparai. J'apprenais, chaque jour, énormément. Sur la vie publique, bien sûr; mais aussi et d'abord sur la vie, multipliant les rencontres avec les associations, avec les divers responsables, avec la population tout simplement. Je sautais d'un repas d'anciens combattants à une cérémonie pour les pompiers, d'une remise de médailles pour des mères de famille à des noces d'argent. Dans ma Renault, je parcourais en tous sens ma future circonscription, qui comportait alors deux cantons urbains et un canton rural redécoupés plus tard par le délicieux M. Pasqua. Je serrais des mains, caressais des têtes, j'accumulais des notes pour intervenir ici dans un imbroglio de Sécurité sociale, là dans une affectation de service militaire, ailleurs dans un problème de logement ou d'emploi.

Tony Larue était mon mentor. Au départ nous avions fait ensemble le tour de la circonscription et il m'avait présenté à la plupart des personnalités. Il jouissait d'un crédit considérable dans l'opinion locale, à cause du travail qu'il avait accompli depuis 1956, date de sa première élection comme député. En 1977, il avait choisi le Sénat. Son poste de député étant devenu vacant, je pouvais donc être candidat. Encore fallait-il être désigné par les militants. J'étais un Parisien, un expert sinon un technocrate, la circonscription était un bastion : il y avait naturellement d'autres appétits. Grand-Quevilly, avec une trentaine de milliers d'habitants, ne constituait qu'une partie de ma circonscription. Deux autres pôles la composaient : d'une part, Petit-Couronne (la ville de Corneille) et Grand-Couronne, deux communes industrielles comptant chacune entre cinq mille et dix mille habitants, où me conduisaient des visites fréquentes et les dossiers de ma circonscription; d'autre part, Elbeuf et son agglomération, au total une cinquantaine de milliers d'habitants, ancienne capitale du drap, ville sinistrée par la chute de l'industrie textile, que n'avaient pas complètement remplacée des usines pourtant puissantes (Renault, Rhône-Poulenc, etc.). A Elbeuf j'installai ma permanence, située dans la principale artère commerçante. Je la tins pendant des années le samedi matin. C'est là de 9 heures à 13 heures, comme l'après-midi au Grand-Quevilly, que je fis connaissance avec les problèmes, les désarrois, souvent les misères d'une population extrêmement attachante que j'essaie d'aider depuis maintenant près de vingt ans.

Des visites, j'en ai reçu, là, des milliers. L'aide que j'ai pu apporter aux habitants de ma circonscription et de ma région est la chair de mon engagement politique et de mon action. Même au temps de Matignon, j'ai maintenu ces contacts et ces liens. Tout commence et tout converge là. Non seulement parce que, en une matinée, bien que mes visiteurs me parlent rarement politique, je ressens mieux qu'à travers n'importe quel sondage où en est l'esprit public, mais surtout parce que ce ressourcement fonde ma détermination et mes choix. Quelles détresses ! Quels besoins de formation, d'emploi, de dignité ! Quelle distance entre les conditions de vie de mes compagnons en vie locale, et le rythme d'existence des puissants ou simplement des couches favorisées de la population ! Autant je suis timide pour moi-même, autant je n'hésite pas à forcer les portes et les cadences lorsqu'il s'agit des autres. Dans les « permanences » j'ai le sentiment d'être utile, concrètement utile, et ce sentiment-là domine tout. Quand je sors de ces audiences, si dramatiques soient-elles par les misères et les malheurs qu'elles traitent, le doute, l'interrogation n'existent plus. Il faut se battre. Il faut agir. Il faut servir. La politique, ce devrait être – surtout – cela.

Dans la campagne législative de 1978, je compris vite que ma propre personne comptait peu. A l'époque importaient surtout les appartenances – ici les gens étaient « de gauche », on disait même « gauche », on n'aurait pas imaginé voter autrement. Et importait Tony Larue, qui avait rendu tant de services. Ma campagne personnelle fut modeste. Un seul format d'affiche, avec une seule devise : « TONY LARUE [en gros caractères] vous appelle à voter Laurent Fabius [en petits]. » A l'occasion de ce changement de titulaire, les communistes, qui comptaient des militants très actifs, espéraient récupérer la circonscription : ils n'y parvinrent pas. Après avoir, devant les militants socialistes, affronté le maire d'Elbeuf, René Youinou, qui aurait souhaité lui aussi être député, nous décidâmes avec celui-ci de faire équipe et nous devînmes amis. Notre campagne commune fut énergique. Au premier tour, je passai devant le candidat communiste. Au second tour, je l'emportai contre la droite. Nous étions en mars 1978. La gauche, quoique en progrès, était battue. Les Français, redoutant le brinquebalant attelage de l'union de la gauche, n'étaient pas encore prêts à nous confier le pouvoir. Je n'étais jamais entré au Palais-Bourbon. J'y pénétrai pour la première fois comme député. J'avais trente-deux ans.

Je postulai à la commission des Finances. Ma formation d'économiste m'y poussait, ainsi que les travaux que j'avais entrepris au sein du secteur économique du parti socialiste. Le groupe parlementaire était alors dirigé par Gaston Defferre, qui adorait les jeunes. Comme lui, j'étais un des soutiens de François Mitterrand au sein du PS. Avec la complicité de Gaston Defferre qui conduisait son groupe d'une main à peu près aussi douce que sa mairie de Marseille, je fus choisi pour être le porte-parole des socialistes lors des discussions budgétaires. J'y appris mon métier de député spécialiste des finances publiques en participant jour et nuit aux discussions marathons. Je m'initiai aux délices du code général des Impôts, aux ressources infinies de la procédure parlementaire. Au bout de deux ans, de projets de lois de finances initiales en collectifs budgétaires, de lois de règlement en amendements multiples, où l'expérience acquise au Conseil d'Etat me fut précieuse, j'étais devenu un bon spécialiste du Parlement.

A l'époque, Gaston Defferre dominait notre groupe. Personnage singulier que Gaston. L'opinion publique nationale ne l'a vraiment découvert que quand il a disparu, et c'est peut-être pourquoi sa disparition l'a touchée. Elle a senti qu'il était, sur beaucoup de points, l'inverse de la réputation qu'on lui avait fabriquée. Opportuniste, disait-on de Gaston Defferre ? Il était la fidélité même ! Superficiel ? Il vivait un ouvrage à la main ! Marseille et ses amis le savaient depuis longtemps. Je le savais personnellement aussi puisque j'avais été accueilli par lui dès mon arrivée à l'Assemblée, avant d'être ensuite épaulé par lui lorsqu'il fit partie de mon gouvernement. Pince-sans-rire à l'humour rugueux, Gaston était un retoutable débatteur qui transformait en atout le handicap d'une diction difficile. Il avait la formule acérée et la plaisanterie assassine. Il arrivait, il parlait, il en imposait. Il aurait pu être un personnage de roman, sorti tout droit d'Alexandre Dumas ou d'André Malraux, ou ne laisser de trace que dans la mémoire de ceux qui l'ont bien connu. Il a imprimé une marque large et réelle dans notre pays, attachant son nom à deux des plus grandes césures de la France de l'après-guerre, la décolonisation et la décentralisation. Je le revois à la fin de sa vie, lui, l'homme de la modernité, plaidant passionnément pour l'informatique, pour la technologie, l'éducation, la formation : Gaston était un homme d'anticipation.

Je pris très au sérieux mon travail de législateur et je n'ai pas cessé depuis. Pour des raisons de principe : le Parlement, c'est le cœur battant de la démocratie. Et puis j'aime le travail parlementaire. L'un de mes camarades, député du Midi à l'accent rocailleux, Raoul Bayou, défenseur – et pas seulement en théorie – de la vigne, m'avait pourtant dès le début mis en garde. « Ecoute, petit, m'avait-il dit à la buvette de l'Assemblée, tu arrives, tu veux sûrement tout chambouler. C'est bien. Mais ne te fais pas d'illusions. Ta réélection, tu la gagneras dans la circonscription. Ici, ça ne sert à rien ! » Et il ajoutait d'une formule coulée dans le bronze : « A l'Assemblée, si tu es dans l'opposition tu ne peux pas l'ouvrir ; et si tu es dans la majorité on te demandera de la fermer ! » Près de vingt ans de mandat parlementaire m'ont convaincu qu'il avait électoralement raison, mais qu'il ne fallait pas, pour autant, se résigner. A la commission des Finances, je découvris un texte permettant au rapporteur d'un budget d'enquêter « sur pièces et sur place » à propos du domaine dont il avait le contrôle. Un beau matin, je me présentai au ministère des Affaires sociales, je demandai à voir le ministre – qui n'était pas là – ou le directeur de l'administration centrale et lui réclamai pour examen sur place toute une série de documents, attestant – déjà – le trou abyssal du déficit social. Emoi, interrogations, discussions : au bout de plusieurs heures, on me fournit une partie des documents demandés mais l'affaire – un parlementaire qui se mêlait de contrôler un ministère ! – ne laissa pas d'inquiéter.

Je siégeai de longues heures dans l'hémicycle, pour déposer des amendements, pour les défendre, seul de mon groupe ou à peu près, formant avec la demi-douzaine des spécialistes du marathon budgétaire une étrange équipe interpartis, opposé pour ma part à un ministre du Budget dont je ne savais à l'époque ni que je lui succéderais quelques semestres plus tard ni qu'il deviendrait aussi tristement célèbre : Maurice Papon. Certains soirs la discussion s'animait parce qu'on touchait des groupes plus vastes ou des matières sensibles. Ainsi revenait chaque année le débat sur le privilège des bouilleurs de cru. Pierre Mendès France, dans son combat contre l'alcoolisme, avait obtenu qu'on supprime le droit de transmettre ce privilège. Plus de vingt ans après, la lutte pour le rétablir continuait. Immanquablement se formait une coalition de députés de tous bords, représentant les régions viticoles, un parlementaire de la majorité déposait un amendement, il trouvait des renforts dans l'opposition ; une série d'orateurs expliquaient avec éloquence que l'alcoolisme n'entretenait aucun rapport avec la consommation d'alcool, bien au contraire ; et on votait. Nous devions, le gouvernement, les responsables de la majorité et moi-même, être très pressants auprès des parlementaires pour que l'amendement fût repoussé. Il l'était, mais souvent à une courte majorité.

Une autre fois, c'était un député ami qui me demandait de jouer seul le rôle du chœur antique lors de son intervention à la tribune. Dans cet exercice, le mieux organisé et le plus sympathique était le député-maire d'Alfortville, Joseph Franceschi, aujourd'hui disparu. Parlementaire chevronné, il était, entre autres, spécialiste des personnes âgées. Pas un texte les concernant où il n'intervienne. Pas un texte ne les concernant pas où il n'intervienne également, pour demander cette fois-là pourquoi elles n'étaient pas concernées. Pas une personne âgée de sa commune qui ne reçoive hebdomadairement de ses nouvelles. Or un soir, peu avant minuit, je vis arriver Joseph Franceschi dans l'hémicycle. J'étais le seul socialiste à mon banc. Franceschi me tend un texte, celui de son intervention à venir, il me désigne une phrase qu'il a soulignée d'un trait rouge, et il me dit : « Cela ne te dérangerait pas qu'après cette phrase tu m'interrompes et que tu dises très haut : “ Enfin, un député qui s'occupe des personnes âgées ” ? » Quelques instants plus tard, Franceschi monte à la tribune pour cinq minutes. Il commence son discours. Arrive la phrase soulignée. Je m'exécute et prononce ma courte réplique. Franceschi termine, me remercie et s'en va. Le surlendemain, je reçus dans mon casier l'intervention soigneusement mise en page de Joseph, qu'il avait fait distribuer à la totalité des personnes âgées de sa ville, avec cette dédicace : « Ci-joint le texte de nos deux remarquables interventions. » Franceschi fut jusqu'à sa mort constamment réélu.

Comme il existe une formation commerciale, il existe une technique parlementaire. J'appris cette technique. J'appris à déposer un amendement et à le soutenir, à rédiger une question écrite, à soulever une exception d'irrecevabilité ou à formuler un rappel au règlement. Dans le domaine financier et fiscal qui était le mien, j'appris à distinguer et à manier les « bleus » budgétaires, les « verts » et les « jaunes », à jongler avec les crédits du titre IV ou du titre V, à retrouver dans le maquis des procédures et des chiffres la réalité d'une politique et les astuces d'une présentation, à me familiariser avec les articles et les exceptions du code général des Impôts. Tout cela ne s'improvise pas. Pas plus que ne se maîtrise spontanément l'intervention faite depuis son banc, l'interruption suffisamment sonore et acérée pour être entendue, ou bien la question d'actualité posée au gouvernement : d'abord imposer le silence, puis capter l'attention, exposer le problème, ramasser le message et surtout ne pas oublier de donner sa propre réponse dans l'exposé de la question. Enfin, l'exercice phare, l'intervention à la tribune, l'éloquence qui se construit elle aussi à travers l'expérience, pair s'exprimant devant ses pairs, député portant la parole pour la nation et devant la nation, sachant si possible varier les tons, manier l'humour, ciseler la formule, interpeller et se laisser interpeller, tour à tour objectif, expert, lyrique, souriant, polémiste. On aime la tribune ou on ne l'aime pas. J'y ai pris goût, aidé par une heureuse capacité de parler sans texte écrit. Ce goût, pour anachronique qu'il puisse paraître à l'époque de la toute-puissance du journal télévisé, je ne m'en suis jamais départi. L'apprentissage parlementaire m'a ensuite été professionnellement utile comme ministre du Budget, comme Premier ministre, comme président de l'Assemblée. Et c'est aussi dans ces premières années que j'ai acquis ma passion pour la démocratie parlementaire et ma profonde croyance en elle. Près de vingt ans après, elles sont plus ancrées que jamais.

Au cours de ces trois premières années, l'autre apprentissage que j'ai suivi, c'est celui de ma circonscription, de mon département : une vie plus dure, plus authentique, plus représentative que celle, protégée, que j'avais connue jusque-là. Né à Paris, je me suis, grâce à ma circonscription, immergé en province. Né dans le confort, j'ai côtoyé et représenté l'une des terres les plus ouvrières de France. Formé aux abstractions, j'ai travaillé pour monter des dossiers, réaliser des projets, aider des familles, soutenir des luttes. Au cours de ces années, je me suis fait en Normandie des amis. Alain Le Vern, autrefois instituteur, devenu un formidable député de terrain et un merveilleux compagnon ; Marc Massion, mon premier adjoint, désormais sénateur ; Pierre Giovanelli, le secrétaire de ma section socialiste et conseiller général, auxquels me lie la complicité des amis vrais qui se comprennent sans se parler. Leurs joies – et celles de quelques autres qu'ils symbolisent –, ce sont mes joies. Si mes déceptions ou mes échecs me font mal, c'est aussi parce que je sais qu'ils en souffriront. Des amis sur qui je peux absolument compter, une équipe, à laquelle je fais confiance. Cela, et bien autre chose, c'est aux habitants de ma région que je le dois. Le moindre de mes devoirs a été, par mon travail, ensuite, d'essayer de le leur rendre.

Rivoli

En mai 1981, peu de jours après son élection, François Mitterrand me fit venir à son domicile, rue de Bièvre. La période n'était plus aux flâneries intellectuelles, la conversation fut rapide. Il avait mené campagne. Il l'avait magnifiquement emporté. Il allait entrer en fonction. Il fallait former le gouvernement : le Président pensait à moi pour le ministère du Budget, il me le dit, mais me demanda de garder le silence sur cette nomination. Je respectai, bien sûr, le secret et j'occupai les jours suivants à réorganiser mon travail dans ma circonscription, à imaginer la composition de mon éventuel cabinet ministériel, à participer à quelques réunions du parti socialiste, dont beaucoup de dirigeants allaient devenir ministres à brève échéance mais étaient eux aussi liés par le secret.

Pendant la campagne électorale, j'avais joué un rôle de conseiller auprès de François Mitterrand. Comme on le sait, celui-ci aime cloisonner les responsabilités et les cercles, quitte à « doublonner » les tâches. Porte-parole du parti socialiste, je n'étais pas porte-parole du candidat, cet office étant rempli par Pierre Mauroy. Je n'étais pas non plus directement intégré à la cellule préélyséenne animée par Pierre Bérégovoy. J'agissais en quelque sorte à façon, sollicité par le (futur) Président ou de ma propre initiative. Je suivis les meetings, au début poussifs et dépeuplés, puis réussis et entraînants, enfin enthousiastes et immenses. Les réunions au sud de la Loire furent les plus belles. La foule y venait, bariolée, innombrable. Mitterrand s'exprimait sans discours préparé, il se déployait à partir de deux ou trois thèmes griffonnés au dos d'une méchante enveloppe. Il parlait à l'intuition, au sentiment, à l'émotion, avec un talent magnifique, il nous arrachait des larmes, des hurlements d'approbation, des bouts de rêves. Quand la fatigue le prenait, il devenait long, trop long, il ne trouvait pas sa chute. Les retards s'accumulaient d'étape en étape, et nous revenions au petit matin, ivres de fatigue et de bonheur.

Parfois, avec Paul Guimard, nous préparions avant le déplacement une ou deux formules acérées que nous proposions à François Mitterrand. Il ne nous remerciait pas, ne réagissait pas sur le moment pour approuver ou pour récuser, mais le soir même, parfois le lendemain, au milieu d'un discours, au moment où sa pensée se cherchait, où sa phrase s'allongeait, où sa voix se mettait à chanter, voilà que, venant ponctuer l'envolée ou au contraire casser le rythme, quelques mots contenant « notre » formule étaient lâchés, précis, ciselés, accrochant l'oreille de l'auditeur et l'œil de la caméra, concentrant dans les quinze ou trente secondes des journaux télévisés le message mitterrandien du jour. Mouche du coche, je surveillais aussi particulièrement les interventions de François Mitterrand sur les sujets économiques. Ce n'était pas sa spécialité. La presse avait tendance à s'en gausser. Il fallait redoubler d'attention, vérifier les chiffres, affiner les arguments. Je m'y consacrais volontiers, sans penser en cet instant que me seraient confiées quelques semaines plus tard des fonctions financières. D'ailleurs, ni moi ni la plupart de ceux qui menaient campagne nous ne pensions alors à de futures fonctions. La bataille électorale était trop intense pour que nous nous représentions exactement l'après-bataille.

Peu à peu Mitterrand se transformait. Dans le regard des autres et en lui-même. Il n'avait jamais été homme à vous taper dans le dos et ce n'était pas le premier geste auquel on pensait quand on le rencontrait. Mais là, porté par l'évolution de l'opinion, par la victoire qui approchait, par les responsabilités qui l'attendaient, il prenait de la gravité, c'est-à-dire à la fois de la lourdeur et du mystère. On ne lui parlait déjà plus comme avant. La distance – qui accompagne le pouvoir – s'installait. Notre rôle, mon rôle, en tout cas tel que je le ressentais, était de surmonter ce piège et de continuer à m'adresser à Mitterrand carrément. Avec le temps j'avais appris à l'approcher, à l'intéresser. Je savais comment mobiliser son attention par écrit ou oralement. Cette communication facile avec un personnage difficile, je l'utilisais pour dire ce que je pensais. C'était ma façon de le respecter et de lui être utile. Je le fis en particulier pour ses interventions télévisées. Nous nous réunissions chaque matin à mon domicile pour les préparer, Robert Badinter, Paul Guimard, Régis Debray, Joseph Daniel et Françoise. Jack Lang nous rejoignait fréquemment. Jacques Attali arrivait en retard, au moment de ramasser la copie et d'en extraire les idées comme des pépites.

Invraisemblable gymkhana ! Dans une même journée, en plus des autres tâches, il fallait organiser l'enregistrement télévisé des soutiens du candidat, celui de Mitterrand qui était plus ou moins fatigué, plus ou moins convaincant selon les jours, mettre cela en musique, ou plutôt en images, réfléchir, coordonner, anticiper, contrôler, corriger.

Vint le temps du second tour et du fameux débat télévisé. Les modalités d'organisation n'étaient pas rodées comme elles le sont devenues depuis. Mitterrand allait-il savoir faire face ? Giscard d'Estaing, son adversaire, possédait la réputation fondée d'une intelligence acérée, d'une capacité exceptionnelle de débatteur. Il l'avait prouvé en 1974, en dominant Mitterrand. De même, François Mitterrand s'était montré médiocre dans un débat avec Raymond Barre. Il n'aimait pas la télévision. Nous décidâmes, Robert Badinter, le cinéaste Serge Moati et moi, de réunir nos énergies pour convaincre Mitterrand de répéter. Celui-ci détestait l'idée. Il détestait le procédé. A force d'insistance nous parvînmes à le convaincre. Et nous voici à mon domicile du Panthéon, caméra vidéo déclenchée, simulant le débat, questionnant Mitterrand, l'interrompant, le critiquant, contreattaquant. Et lui d'abord réticent, puis se prenant à l'exercice, puis refusant d'aller plus loin et me rabrouant : « Quoi ? Vous osez me dire cela, vous ! », comme si ce n'était pas un contradicteur politique improvisé pour les besoins de la répétition qui l'interpellait, mais son collaborateur, son ami, dont il s'étonnait qu'il pût soudain lui opposer de si méchants arguments.

Le 10 mai approchait. Les réunions étaient de plus en plus enthousiastes, l'espoir montait. Dans toutes les villes parcourues, les regards de milliers de femmes et d'hommes aux yeux brillants portaient Mitterrand, étincelles entrevues qui suffiraient à remplir une vie. Les deux derniers jours avant le scrutin, soudain tout s'arrête et pour la première fois on commence sérieusement à penser à l'après, au lundi. On cherche à maintenir les rythmes habituels, mais à chaque heure qui passe on se fait à soi-même un pari : sur la route, si la prochaine voiture doublée est une Renault, ce sera le succès ; dans la rue, si la première fille croisée est brune, ce sera la victoire. Puis vient la fin de l'après-midi du dimanche. Au siège du parti socialiste où je me trouve, près du téléphone, les minutes s'égrènent. A 18 h 30, la sonnerie. Je décroche. Le correspondant d'un institut de sondage me crie trois mots : « On a gagné. » Et moi, croyant depuis toujours qu'il s'agit d'un adversaire politique : « Qui ça, " on " a gagné ? » « Mais Mitterrand, bien sûr. C'est Mitterrand qui a gagné ! » Le choc. Cris. Larmes. Je suis incapable d'articuler. Je tombe dans les bras de mes voisins, Quilès, Jospin, d'autres, sans pouvoir exprimer d'autre phrase que « ce n'est pas possible, ce n'est pas possible... ». Je pleure comme un gamin. C'est ça, oui, l'expression « pleurer de joie ».

Il reste encore une heure et demie avant la clôture des votes, l'heure et demie la plus longue. Pas question de divulguer une nouvelle dont, superstitieusement, je ne suis pas certain. Mais comment la taire et garder mon bonheur pour moi ! Il est trop lourd. La foule des militants grossit devant le siège du parti socialiste. Vers

19 h 30, j'entrouvre la porte. Un silence se fait dans la rue. Je lève le pouce, timidement. Hurlements de joie, et en même temps incrédulité, incertitude. A 20 heures seulement, tout bascule : la France entière voit se former lentement un visage reconstitué sur l'écran. Le front, le nez, les yeux, l'arrondi du menton. Plus de doute, la République a changé de visage : c'est Mitterrand. Mitterrand-Président. C'est fait ! Aucune émotion, jamais aucune ne m'a autant bouleversé que celle-là.

Quelques jours plus tard, pendant l'annonce du premier gouvernement Mauroy, nous sommes à nouveau quelques-uns rassemblés dans mon bureau du parti socialiste, rue de Solférino. Nous avons allumé la télévision pour écouter Pierre Bérégovoy, devenu secrétaire général de l'Elysée, lire la liste des ministres. A l'exception de Pierre Mauroy, chacun ignore l'identité des autres. Nous découvrons la liste en entendant Bérégovoy énoncer les noms et nous découvrons en même temps que nos amis ont observé le même secret que nous. « Ministre de l'Equipement et des Transports : Louis Mermaz », lit Bérégovoy et les réactions fusent : « Faux-jeton, Louis ! Bravo quand même ! » « Ministre de la Communication : Georges Fillioud », continue la liste. « Alors, Georges, on complote ! Tu ne nous avais rien dit ! » « Ministre des PTT : Louis Mexandeau. » « Tu exagères ; allez, on s'embrasse. » L'après-midi fut surréaliste. On s'échangeait à la fois des félicitations et des noms d'oiseaux. L'entrée au gouvernement était saluée par des lazzis. Ceux qui n'étaient pas nommés le savaient à l'avance et n'éprouvaient sur le moment aucune déception apparente, mais ils pouvaient avoir le sentiment de passer à côté de responsabilités enthousiasmantes sans qu'il y eût à leur non-sélection de justification précise. Ce fut une cause de difficultés ultérieures.

Chaque ministre prit possession de ses fonctions. Pour la quasi-totalité d'entre nous, la nouveauté était totale. Non seulement nous n'avions jamais occupé le ministère précis qui nous était confié, mais encore nous n'avions pas exercé du tout ce type de responsabilités. Depuis si longtemps la gauche n'avait pas gouverné le pays ! Le climat, les attentes, les mentalités étaient marqués par cette absence. L'opinion, notamment l'opinion politico-administrative, ignorait comment les dirigeants de la gauche, devenus les dirigeants du pays, allaient agir. Comprendrions-nous les contraintes ? Allions-nous, métaphoriquement s'entend, couper les têtes ? Comment nous comporterions-nous dans les palais officiels ? Sans compter les extrémistes, au nombre desquels l'ancien ministre giscardien Michel Poniatowski – nuancé comme à son habitude : « L'arrivée de la gauche au pouvoir, ce seront les chars soviétiques place de la Concorde. »

La tradition veut que tout ministre quittant ses fonctions passe le témoin à son successeur au cours d'une brève cérémonie. Au ministère du Budget où j'avais été nommé, et compte tenu de la personnalité du titulaire précédent, Maurice Papon, je refusai cette cérémonie. Son directeur de cabinet, un haut fonctionnaire de qualité, Pierre Bilger, transmit donc à mon directeur de cabinet, Louis Schweitzer, les indications utiles. Quelles étaient-elles ? D'abord la clé du coffre-fort, installé dans une petite pièce attenante au très vaste bureau du ministre, bureau immense et chargé de dorures, dont les fenêtres donnaient sur la cour Carrée du Louvre. J'ouvris le coffre : il était vide à l'exception d'une solitaire feuille de papier blanc – cela ne s'invente pas ! La situation réelle des finances publiques ? Comme après toute alternance, elle faisait l'objet d'une controverse politique. Il nous fallut peu de temps pour constater que le déficit budgétaire était supérieur aux estimations. Le plus significatif peut-être de cette entrée en matière fut un gros dossier que l'administration déposa sur mon bureau dès mon arrivée. C'était une chemise bleue, cartonnée, avec, à l'intérieur, des sous-chemises en papier. L'une d'elles portait en titre, écrits en gros caractères, ces mots : « MENACES MAJEURES. » Et la première « menace majeure », elle-même écrite en majuscules, la première sous-chemise que je découvris, le principal péril que courait le pays, était intitulé ainsi : « MENACE N° 1 : AUGMENTATION DE L'ALLOCATION AUX HANDICAPÉS ! » Malgré son évidente compétence et son remarquable sens de l'Etat, il y avait comme un décalage entre la façon dont on raisonnait dans cette auguste administration et l'espérance de millions de Français qui venaient de nous confier le pouvoir...

Non pas que les fonctionnaires qui servaient rue de Rivoli fussent tous de droite. Beaucoup avaient des convictions de gauche – moins cependant dans le haut de la hiérarchie. Mais il existait un conformisme intellectuel qui souffrait assez peu d'exceptions. Je composai mon cabinet parmi ces exceptions, faisant confiance pour le diriger à Louis Schweitzer que j'avais un peu connu auparavant et qui était lui-même sous-directeur au budget. J'avais hésité pour ce poste entre Jean Choussat, haut fonctionnaire du ministère des Finances, remarquable lui aussi, et Louis Schweitzer. Finalement je retins ce dernier. Extrêmement compétent, de gauche sans être militant, il était unanimement estimé et respecté. J'appris à le connaître, haute silhouette légèrement voûtée, coin d'œil malicieux, parole économe, d'une courtoisie infinie, d'une intelligence pénétrante, l'intérêt général chevillé au corps et le cœur sur la main. Nous nous entendîmes si bien que nous cheminâmes ensemble pendant toute ma période gouvernementale, avant qu'il ne rejoignît quelques années plus tard la régie Renault où le très regretté Georges Besse l'avait appelé à ses côtés. Schweitzer me proposa pour le cabinet des profils et des noms : je les acceptai en général. Je réunis les directeurs d'administration : budget, impôts, douanes, comptabilité publique. Nous fîmes le point. Le travail pouvait commencer.

Du travail, il y en avait beaucoup. Dans l'administration française, le budget est au centre de tout. Non seulement parce qu'il a son mot à dire sur les décisions à implications financières – rares sont les mesures qui n'en comportent pas –, mais aussi parce que, par son organisation, par ses méthodes et par la compétence de ses personnels, il a acquis dans l'appareil d'Etat une place centrale. Centrale et finalement souvent excessive : autant il est légitime que les décideurs soient éclairés sur les aspects financiers de leurs choix, autant il est dommageable que ces aspects finissent par conditionner les décisions et même les termes du choix.

Qui dit nouveau gouvernement dit « collectif budgétaire ». Il fallut rapidement traduire en mesures concrètes et financées nos engagements électoraux, notre volonté de « relance pour l'emploi ». Simultanément, nous commençâmes la préparation du budget ordinaire de l'Etat, la loi de finances pour 1982. Habituellement, ce travail de préparation s'étale au long de l'année, sans interruption ou presque. On examine d'abord les premières esquisses, puis on définit des projets plus précis. Ensuite, se tiennent les conférences budgétaires où sont entendus les points de vue des ministres, enfin on procède aux arbitrages sur les dépenses, avant les choix définitifs concernant les impôts. Ces discussions nécessitent rigueur – le ministre du Budget est nécessairement un « Monsieur Non » – et souci politique, au sens élevé du terme. Nous respectâmes cette séquence, sur un rythme beaucoup plus rapide qu'à l'ordinaire.

Les discussions se déroulaient d'abord d'administration à administration. Elles dégrossissaient le travail. Puis le cabinet du ministre « dépensier » intervenait pour essayer d'amadouer la redoutable direction du Budget. Pour les cas difficiles, les choix étaient soumis à l'examen conjoint du ministre du Budget, c'est-à-dire moi-même, et de mon collègue « demandeur ». Enfin, à propos de quelques arbitrages particulièrement importants, le Premier ministre Pierre Mauroy ou son équipe tranchaient. Les ministres étaient alors novices. Ils ne possédaient pas, au début tout au moins, les ficelles traditionnelles, les tours de main, les ruses. Ils se pliaient à la discipline commune, exposaient leurs vraies priorités, acceptaient les arbitrages sans rechigner. Dès le second exercice, je constatai que tout avait déjà changé : en quelques semaines ils avaient tout appris, l'attirail technique, les « trucs » qui permettaient, sinon d'obtenir davantage, du moins de défendre son os face ux « budgétaires » de la rue de Rivoli, devenue aujourd'hui la citadelle de Bercy.

Quels trucs ? Par exemple, dépenser sur une année donnée le maximum de crédits qui ont été attribués à son département ministériel, et si possible se trouver en manque, afin que ne soit pas rognée une partie de ces crédits l'année suivante. Placer en tête de ses priorités non pas l'indispensable mais seulement le souhaitable, afin que sous la pression de l'indispensable le souhaitable lui aussi puisse franchir le filtre budgétaire et être retenu. Saucissonner les projets sur plusieurs années pour faire apparaître les dépenses moindres qu'elles ne seront en réalité, et utiliser ensuite l'argument : « puisqu'on a déjà financé une partie du projet, on ne peut pas ne pas continuer ». Rattacher une action contestée à une vraie priorité gouvernementale, ou mieux, présidentielle, afin qu'elle soit déclarée « politique », terme magique permettant de surmonter les objections financières. Solliciter l'appui d'un parlementaire pour que la demande de crédit ne vienne pas du ministre ou de l'administration elle-même, mais des élus, si possible de la majorité, quoiqu'un ténor de l'opposition ne soit pas inutile non plus. La liste est longue des mécanismes destinés à renforcer sa main dans la négociation budgétaire, liste d'ailleurs parfaitement connue de tous les partenaires, qui ne sont pas dupes et qui seraient déçus si un des participants, manquant en quelque sorte de professionnalisme, décidait de jouer selon d'autres règles. Quoique nouveaux, mes collègues et leur cabinet prirent le pli avec une vitesse impressionnante.

Le seul à jouer selon d'autres règles, bien qu'il bénéficiât d'une expérience sans égale ou justement parce qu'il en bénéficiait, c'était Gaston Defferre. Lui mettait cartes sur table. Pour son budget du ministère de l'Intérieur, il participait personnellement aux discussions avec l'administration, dès le départ, et grâce à sa force de conviction, à son aura, il emportait en général le morceau. Un autre ministre marquait sa différence, Jack Lang, passionné par son secteur au point de s'identifier totalement à lui. Pour son ministère de la Culture, Lang n'acceptait rien qui ne fût grandiose. Il ne s'embarrassait pas de contraintes financières. Il refusait jusqu'à l'idée même de compromis. Il multipliait les billets, les notes, les lettres, il faisait en permanence appel à l'échelon au-dessus, et, de proche en proche, à François Mitterrand lui-même. Lorsqu'il s'adressait au Président et que celui-ci était réticent ou même le rembarrait, il ne renonçait pas, faisant appel de ses réticences en invoquant alors auprès de lui rarement moins que le jugement de l'Histoire et la France éternelle. Ces arguments n'étaient pas à proprement parler techniques, ils n'en avaient auprès du Président que plus de poids. Jack Lang tourbillonnant, séduisant, provocant, cassant, irritant, excellent, et finalement en général convaincant.

Collectif budgétaire, lois de finances : il fallut présenter et défendre ces textes au Parlement, souvent la nuit, au cours de longues séances que j'avais déjà connues auparavant comme député. Les problèmes ne venaient pas de l'opposition de droite, alors réduite en nombre et comme assommée par sa défaite. Les difficultés, en tout cas les questions, venaient surtout des députés de la majorité, nombreux, enthousiastes au début, passionnés. Ils auraient souhaité chaque soir une nouvelle nuit du 4 août. Historiquement, on sait que celles-ci ne sont pas faciles à organiser, ni à réussir.

Un exemple fut l'impôt sur les grandes fortunes dont j'élaborai le projet et que je fis voter après des débats épiques. Cet impôt, justifié dans son principe, était inscrit dans notre programme électoral. Pour beaucoup de ceux qui devaient l'acquitter il comportait cependant un tort : constituer une charge payable par les cent mille contribuables les plus fortunés du pays dont ils se trouvaient faire partie. Les modalités prévues dans notre plate-forme n'étaient pas réalistes et même carrément confiscatoires. Il fallut les adapter. Au fur et à mesure qu'avançait la discussion ne cessaient de grandir le nombre et l'écho de ceux qui étaient pleinement, totalement, incontestablement d'accord sur le principe, sauf en ce qui les concernait. Par pure coïncidence, les titulaires de fortunes importantes ont en général un accès facile aux médias. Des campagnes de presse furent déclenchées, dont certaines me visèrent directement. A cette époque je lisais une vie de Joseph Caillaux, qui avait en son temps « porté » l'impôt sur le revenu : un peu plus de soixante ans après, les réactions étaient pour partie les mêmes. Après un important travail d'affinement et de simplification, après avoir dû résister plusieurs fois à des offensives visant à vider le projet de toute substance, le texte fut adopté. J'étais partisan de réduire au minimum les exonérations. François Mitterrand en élargit la liste, notamment pour les œuvres d'art et les parts de groupements forestiers. C'est la première loi importante que je fis voter. L'impôt sur la fortune existe désormais. Il n'est pas parfait. En 1986, la droite l'a démoli en revenant au pouvoir. Nous l'avons rétabli. Il est finalement entré dans les mœurs. Ce fut un combat difficile.

Le ministre du Budget est l'homme des impôts. Je n'échappai pas à la règle. Comme, de surcroît, j'engageai certaines réformes fiscales mettant en cause des privilèges, la réaction dans tous les sens du mot fut véhémente. Les attaques prirent parfois un tour original. Ainsi, en pleine discussion de l'impôt sur les grandes fortunes, plusieurs articles furent publiés dans les journaux, tantôt potins, tantôt reportages de fond, évoquant une même anecdote. On rapportait que je me rendais pour déjeuner dans un restaurant parisien et que, à mon entrée, des réactions hostiles se produisaient. Ici, les clients avaient déclenché un chahut et j'avais dû rebrousser chemin. Ailleurs, le restaurateur avait refusé de me servir. Selon un grand hebdomadaire, un convive, là, m'avait même violemment pris à partie. Les circonstances, les lieux variaient, le fond non : le ministre du Budget était indésirable en public, ce n'étaient pas seulement ses adversaires politiques qui le condamnaient, c'était la population elle-même. Une telle « bronca » avait beau ne s'être jamais produite (après tout, elle aurait pu se produire), la rumeur, relayée, colportée, se propageait. Des proches m'en parlaient, la prenant pour vérité. Je m'en ouvris à un ami, familier du monde économique et de la presse. Il mena son enquête. Trois semaines plus tard, il me donna le nom d'une petite agence de communication qui, selon lui, pouvait avoir travaillé sur cette « construction » ainsi que la liste de quelques-uns de ses clients.

Je reconnus dans la liste le nom d'une des personnalités les plus fortunées de France dont on m'avait déjà rapporté qu'elle était très virulente à mon égard. Je demandai à cette personnalité de passer au ministère, rue de Rivoli, la fis asseoir et lui dis en substance ceci : « Je ne vous connais que de nom. Je sais que vous entretenez des relations privilégiées avec l'agence de communication X. Je sais aussi que vous êtes éminemment concerné par l'impôt sur les grandes fortunes. J'ai de bonnes raisons de penser que vous êtes à l'origine d'une campagne contre moi à cause de cet impôt. Je puis vous dire, si cela continue, que je ne vous oublierai pas. » L'entretien dura cinq minutes. La rumeur cessa. J'en retirai une leçon : je n'avais pu décider l'impôt sur la fortune lui-même et résister aux pressions que parce que j'étais fondamentalement un homme libre. Libre de ce que j'appellerai toute connivence. Réformer implique toujours de mettre en cause des habitudes, des intérêts. La connivence freine les réformes nécessaires. Elle obscurcit le sens de l'intérêt général. Aujourd'hui je reste – et j'y tiens – un homme libre.

Même si ce fut la plus symbolique, l'impôt sur la fortune ne fut pas la seule réforme fiscale que je mis en œuvre au cours de mes deux ans de Budget. Le 30 septembre 1981, j'annonçai – décision qui n'avait rien d'anodin – la levée de l'anonymat des transactions sur l'or, pour combattre la fraude fiscale. Je souhaitais m'attacher à rendre notre fiscalité un peu plus équitable, plus simple, plus moderne, qu'il s'agisse des impôts locaux ou nationaux. La tâche était difficile, non seulement à cause des caractéristiques bien connues du système fiscal français – un impôt sur le revenu très concentré et qui rapporte peu, des cotisations sociales lourdes, une fiscalité qui pèse sur l'emploi, etc. –, mais à cause de données moins évoquées quoique tout aussi tenaces. D'abord le fait qu'en France prélever aux uns pour distribuer aux autres – cela s'appelle la justice fiscale – est intellectuellement plébiscité mais concrètement mal accepté. Pour mener à bien sans trop de réactions une réforme fiscale, il faudrait pouvoir y consacrer des sommes considérables de sorte que peu se retrouvent perdants et qu'il y ait surtout des gagnants. On imagine le casse-tête en période de vaches maigres !

Ensuite, un trait constant de notre administration est la crainte des fraudes. Compte tenu des privilèges et exceptions qui caractérisent la France et qui favorisent les possibilités de détournement, le souci en lui-même est légitime, mais il aboutit souvent à la paralysie. Lorsqu'un texte est décidé, le réflexe administratif est d'imaginer à l'avance les astuces qu'emploieront certains pour le contourner et les contre-mesures nécessaires pour éviter ces contournements. Résultat : les dispositions – le code général des Impôts en constitue l'illustration caricaturale – sont multiples, complexes, parfois incompréhensibles, en tout cas sources de controverses infinies. Je préfère de beaucoup l'approche américaine : des textes simples, moins d'exonérations, et, s'il y a fraude, des sanctions sévères.

Les difficultés furent renforcées par nos propres contradictions. Rendre plus juste la fiscalité locale implique d'opérer une péréquation entre les collectivités locales, donc de restreindre d'une certaine façon l'autonomie communale : au bout du compte, il faut choisir entre plus ou moins de justice fiscale et plus ou moins de décentralisation. Trouver des ressources supplémentaires indolores tout en accroissant l'équité de nos impôts n'a rien de facile à concilier non plus : TVA d'un côté, impôt progressif de l'autre, là aussi il faut choisir. La liste des contradictions à surmonter est aussi longue que celle de nos taxes. Si le choix politique n'est pas suffisamment précis, si l'objectif poursuivi n'est pas assez défini, les habitudes et les conservatismes retrouvent ıeurs droits. Nous n'échappâmes pas à la règle. L'ardeur réformatrice du gouvernement s'émoussa. D'où la déception envers l'absence d'une « grande réforme fiscale ».

Ah ! le regret du grand soir fiscal ! Combien l'ai-je entendu évoquer, et par des partisans de réformes totalement contradictoires ! A ceux de mes visiteurs qui se désolaient de cette absence, je montrais les résultats d'un sondage que j'avais commandé : entre 30 % et 50 % des personnes qui ne payaient pas d'impôt sur le revenu estimaient trop élevé leur... impôt sur le revenu. Le gouvernement qui voudra vraiment modifier la fiscalité française – et il le faut – devra commencer par pratiquer la pédagogie à haute dose et par souligner les contradictions françaises : un impôt sur les successions jugé trop élevé et en réalité faible, une fiscalité injuste mais beaucoup moins que notre système de cotisations sociales, une imposition du travail trop lourde mais un refus d'augmenter celle du capital, etc. Sinon, on continuera comme avant : après avoir réformé la taxation des plus-values, on estimera que la bonne réforme aurait dû concerner la taxation des grandes fortunes ; après avoir légiféré sur les fortunes, on estimera qu'il aurait mieux valu s'intéresser aux successions ; après avoir... Car la bonne réforme fiscale, c'est toujours l'autre, la suivante, celle qui aurait pu être. Or, la fiscalité est le vrai visage d'une société. Pas étonnant que l'opinion soit si dure envers ceux qui lui tendent un miroir pour qu'elle scrute son propre visage. Ce visage n'est pas beau, en tout cas pas juste. La gauche, ce devrait être d'abord la justice. La politique fiscale de la gauche devrait être ce miroir tendu le long du chemin.

La tâche de ministre du Budget me conduisait à dire mon mot sur la plupart des sujets. Mes relations personnelles avec François Mitterrand renforçaient cette orientation. Cela nous valut quelques frictions avec Jacques Delors, auprès duquel j'étais ministre délégué. L'un et l'autre nous possédons un certain caractère. De plus, la fonction de ministre délégué est ambiguë et

LAURENT

FABIUS

Flammarion

Laurent Fabius

LES BLESSURES DE LA VÉRITÉ

9 782080 670915

FF 7091 - 95 - IX

120,00 FF

conduit naturellement au frottement avec le ministre en titre, parfois au conflit. Nous eûmes donc entre nous quelques tensions, mini-orages qui furent surmontés. A deux reprises, nous dûmes prendre des orientations essentielles sur la politique économique, sur la politique tout court. Jacques Delors et moi, nous nous retrouvâmes en ces circonstances finalement du même côté.

La première fois, ce fut lors du tournant intellectuel de la rigueur, qu'il faut dater non pas de 1983, comme on le répète souvent, mais de la fin de 1981. A notre arrivée au pouvoir, nous avions choisi, à la fois par cohérence avec nos engagements électoraux et par analyse économique, de soutenir la consommation au travers de mesures sociales, afin de développer l'emploi. Ces engagements furent respectés. Mais un déficit initial du budget plus important que prévu, le mauvais état de notre appareil industriel et surtout une conjoncture internationale défavorable nous conduisirent à contre-cycle : nous fûmes assez rapidement contraints de corriger notre politique en introduisant des dispositions dites « de rigueur ». Dès la fin de 1981, je les avais proposées à François Mitterrand, en appelant son attention sur l'évolution des finances publiques et sur la politique économique d'ensemble. Le 2 février 1982, fait exceptionnel, le Président tint un Conseil restreint sur les finances publiques, sur l'aggravation du déficit, sur la situation préoccupante de l'Unedic. Dès cette période, l'inflexion était amorcée. Personnellement, je la jugeais nécessaire non pas à cause d'un quelconque préjugé, mais parce que, au poste ministériel où je me trouvais, les informations dont je disposais, mes nombreux contacts avec des responsables économiques me donnaient l'éclairage nécessaire pour une réflexion critique et libre.

Intervenue dans le même esprit, la décision prise, en 1983, de choisir l'Europe et de demeurer dans le système monétaire européen (SME) fut plus controversée. Le franc avait été dévalué, la situation économique n'était pas fameuse, les mesures de rigueur étaient malaisées à accepter, la pression en faveur d'une sortie du système monétaire européen se renforçait. Dans les cercles paragouvernementaux les partisans de cette issue (Jean Riboud, Pierre Bérégovoy, Jean-Pierre Chevènement) soutenaient qu'elle nous permettrait davantage d'aisance, qu'elle nous éviterait des mesures restreignant la consommation, qu'elle faciliterait une certaine relance et une autonomie accrue de notre politique. A l'inverse, d'autres (Jacques Delors, Pierre Mauroy qui en avait été convaincu par Jean Peyrelevade) estimaient que hors de la coopération monétaire européenne il n'existait point de salut. Nous nous réunissions régulièrement, ceux qu'on a appelés « les visiteurs du soir », pour discuter de ces sujets avec François Mitterrand en fin d'après-midi, dans la bibliothèque de l'Elysée ou dans le... salon d'Argent. La pression en faveur d'une sortie du SME augmentait. Jusqu'au jour où, la tempête monétaire aidant, il fallut prendre une décision.

Le Président me fit venir à l'Elysée et me demanda – ce qui n'était, j'en conviens, pas très agréable pour Jacques Delors qui en avait été cependant informé – de me « mettre dans la peau » du futur ministre de l'Economie et des Finances, de prendre les contacts nécessaires et de revenir lui exposer, à lui, François Mitterrand, si oui ou non je recommandais la sortie du SME et avec quelles mesures d'accompagnement.

Je reçus dans mon bureau, rue de Rivoli, plusieurs hauts responsables des finances et de l'économie. Je les interrogeai successivement. Nous déroulâmes les scénarios. Rester dans le SME ou en sortir? Comment? Avec quelles conséquences? Après quelques heures, ma conviction était forgée. Je fus en particulier sensible à la position logique et forte de Michel Camdessus, alors directeur du Trésor, qui, en homme libre, me démontra qu'une sortie du système monétaire européen, loin de nous donner des facilités politiques plus grandes, nous obligerait à une super-rigueur et conduirait à une aggravation du chômage.

Nos réserves monétaires étaient au plus bas – ce que seuls savaient le Premier ministre et le ministre de l'Economie. Notre inflation n'était pas encore durablement maîtrisée. Notre appareil industriel n'était pas modernisé. Notre balance commerciale était très déficitaire. Notre crédit international était faible. Un abandon du SME aurait, à l'époque, signifié des mesures d'accompagnement très dures, outre les évidentes implications de politique européenne. A mesure que j'entrais dans les détails, j'étais de moins en moins séduit par la thèse de la « rupture ». Moi qui n'avais aucun avis dogmatique sur la question, je fus convaincu. Le lendemain soir, je revins voir François Mitterrand et les « visiteurs ». J'exposai mes conclusions. Ce n'était pas un exposé théorique ; c'était – et chacun le ressentait comme tel – la conclusion du ministre de l'Economie et des Finances pressenti. Je terminai mon propos en recommandant fermement de ne pas quitter le SME. Cette position fut adoptée. Je ne devins pas ministre des Finances, mais, avec le recul, je suis heureux d'avoir pu peser dans ce sens lors d'un choix qui fut déterminant pour notre avenir.

Rares sont les périodes où un gouvernement dispose de vraies marges de manœuvre pour influencer le destin du pays. En 1981, c'était dans une certaine mesure le cas. La victoire avait été si longtemps attendue, elle était parlementairement si massive que le nouveau gouvernement disposait d'une capacité d'initiative. Il l'utilisa en partie. En partie seulement, car la situation économique internationale, certaines erreurs dont nous fûmes responsables et les contraintes du pouvoir limitèrent notre capacité d'action.

De grandes mesures furent décidées, souvent excellentes. Gaston Defferre, avec énergie, mena et gagna le combat de la décentralisation qui restera une des conquêtes de ces années 80. Georges Fillioud proposa une Haute Autorité de l'Audiovisuel et ouvrit le champ aux radios libres. Robert Badinter, avec courage, s'identifia à l'abrogation des juridictions d'exception et de la peine de mort, décisions qui furent de réelles avancées de civilisation pour la France. Sur le plan social, économique, sur le terrain des libertés, des initiatives très positives furent prises. Mais elles étaient si nombreuses, si massives que l'opinion ne pouvait pas rapidement les digérer. Le gouvernement Mauroy devait être celui du changement ; peu à peu il fut perçu comme celui du tournis.

Par exemple, au cours d'un seul Conseil des ministres, le 9 septembre 1981, en une seule matinée, nous annonçâmes l'abrogation du monopole de radiodiffusion, l'autorisation des radios privées non commerciales, la modification des conditions d'entrée et de séjour des étrangers en France, la régularisation de la situation des immigrés clandestins et l'adoption de l'impôt sur les grandes fortunes. Le 23 septembre, nationalisation de cinq groupes industriels, de trente-six banques, de deux compagnies financières. Le 25 mars 1982, adoption des projets d'ordonnances sur la retraite à soixante ans, le travail à temps partiel, la limitation du cumul emploi-retraite, la création du chèque vacances, ainsi que l'insertion et la formation professionnelle des jeunes de seize à dix-huit ans. Le même jour, pour faire bonne mesure, nous ajoutâmes des projets de loi sur la suppression des tribunaux permanents des forces armées, les droits des travailleurs dans l'entreprise et la création d'un livret d'épargne populaire.

On comprend la raison de cette hâte : l'opinion attendait, la majorité attendait, ce qui n'était pas engagé rapidement risquait de ne l'être jamais. Mais une telle avalanche, au demeurant mal expliquée, était difficilement supportable par le corps social, quel qu'ait été son vote peu de mois avant. Dès le 17 janvier 1982, lors d'élections législatives partielles, quatre députés d'opposition sur quatre furent élus au premier tour. Commentant l'un de ces Conseils des ministres pléthoriques, un de mes amis, électeur de droite, me confia : « avec une seule de ces mesures, nous, nous aurions tenu trois mois ».

La gauche n'avait pas encore compris que l'essentiel n'était pas, contrairement au loto, de cocher toutes les cases – en l'occurrence réaliser les cent dix propositions du candidat Mitterrand. L'essentiel était dans l'amélioration réelle de la situation des Français, dans la perception par eux de cette amélioration, dans leur conviction qu'ils étaient bien gouvernés. Malheureusement, tel n'était pas leur sentiment.

Le style du gouvernement Mauroy joua aussi son rôle : chaleureux, sympathique, mais pas toujours aussi ordonné et cohérent qu'on aurait pu le souhaiter. Dans nos démocraties hypermédiatiques, à rouages complexes, gouverner n'est pas seulement affaire d'impulsion générale. La mise en perspective est capitale. L'ordonnancement est décisif. Le diable est dans les détails. Or, à l'époque, on s'occupait assez peu des détails. Ils finissaient par se venger.

Au fond, quand je repense à cette période, à l'enthousiasme qu'elle engendra, à la déception aussi qui l'accompagna, deux éléments se détachent. L'un, nous en sommes comptables : dans le contexte économique international très difficile de l'époque, nos objectifs affichés étaient trop nombreux pour que nous puissions simultanément les remplir. L'autre ne dépendait pas de nous : l'espérance avait été trop forte pour que la déception ne le fût pas.

Oui, il y eut ce que j'appellerai une « surdétermination » politique : les contraintes réelles, plus celles que nous nous donnions à nous-mêmes au fur et à mesure, rendaient pratiquement impossible le respect de nos propres objectifs, tant ils étaient multiples, ambitieux et finalement contradictoires. Je le mesurais sur le plan financier qui était directement le mien. Pour respecter nos engagements, nous devions pratiquer une politique budgétaire qui, du côté des dépenses, revaloriserait à coup de dizaines de milliards une série de prestations sociales, allouerait 1 % du budget à la Culture, 0,7 % du produit national brut à l'Aide aux pays sous-développés, donnerait priorité à l'Education, suivrait un échéancier pluriannuel pour la Défense. Nous devions simultanément, du côté des recettes, réformer plusieurs impôts, stimuler l'investissement des entreprises, développer l'épargne populaire, favoriser les placements à long terme, tout en contenant, voire en réduisant les prélèvements obligatoires (c'est-à-dire la somme des impôts et des cotisations sociales). S'agissant du solde budgétaire, nous avions pour tâche de maîtriser le déficit afin de ne peser exagérément à travers la dette ni sur les marchés financiers, ni sur la monnaie, ni sur les impositions futures. La somme de ces décisions légitimes et de ces contraintes conduisait à une situation qui ne pouvait pas durer. D'autant plus que notre appareil industriel était vieillissant, dans un contexte économique international lui-même déprimé. Quand on additionnait tout cela, on voyait bien, même sans être un grand spécialiste des finances publiques, que la conciliation n'était pas à portée humaine. Notre condition d'humains nous rattrapa. Le temps venant, nous fabriquâmes de la déception.

A l'inverse, pouvions-nous faire autrement ? Après plus de vingt années d'opposition, de frustrations, comment refuser ces avancées, ces demandes sociales légitimes, cette part de bonheur ? D'autant que ceux qui nous reprochaient ou nous reprochent rétrospectivement ces dépenses se gardaient et se gardent toujours de critiquer les mesures positives correspondantes : l'augmentation des allocations familiales, bravo, mais ses conséquences sur les finances publiques, quelle horreur !

Et quelle époque d'enthousiasme aussi ! Non seulement en mai et juin 1981, l'époque où tout semblait possible, où les foules des soirées électorales scandaient : « Mitterrand, du soleil ! » mais aussi, plus tard, ces millions de personnes qui éprouvaient le sentiment que ce gouvernement travaillait pour eux, qu'il était vraiment le leur. Rien ne me paraissait plus émouvant que ces camarades, ces compagnons, rencontrés au hasard de mes déplacements et qui, parlant du gouvernement, disaient pour la première fois : « *nous* faisons ceci, pourquoi ne décidons-*nous* pas cela ? » ; au lieu de l'habituel : « *vous* faites ainsi », sans compter le plus coutumier encore : « *ils* ont décidé ». Ce passage du « ils » et du « vous » au « nous », cet investissement de la population dans les grands choix, dans les grandes décisions prises, nous traçaient des responsabilités immenses. Nous les ressentions. Nous essayions de nous en montrer dignes.

C'est à peine si Françoise et moi nous prîmes le temps de nous marier. La cérémonie eut lieu en juin 1981, et elle dura dix bonnes minutes. Seuls nos témoins étaient là. Le maire adjoint qui nous maria, dans le Ve arrondissement de Paris, tint un propos plutôt laconique : « Je vous fais mes compliments. Je m'arrête là. En ce moment, vous discutez déjà beaucoup, un discours de plus n'apporterait rien. » Et nous voilà rentrés à la maison pour nous remettre au travail. Pas de voyage de noces, pas même un repas de mariage. Nous étions tout entiers à ce que nous faisions, à ce en quoi nous croyions, avec une certaine naïveté peut-être, mais avec un immense enthousiasme et la flamme de l'idéal.

En novembre 1981, la naissance de Thomas fut (presque) aussi prestement menée. Françoise, qui elle-même travaillait – beaucoup – auprès de Georges Filloud, veillait à tout malgré son état. Je passai voir mon fils et sa maman entre deux séances budgétaires. Thomas me ressemblait tellement que les infirmières le baptisèrent « Budgétino ». Nous étions assis sur un petit nuage. Au bout de quelques jours, Françoise rentra à la maison avec Thomas. J'étais trop occupé, trop myope, peut-être trop égoïste à cette époque pour prendre soin d'eux comme je l'aurais fait en une autre période. Ma seule « excuse », si c'en est une, était que nous vivions des moments où, dans tous les domaines, public comme privé, l'exceptionnel paraissait normal. On pouvait prévoir que le « normal », avec le temps, reprendrait ses droits.

Rue de Grenelle

L'espérance avait fondu, la déception s'était installée : début 1983, l'encéphalogramme politique de la gauche était devenu plat. En mars, les élections municipales avaient marqué une nette victoire de la droite. La gauche perdait plusieurs grandes villes, dont Grenoble, Nantes et Roubaix pour le parti socialiste. Un seul gain notable était enregistré : Châtellerault, grâce au punch électoral d'Edith Cresson. Economiquement, la situation n'était pas vraiment meilleure : le commerce extérieur de notre pays était déficitaire, les comptes sociaux au rouge, le franc sous menace constante. Avec un bel optimisme, Pierre Mauroy déclarait le 16 février : « Les gros problèmes sont derrière nous. » Un mois plus tard, le 21 mars, juste après les élections municipales, il fallut dévaluer. Et, juste après la dévaluation, installer un nouveau gouvernement.

François Mitterrand hésitait. Garder Pierre Mauroy ? Le remplacer ? Par qui ? Delors, Bérégovoy, moi-même ? Il en parla successivement à chacun de nous, puis, dans un magistral exercice du chat jouant avec les souris, disserta sur cet intéressant sujet devant nous trois ensemble. Finalement, sa décision tomba : ce serait derechef Mauroy.

Pour apparaître nouveau, surtout avec le même Premier ministre, le gouvernement devait comporter des changements spectaculaires : Jacques Delors reçut le rang de numéro 2, ministre de l'Economie, des Finances et du Budget, doté de larges pouvoirs. La nomination de Pierre Bérégovoy déjà ministre des Affaires sociales et de la Solidarité nationale, mais désormais numéro 3, juste derrière Jacques Delors, fut, elle aussi, significative de l'esprit de rigueur que devait incarner la nouvelle équipe.

Paradoxalement, c'est Jean-Pierre Chevènement qui fut à l'origine de ma nomination comme ministre de l'Industrie et de la Recherche. Chevènement posait problème : excellent ministre de la Recherche, il n'avait pas réussi dans ses relations avec le monde économique à cause d'une vision trop directive de son rôle. A la différence de Pierre Dreyfus, précédemment en charge de l'Industrie, il considérait volontiers les chefs d'entreprise comme des supplétifs de son administration et les responsables de sociétés nationales comme ses collaborateurs de cabinet. La propagande s'en mêlait, conférant à l'action gouvernementale dans ce domaine l'image caricaturale du Gosplan. Le Président voulait donc opérer un changement d'affectation. Chevènement, désireux de demeurer dans le nouveau gouvernement et se sachant menacé, réagit par un mécanisme de défense classique, en réclamant une extension de ses compétences. Ce serait, exigeait-il, soit cela, soit le Logement et l'Equipement, soit rien. Une discussion s'engagea entre le Président, le Premier ministre et lui. Personne ne voulut céder. Ce fut donc rien. Chevènement quitta le gouvernement. On prétendit ensuite que son départ était lié à des désaccords politiques fondamentaux. Ces désaccords ne l'empêchèrent pas de réintégrer le gouvernement l'année suivante, quand je lui confiai l'Education nationale, poste qu'il occupa d'ailleurs avec talent. Dans le nouveau gouvernement Mauroy du printemps 1983, je fus nommé ministre de l'Industrie et de la Recherche.

En apparence, il s'agissait d'un simple changement d'affectation. En réalité, bien autre chose était en jeu. François Mitterrand me confiait ce poste au moment où l'industrie et l'entreprise devenaient des priorités affichées du pays. La nouvelle définition de ce ministère rendait considérables ses compétences. Deux autres ministères m'étaient rattachés : les PTT, dont les moyens techniques et financiers sont vastes, et le secteur de l'Energie avec une dimension stratégique évidente.

J'étais propulsé à la tête d'un énorme ensemble, chargé d'un rôle clairement politique, au bon sens du terme : contribuer à redonner un message, une mission, un souffle à une démarche gouvernementale fatiguée.

Le rythme de travail rue de Grenelle était aussi insensé qu'au Budget, rue de Rivoli. Le ministère était vaste, les tâches nombreuses et urgentes, nous travaillions seize heures sur vingt-quatre, sept jours sur sept. La nature de mes nouvelles fonctions requérait une présence parlementaire moindre qu'auparavant, mais les déplacements, les colloques, les contacts de tous ordres étaient, eux, beaucoup plus lourds. J'étais passionné par la mission à accomplir : il s'agissait de bâtir, dans un domaine au cœur du futur.

Victor, mon deuxième fils, naquit à peu près au même moment, en avril 1983. Comme pour la première naissance, celle de Thomas, Françoise dut se débrouiller quasiment seule. A peine revenue de la maternité, elle m'entendit lui dire : « Chérie, le Président part en voyage en Chine, je dois l'accompagner, pardonne-moi, j'espère que tu te débrouilleras pendant ces quelques jours. » Je ne vivais – comme celles et ceux qui m'entouraient – que pour le travail. La vie de famille était sacrifiée. Maintenant nous en sourions ensemble. Je pris tout de même le temps – c'était bien le moins – de déclarer la naissance de Victor à la mairie. Devant le guichet de l'état civil, un autre jeune père faisait la queue. Je me rappelle son apostrophe parce qu'elle restitue assez bien l'atmosphère de certains milieux à l'époque : « Vous ne me connaissez pas, Monsieur le Ministre, me dit-il, moi je vous connais et je me permets de vous aborder parce que j'ai une question de fond à vous poser. » J'étais surpris. Les circonstances ne se prêtaient pas vraiment aux conversations solennelles : « Je vous en prie, en quoi puis-je vous être utile ? » Le jeune père prit sa respiration, un air pénétré, il me regarda droit dans les yeux et me dit : « Monsieur Fabius, nous venons tous deux déclarer nos enfants à la mairie. Nous voulons qu'ils grandissent heureux et libres. Alors dites-le-moi franchement : vivront-ils dans une France enfin débarrassée du communisme ? » J'étais un peu interloqué. Devais-je répondre ou, comme j'en avais envie, éclater de rire ? Je décidai de suivre mon envie, déclarai Victor André Léon au guichet, puis retournai dire au revoir à ma petite famille : communisme ou pas, il me fallait séance tenante quitter la France pour la Chine en voyage officiel avec le Président.

Le ministère était installé rue de Grenelle, dans un bel hôtel particulier, au milieu d'un grand jardin. J'avais à mes côtés, au premier étage, Jean Auroux. Celui-ci, compagnon courageux, droit, charmant, avait accompli des réformes importantes comme ministre du Travail ; il suivit désormais tout le secteur de l'Energie. Louis Mexandeau, qui m'était également rattaché, demeura dans son ministère des PTT avenue de Ségur : nos relations furent en général bonnes, quoique moins proches qu'avec Jean Auroux. Le nouveau département ministériel que j'animais était puissant par son champ de responsabilités. Il ne disposait cependant pas de la même armature administrative que le secteur des Finances d'où je venais. En dépit de leur valeur, les fonctionnaires de l'Industrie étaient accoutumés à céder le pas à « la rue de Rivoli ». Quant à la Recherche, beaucoup d'idées avaient été lancées par mon prédécesseur Jean-Pierre Chevènement ; il fallait les traduire en résultats.

Je remaniai mon cabinet. Mes collaborateurs du Budget n'avaient pas tous vocation à me suivre. Je souhaitais à la fois disposer d'une forte expertise financière pour discuter avec les directions du Trésor ou du Budget, et ouvrir mon équipe à des disciplines nouvelles. Outre Louis Schweitzer que je maintins dans ses fonctions, je demandai notamment à Bernard Pecheur, futur directeur général de la Fonction publique, de venir travailler avec moi, ainsi qu'à Denis Verret, passé ultérieurement dans l'Industrie, et à Jacques-Louis Lions, mathématicien renommé, professeur au Collège de France. Cette équipe était dynamique, sympathique. Son travail fut reconnu comme excellent.

Je découvrais le monde de la recherche. Le plus souvent simples dans leur abord, suffisamment anti-conformistes pour posséder l'esprit de rupture sans lequel aucune découverte ne peut survenir, les chercheurs apportent à qui les écoute, à qui établit des passerelles avec eux et agit pour les appuyer, un regard original, profond, donc éclairant. La compétence du ministère s'étendait du Centre national d'études spatiales aux sites archéologiques, en passant par les biotechnologies et la recherche océanographique. Mon rôle consistait non pas à me substituer à des femmes et à des hommes qui possédaient bien plus de savoir scientifique que moi, mais à mettre mon énergie, mon poids politique au service de la communauté des chercheurs, en même temps qu'à privilégier au sein du gouvernement le long terme, sans lequel n'existe aucune politique efficace de la recherche, ni d'ailleurs aucune politique générale qui vaille.

La fusion ministérielle entre Industrie et Recherche constituait un atout, à condition de ne pas tomber dans le piège des « antifondamentalistes », pour lesquels est inutile toute recherche qui ne s'accompagne pas de débouchés immédiats. Très concrètement, nous dûmes lancer de nombreux et nouveaux projets de recherche, assurer aux chercheurs les moyens de leurs ambitions, traiter notamment les problèmes administratifs des personnels (chercheurs, ingénieurs, techniciens) en assurant une synthèse entre sécurité et dynamisme. Je m'y consacrai pleinement. Cet intérêt pour la science ne m'a pas quitté depuis.

Mes fonctions précédentes et l'équilibre nouveau du gouvernement m'aidèrent à obtenir le nerf de l'action ministérielle : les crédits. Le plus dur combat à livrer concernait le financement budgétaire (les dotations en capital) et extra-budgétaire de l'Industrie. Jusqu'ici la direction du Trésor au sein du ministère des Finances, saint des saints de l'administration, avait invariablement refusé que l'Industrie disposât, en propre, des instruments financiers nécessaires. Dès qu'il s'agissait d'argent, chacun devait subir la loi du Trésor. Les décisions industrielles étaient subordonnées non seulement à l'autorisation de celui-ci mais à sa doctrine. J'obtins qu'on procédât désormais autrement, par le double mécanisme d'outils nouveaux dotés de sigles barbares : les Codevi et le FIM. Du côté des ressources, j'imaginai la création d'un Compte d'épargne pour développer l'industrie (Codevi), qui bénéficierait d'une défiscalisation, attirerait les capitaux des épargnants et permettrait de les mobiliser au service de l'industrie et de l'emploi. Je proposai en complément la création d'un Fonds industriel de modernisation (FIM), alimenté par ces comptes et qui aurait compétence pour distribuer des prêts à bas taux d'intérêt afin d'encourager la modernisation de notre économie, en particulier celle des petites et des moyennes entreprises. Pour mettre en place ces deux outils simples, il fallut livrer bataille contre les bastilles administratives. Tout était prétexte à refus : la collecte de l'épargne, le rôle des banques, la composition du comité directeur du FIM. Le mécanisme de bon sens que je proposais visait simplement les corporatismes et les habitudes. On aurait dit qu'il menaçait la République. Avec le concours du Président, j'obtins finalement gain de cause.

Il fallut définir ce que j'appelai, trop pompeusement peut-être, une stratégie industrielle. Je déteste les dogmatismes, mais je n'aime pas non plus les à-peu-près. Or, en 1983, sur le plan industriel, on ne savait pas ce que voulait la gauche, ou plutôt on ne le savait plus. Toujours nationalisatrice pour les uns, elle était devenue un simple cache-sexe du libéralisme pour les autres. Ni les entreprises, ni les salariés, ni l'opinion ne percevaient clairement où nous allions. J'entrepris de préciser quelques points centraux, formalisés lors d'un débat qui eut lieu à l'Assemblée nationale à l'automne 1983. Parallèlement, je mis sur pied une exposition choc sur les technologies nouvelles dans les salons de l'hôtel de Lassay avec la complicité de Louis Mermaz, alors président de l'Assemblée nationale. J'essayais de mettre nos idées en ordre. Nouvelle révolution industrielle, triptyque formation-recherche-investissement, rôle du marché par rapport au plan, moyens d'intervention de l'Etat, multiples facettes de notre stratégie industrielle, réconciliation des Français avec l'entreprise : je m'attachai à leur donner un contenu.

Le long discours sur la stratégie industrielle que je prononçai au Parlement six mois après ma prise de fonction, exactement le 11 octobre 1983, résume les thèmes qui furent ceux de mon action au ministère. « Nous vivons non pas seulement une crise économique internationale, indiquai-je, mais une véritable révolution industrielle... En raison du bouleversement des techniques, la distinction traditionnelle entre l'agriculture, l'industrie et les services, entre la conception, la production et la commercialisation est battue en brèche... L'Europe recule, le Japon et les pays du Sud-Est asiatique progressent formidablement, les monnaies se mêlent de la partie... » Qu'il s'agisse de mentalités, de géographie, de techniques, les principaux changements à l'œuvre dans ce que j'appelais « le grand chambardement du monde » étaient décrits. J'énumérais nos faiblesses économiques principales : « la sous-formation, la sous-recherche, la sous-commercialisation, le sous-investissement ». Dans les années à venir, il serait difficile de créer de nombreux emplois industriels dans les grandes entreprises, mais les petites et moyennes industries possédaient des capacités considérables. Partout, comme un leitmotiv, je donnai « priorité à l'avenir ». A l'époque, ces thèmes étaient plutôt nouveaux, surtout à gauche. Aujourd'hui, ils paraissent aller de soi.

La priorité à l'avenir impliquait un effort de formation sans précédent. Elle impliquait aussi qu'on se gardât d'un certain nombre d'illusions : « L'Etat n'a pas à se substituer aux entreprises. Il doit arbitrer. Sa tâche n'est pas directement de gérer ou de produire. » J'insistai sur l'importance du dialogue social, sur le levier que pouvaient constituer les entreprises nationales à condition qu'on respecte leur « autonomie de gestion ». Je m'exprimai aussi sur la réduction de la durée du travail : « L'expérience retirée du passage aux trente-neuf heures montre que nous ne pouvons poursuivre vers l'objectif des trente-cinq heures par des mesures uniformes qui tomberaient d'en haut; il faudra adapter les décisions à la réalité du terrain et à la diversité des entreprises... Notre tâche ne peut pas consister à épargner l'effort. Aucun pays ne le peut. Notre tâche doit consister à répartir équitablement l'effort et à le faire servir à ce qui est utile, notamment à l'industrialisation du pays. »

Dans les initiatives déjà prises ou que je comptais prendre (les Codevi, le FIM, la création de l'Ecole nationale d'exportation), j'évitai le sectarisme. L'industrie, ce sont avant tout les hommes et les femmes qui la font. Mes relations avec les syndicats, bonnes au ministère des Finances, se développèrent naturellement dans mes nouvelles tâches. Je rencontrais pour la CGT Henri Krasucki, fin comme l'ambre, André Sainjon avec lequel je devins ami, les responsables de la CFDT, de FO, de la CGC, qui défendaient leurs mandants tout en comprenant les contraintes gouvernementales. Nous discutions de stratégie générale aussi bien que de conflits particuliers. Je pris soin d'associer les syndicats à la délibération très en amont. Lorsqu'une décision de réduction ou de suppression d'activités était inéluctable – par exemple, dans la sidérurgie –, les entretiens étaient parfois dramatiques; pour autant j'ai toujours rencontré un grand esprit de responsabilité. J'étais aidé dans cette tâche, économiquement, par une approche systématique en termes de redéveloppement (si on doit fermer tel secteur, on encouragera tel autre), politiquement par une communauté de pensée sociale avec beaucoup de mes interlocuteurs qui plaçaient l'homme, la personne humaine au centre de leur démarche. La franchise était précieuse : je l'adoptai comme règle dans nos discussions.

Jusqu'ici je connaissais peu le milieu des chefs d'entreprise, et seulement à travers mes fonctions budgétaires. Au départ, je ne bénéficiais pas d'une réputation très favorable auprès des décideurs économiques. Le créateur de l'impôt sur les fortunes n'avait pas de prédisposition à devenir leur ministre favori. Cette appréciation se modifia. Je fus perçu comme plutôt moderne et ouvert. Ma foi dans le développement industriel du pays, les nouveaux moyens financiers mis à la disposition des PME, plusieurs interventions que je prononçai dans des conventions et congrès, une écoute attentive, tout cela leur plut.

Une évolution s'opéra également chez les dirigeants des entreprises publiques. Dans plusieurs déclarations, je les avais surpris en demandant que ces entreprises deviennent, ou redeviennent bénéficiaires. Je considérais que si l'entreprise publique présente bien sûr une spécificité, notamment sur le plan stratégique et social, cela ne la dispense nullement des contraintes d'équilibre. Seuls les adversaires des entreprises publiques peuvent souhaiter que leur gestion rime avec déficit. A partir de cette position de principe et du départ de Jean-Pierre Chevènement, plusieurs dirigeants d'entreprises publiques crurent trop vite qu'il n'existait plus de ministre de l'Industrie, ni d'actionnaire public, ni de stratégie. Je fus amené à mettre les choses au point.

Le remplacement du président d'Elf, Albin Chalandon, m'en fournit l'occasion sans que j'eusse à la rechercher. Le terme de son mandat approchait. Je n'avais pas d'idée encore précise sur l'opportunité de le remplacer. Or, voilà qu'une entreprise possédée à moitié par Elf, à moitié par Total (tous deux groupes à participation publique), était tiraillée entre l'un et l'autre qui ne parvenaient pas à s'entendre. Leur actionnaire commun, l'Etat, avait là son rôle à jouer : j'informai les deux dirigeants, MM. Chalandon et Granier de Lilliac, qu'il était souhaitable qu'ils trouvent un terrain d'entente. Ils disposaient de quelques semaines pour cela. S'ils y parvenaient, je l'entérinerais. Sinon, en tant qu'actionnaire commun, l'Etat déciderait. Le président d'Elf fit la sourde oreille. Sa négociation avec Total n'aboutit pas. Je le constatai, pris alors le dossier en main et proposai une solution équilibrée aux deux dirigeants. Le président de Total donna son accord. Albin Chalandon, président d'Elf, refusa. Il ne fut pas confirmé dans ses fonctions. Les dirigeants d'entreprises nationales surent que je ne les ennuierais pas sur les détails, qu'ils disposaient de l'autonomie de gestion, qu'ils seraient jugés sur leurs résultats. La plupart de ces dirigeants étaient des hommes remarquables. Les résultats des entreprises s'améliorèrent. La compétence était leur seul viatique. En janvier 1985, je demandai à Georges Besse, alors président de Péchiney, de prendre la tête de Renault. Je me rappelle avec émotion et chagrin les conditions tragiques dans lesquelles il perdit la vie, sous les balles d'Action directe, après avoir accompli un magnifique travail industriel. Je veux ici lui rendre hommage.

A mon poste ministériel, j'étais évidemment au cœur de la question des nationalisations. Quand en 1981-1982 nous les avions réalisées, elles étaient chargées d'espoirs. En 1983, on commençait à constater qu'elles ne pouvaient permettre d'éviter les mutations industrielles, ni parfois les suppressions d'emplois. Le « tout-nationalisation » était dépassé. La doctrine du « ni-ni » n'avait pas encore fait son apparition. *A fortiori*, le « tout-privatisation » n'était pas non plus à la mode. Dans la décennie 70, l'opposition droite-gauche, et même les différences au sein de la gauche, avaient beaucoup tourné autour des nationalisations. Appuyée sur le triangle nationalisations-planification-autogestion, la gauche avait nourri une vision étatiste de l'économie. Entre le parti communiste et le parti socialiste, les débats les plus vifs du Programme commun – j'y avais participé en 1977 – avaient porté sur ce sujet : les communistes voulaient sans cesse ajouter des entreprises à la liste des nationalisables ; nous étions quant à nous beaucoup plus mesurés. Finalement, on sait quelle thèse prévalut : plusieurs groupes bancaires et industriels furent nationalisés mais, alors qu'au départ ils l'avaient été pour des raisons politiques et sociales (réduire le poids des intérêts privés et faire de ces entreprises des exemples de progrès), la nationalisation avait surtout permis la recapitalisation financière, donc la survie. Bref, alors que le débat initial avait porté sur le nombre et accessoirement sur la liste des entreprises nationalisées, la réalité avait bouleversé notre approche. Ces souvenirs, intéressants du point de vue historique, n'étaient plus opérationnels dans la réalité quotidienne.

Un autre débat, plus récent, s'était ouvert, portant non pas sur le bien-fondé mais sur les modalités des nationalisations. L'Etat devait-il s'approprier 100 % du capital, seulement 66 % ou même 51 % ? Sur ce sujet la diversité des positions au sein du parti socialiste était grande, elle valait barème de réalisme. Pour être jugé « raisonnable », on devait nécessairement prôner les 51 %. Les « idéologues », eux, préféraient, paraît-il, 100 %. Ce débat, qui avait fait les beaux jours des premiers gouvernements Mauroy, était à mon avis lui aussi dépassé. Comment l'Etat aurait-il pu proposer aux actionnaires privés d'acquérir un certain pourcentage de leurs titres et refuser d'acquérir les autres ? Comment dans l'hypothèse d'une nationalisation à 51 % les actionnaires privés auraient-ils pu accepter sans compensation financière de conserver leurs actions, alors que l'Etat venait de prendre la majorité du capital ? J'avais toujours été frappé par le fait qu'une discussion politique aussi passionnée ait pu fleurir sur des bases techniques aussi fausses.

Fallait-il nationaliser les entreprises qui l'ont été en 1981 ? A mon sens, oui, pour la plupart des entreprises industrielles (comme Péchiney ou Rhône-Poulenc) ; sinon elles auraient été démantelées, tant leur situation était fragile. La privatisation ultérieure rendait-elle rétroactivement inopportune leur nationalisation ? A mon sens, non : la situation d'une société à une période donnée pouvait parfaitement justifier, dans le cas d'une activité stratégique, qu'elle fût nationalisée, quitte à retourner au secteur privé une fois revenue à meilleure fortune. Encore fallait-il et faut-il éviter que les nationalisations comme les privatisations ne répondent à une approche trop systématique. A la lumière de mon expérience rue de Grenelle, je suis devenu sur ce point très pragmatique. Les nationalisations d'hier étaient (trop) largement idéologiques. Les privatisations d'aujourd'hui sont (trop) largement budgétaires. Ceux qui voient le problème en blanc ou noir tombent sous la critique justifiée de simplisme.

Une autre conclusion s'imposait, celle-là sous forme d'évidence quotidienne : les grandes affaires industrielles étaient désormais devenues plurinationales ou mondiales. Environ un tiers de mon emploi du temps de ministre de l'Industrie était consacré à l'international. La dimension européenne, les arbitrages européens ou internationaux : pas une semaine sans contacts avec mes homologues anglais, allemand, espagnol, contacts passionnants mais lestés par la lourdeur et par la longueur horripilante des réunions bruxelloises. Car aux difficultés de toute diplomatie s'ajoutait le poids de la procédure européenne. A Bruxelles, en début de séance le représentant de chaque pays se croit obligé d'exposer une position maximaliste dont il sait qu'elle n'a aucune chance d'être retenue. Une concession n'est avancée que moyennant une concession réciproque, qui touche souvent un autre domaine de négociation. Et puis il y a les bavards. Sans oublier les incompétents. Cela fait au total pas mal de monde. Et beaucoup de temps gaspillé. Je redoutais les Conseils des ministres bruxellois, filandreux, interminables, obscurs, où l'exigence du consensus est telle qu'à la fin personne ne sait ce qui a été décidé.

Significatifs de ces marchandages furent les nombreux Conseils que nous consacrâmes aux problèmes sidérurgiques, sous l'autorité pleine d'humour du commissaire belge Etienne Davignon. La question invariablement abordée était simple : l'Europe produisait trop d'acier pour que celui-ci fût rentable, il fallait organiser la production par un système de quotas alloués à chaque nation : quelles réductions de production, pour quels pays ? Le commissaire Davignon était chargé de nous proposer, à nous ministres européens, une répartition aussi équitable que possible des quotas. La discussion durait, elle s'éternisait. Etienne Davignon mâchouillait sa pipe. Tout résultat qui avait mis moins d'une nuit pour être obtenu était censé attester une négociation bâclée. Lorsque, au bout de deux nuits de discussions, un compromis était finalement trouvé (qui ressemblait comme un frère au projet initial), à ce moment-là un ministre le plus souvent italien demandait la parole pour expliquer aux autres délégations, trémolos dans la voix, qu'il devait, la mort dans l'âme, accepter ce compromis au nom des intérêts supérieurs de l'Europe, mais que nous ne pouvions tout de même pas exiger de lui qu'ensuite, en plus, il le respectât...

La sidérurgie fut la crise industrielle la plus profonde que nous ayons vécue pendant cette période. Comme ministre de l'Industrie, je me trouvais en première ligne. Tout était à faire ou presque, tant la politique des vingt années précédentes avait été de courte vue et dispendieuse. La venue de la gauche au pouvoir avait ranimé des espoirs de production déraisonnables – nous les avions pour partie entretenus. Nous pouvions certes mieux organiser que par le passé, mieux prévoir, mieux gérer, mieux faire participer – et dans une certaine mesure nous l'avons fait. Mais la consommation d'acier n'allait pas se développer comme par magie, la production d'acier français ne pouvait pas devenir tout à coup plus créatrice d'emplois et plus compétitive que toutes les autres, la révolution technologique n'allait pas épargner notre pays. La Lorraine et le Nord étaient les deux régions les plus directement concernées. Il fallait choisir les sites et les équipements à développer, choisir aussi ceux qui devaient être reconvertis. Les enjeux se chiffraient par milliers de travailleurs, par dizaines de milliards de francs. L'avenir d'un certain nombre de bassins était à ce prix. La révolte grondait. Nous devions décider vite et fort. Nous adoptâmes, dans la difficulté, un courageux plan acier.

Dans ce contexte, le 4 avril 1984, le Président choisit d'orienter la conférence de presse qu'il devait tenir initialement à propos de l'Europe, essentiellement sur la sidérurgie et sur la Lorraine. Celle-ci eut lieu au pavillon Gabriel, la salle des fêtes de l'Elysée étant en réfection. François Mitterrand parlait pour la première fois debout, à l'américaine. Deux jours plus tôt, Georges

Marchais avait affirmé à la télévision son refus catégorique du nouveau « plan acier ». François Mitterrand devait clarifier. Il le fit. « Ou bien, affirma-t-il, la France sera capable d'affronter la concurrence internationale, et elle assurera du même coup son indépendance et sa prospérité, ou bien elle sera tirée vers le bas et elle ira vers son déclin. » Il annonça ma nomination comme une sorte de super-ministre chargé du redéploiement industriel, avec des pouvoirs exceptionnels qui devaient me permettre de mettre en œuvre le plan de restructuration. Ces pouvoirs étaient ceux de la volonté plus que ceux de la réalité administrative, car une fois l'effet de surprise passé, les ministères réagirent de façon classique, avec hauteur de vues : « Monsieur, il m'a pris ma gomme ! » Peu importait : le ministère de l'Industrie est surtout un ministère d'influence. L'essentiel de son action tenait dans la volonté politique : cette fois-là, elle était clairement présente. Dès le 10 avril, je me rendis sur place, en Lorraine. Des manifestations violentes avaient lieu. Malgré la tension, je rencontrai chacun, à la préfecture de région. Le dialogue ne fut pas facile ; cependant les sidérurgistes apprécièrent qu'un responsable gouvernemental vienne sur le terrain au cœur des difficultés discuter directement avec eux.

La Lorraine vivait encore avec un haut fourneau dans la tête. Je souhaitais que nous puissions conserver et moderniser ce qui pouvait l'être, mais je pariais aussi sur le redéveloppement. Pour conduire l'action nécessaire, au jour le jour, je fis appel à un syndicaliste que j'avais rencontré une ou deux fois et que j'appréciais pour ses qualités de franc-parler, d'intelligence, l'ancien numéro 2 de la CFDT, Jacques Chérèque, originaire des aciéries de Pompey où il avait travaillé. Je lui indiquai les objectifs précis que nous nous fixions. Pour agir, il disposerait de tous les pouvoirs nécessaires. Il les tiendrait directement de moi. Il aurait un échéancier à respecter, des moyens. Chérèque, d'abord interloqué par ma proposition, puis convaincu, me donna son accord, sous réserve que, quoique nommé préfet, il n'ait pas, me demanda-t-il, la charge du maintien de l'ordre. C'était le premier syndicaliste nommé dans ce type de responsabilités. Nous élaborâmes ensemble les détails d'un plan exceptionnel, encourageant les investissements, les créations d'emplois, développant des mesures d'accompagnement dans les domaines scolaire, universitaire, routier, etc. Cela évita probablement un véritable soulèvement de la région.

Lors de la conférence de presse du 4 avril, le Président avait annoncé la nécessité d'une « mise au net » avec les communistes. L'annonce passa inaperçue. Elle était cependant importante. Les critiques du parti communiste contre la politique gouvernementale étaient en effet devenues si nombreuses et si virulentes qu'une réaction de l'exécutif s'imposait. Trois formules avaient été envisagées : une réunion au sommet entre le parti socialiste et le parti communiste; la procédure de la question de confiance, c'est-à-dire un engagement de responsabilité du gouvernement Mauroy devant l'Assemblée nationale; et même le départ des ministres communistes. La première solution avait déjà été expérimentée en décembre 1983, sans effet. La troisième aurait fait porter la responsabilité apparente de la rupture sur le parti socialiste. La deuxième était la plus logique.

En fait ce fut une quatrième solution que François Mitterrand choisit. Deux jours après sa conférence de presse, il me fit venir pour discuter de l'idée qu'il nourrissait. La « mise au net », me dit-il, interviendra une semaine plus tard. Elle prendra la forme suivante : le Premier ministre Mauroy remettra le jeudi matin la démission de son gouvernement, le Président nommera un autre Premier ministre qui prendra contact aussitôt avec le parti communiste en lui faisant savoir par lettre qu'il souhaite sa participation afin de continuer l'œuvre entreprise et d'appliquer les choix définis par le Président dans sa conférence de presse. Le parti communiste aura la journée pour se décider. Ou bien il s'engagera à participer au gouvernement sur les bases précisées par François Mitterrand; ou bien il refusera et portera la responsabilité de la rupture. Si le PCF demande une journée de délai supplémentaire, le gouvernement sera constitué sans lui, tout en laissant la porte ouverte. L'organigramme était déjà défini : le ministre des Relations extérieures serait en même temps chargé des Transports pour bien marquer que nous demeurions disponibles. Tout était prêt.

Au dernier moment, ce schéma mitterrandien de « mise au net » fut écarté. Le projet de loi d'Alain Savary sur l'école devait en effet impérativement être examiné au Conseil des ministres suivant. Changer le gouvernement à ce moment-là aurait handicapé lourdement la nouvelle équipe ministérielle, en l'obligeant à affronter dès son démarrage majorité et opinion sur le redoutable problème scolaire. Sagement François Mitterrand renonça. Il ajouta à mon intention, lors d'une de nos conversations, qu'il était normal que Pierre Mauroy assumât jusqu'au bout les choix scolaires, puisqu'ils avaient été faits par lui : « Cela dégagera le terrain pour son successeur. » Je ne compris pas, à ce moment, qu'en fait il s'agissait de moi.

Ce fut donc la procédure de la question de confiance qui l'emporta. Pierre Mauroy annonça qu'une clarification avec les communistes était devenue nécessaire. En Conseil des ministres, il demanda l'autorisation d'engager la responsabilité du gouvernement sur une déclaration de politique générale. Le lendemain, il la présenta à l'Assemblée. Le parti socialiste approuva et vota. La droite désapprouva et rejeta. Le parti communiste désapprouva et vota. La clarification n'avait donc été que très partielle. Il était désormais évident que le parti communiste marchait en canard, se tenant à la fois dedans et dehors. Ce n'était pas une nouveauté. C'était, comme on dit, une affaire à suivre. Elle mit quelques semaines à se dénouer.

La fin du gouvernement Mauroy fut pénible. La situation économique était toujours aussi médiocre. Les tensions sociales se multipliaient. L'opposition de droite relevait la tête, tandis que la majorité la courbait. L'affaire scolaire, mal engagée par nous, puis habilement exploitée par l'opposition, ajoutait au climat. Alain Savary, à l'Education nationale, essayait avec honnêteté de concilier les points de vue des extrêmes, mais c'était sans espoir.

Le concept sur lequel reposait tout le projet de réforme socialiste, « le grand service public unifié et laïque de l'Education nationale », n'était pas clair. Ou bien il signifiait – ce dont se défendaient la plupart de ses auteurs – que seul devrait demeurer l'enseignement public, que seul celui-ci devrait bénéficier à terme de fonds publics : cette version suscitait la colère des partisans de l'enseignement privé. Ou bien le soutien financier au privé continuerait, l'existence de celui-ci demeurerait garantie, et, dans ce cas, pourquoi parler de « grand service public unifié » ? L'ambiguïté ne fut jamais levée. Elle autorisa dérapages et surenchères.

Avec un art consommé de l'organisation, la droite multipliait les manifestations en province. Les propositions d'Alain Savary firent l'objet de discussions et d'atermoiements, de contre-propositions à répétition émanant des différentes parties, d'aménagements repoussés par les uns puis par les autres, jusqu'à ce qu'un projet de loi engageât le gouvernement. Le mouvement, religieux et clairement partisan à l'origine, s'étendait. L'utilisation systématique du terme « enseignement libre » à la place d' « enseignement privé » pour décrire l'objet du litige faisait des ravages. Beaucoup de parents d'élèves, pas spécialement engagés à droite, pas spécialement poussés par des motifs confessionnels, étaient ébranlés : leurs enfants disposaient jusqu'ici de deux voies possibles d'enseignement, l'une pouvant servir de rattrapage à l'autre en cas de besoin ; et voilà qu'on allait, pensaient-ils, supprimer cette possibilité de rebond, cette autre chance. Aux yeux de beaucoup, la gauche devenait liberticide : c'était sa raison d'être qui défaillait.

Les comportements de la gauche ne simplifièrent pas la tâche d'Alain Savary. Les plus ardents défenseurs du projet laïque multipliaient les surenchères. Tout compromis équivalait à un abandon de poste. Toute concession à l'enseignement catholique passait pour une trahison. Le groupe parlementaire socialiste comportait, lui aussi, ses intégristes et ceux qui, n'ayant au fond jamais vraiment accepté les contraintes du gouvernement, partageaient paradoxalement avec la droite une vision illégitimiste de la gauche. « Sombrer pour sombrer, s'exprimaient-ils, que ce soit pavillon haut. » Quant à l'immense masse des laïques, elle était atone. Face au pilonnage antigouvernemental, les contre-attaques étaient faibles. Aux défilés conservateurs de province, la gauche n'opposait que des cortèges étiques.

Malgré tout, le gouvernement continuait de négocier. Plusieurs Conseils des ministres furent consacrés à ce sujet : en décembre 1983, mars, avril, mai 1984. Le 18 avril, jour de la présentation du projet de loi au Conseil des ministres, François Mitterrand organisa, fait rarissime, un tour de table sur le sujet : « Qui souhaite faire valoir son point de vue ? » Nous fûmes plusieurs à intervenir. Robert Badinter et moi-même exprimâmes nos réserves profondes. Nous interrogeâmes Pierre Mauroy : « Le Premier ministre est-il certain de pouvoir compter sur l'accord des deux parties ? L'affaire n'est-elle pas devenue si passionnée que le piège se refermera sur le gouvernement ? » La réponse fut catégorique : « Des garanties ont été obtenues de part et d'autre. Le nouveau projet de loi est au point. Il a reçu les approbations nécessaires. La querelle scolaire va être réglée. » Le diagnostic était sans appel. Il était aussi sans fondement.

Le 18 mai, Alain Savary puis Pierre Mauroy exposèrent à nouveau la situation au Conseil. Peut-être trop enfermés dans leurs négociations, ressentant insuffisamment le rejet qui montait de la population, ils étaient, disaient-ils, désormais assurés d'aboutir et d'obtenir la neutralité de chaque camp. Ils souhaitaient que le gouvernement engageât sa responsabilité sur le projet de loi concernant l'enseignement privé. La discussion parlementaire commencerait trois jours plus tard. L'autorisation leur fut donnée.

Patatras ! A peine ces assurances avaient-elles été fournies que la mécanique capota. Débat à l'Assemblée nationale : passes d'armes, surenchères où le sectarisme de gauche équilibre presque celui d'en face. L'enseignement catholique refuse les amendements adoptés par la majorité. Le 24 juin, une manifestation impressionnante, minutieusement organisée, très bien médiatisée, rassemble environ un million de personnes. L'opinion est vent debout. Plusieurs d'entre nous, après étude attentive des textes, avons acquis le sentiment que si, malgré tout, nous passons « en force », c'est-à-dire si nous prenons appui sur notre majorité à l'Assemblée pour voter le projet, le texte sera en définitive censuré par le Conseil constitutionnel. Ainsi, nous aurons parcouru tout ce chemin pour rien, en perdant au passage beaucoup des soutiens qui nous restaient et notre réputation essentielle de défenseurs des libertés. Beau bilan !

Dans ce contexte, partant du vieux principe que lorsqu'un problème est insoluble il faut en changer les données, François Mitterrand décide de retirer le projet Savary. Le 12 juillet, il lance l'idée d'un référendum sur le référendum : il s'agit de consulter les Français sur la question de l'enseignement. Puisque le texte de la Constitution limite le référendum à certains sujets touchant à l'organisation des pouvoirs publics, et qu'il l'exclut pour de telles questions, il faut d'abord modifier la Constitution, là aussi par référendum, avant de poser la question scolaire aux Français. C'est ce référendum constitutionnel que le Président propose de mettre en œuvre. Le mécanisme n'est pas facile à comprendre pour l'opinion, peu férue de droit. Il est accueilli comme une astuce. De toute façon, là n'est pas l'essentiel. L'essentiel est, pour le Président, de changer les données du conflit. De ce point de vue, l'initiative sera une réussite, même si, comme il faut s'y attendre, le changement des données ne s'arrête pas là.

Car ce qui, au début, ne constitue qu'un conflit scolaire est devenu avec le temps un conflit de société, puis un conflit politique de première grandeur. Usé, le Premier ministre en place n'a plus d'autre issue que partir. Le 17 juillet, Pierre Mauroy remet au Président sa démission et celle de son gouvernement.

François Mitterrand, avec son art consommé du temps, a fait en sorte et laissé faire en sorte que la situation se décante « naturellement ». Le Président est triste, profondément triste du départ de Mauroy. Il le juge pourtant inévitable. Sa lettre de remerciements à Pierre Mauroy, après la démission de celui-ci, au-delà de son caractère nécessairement protocolaire, traduit cette ambivalence : « Comme nous en sommes convenus au cours de nos récents entretiens, l'évolution de la situation politique appelle maintenant la formation d'un nouveau gouvernement. J'accède en conséquence à la demande que vous m'avez présentée de mettre fin à vos fonctions. »

« J'accède à la demande... » Quelques jours plus tôt, un million de personnes se sont dressées contre la gauche, dans la rue. Pour nous, c'est un camouflet terrible. Il faut impérativement rebondir ! Selon la constante technique mitterrandienne du judo, l'échec, si grave soit-il, peut constituer un nouveau départ. A condition de « renverser la table ». Oui, il faut renverser la table, créer un choc. Soumis à un rejet d'une aussi formidable ampleur, le Président sait que la population, la situation politique, la poursuite de notre action socialiste exigent toutes une nouvelle donne.

Matignon

Mon arrivée à Matignon fut un choc.

D'abord un choc dans l'opinion. J'avais trente-sept ans. J'étais peu connu. Je passais pour un bon organisateur doté de compétences solides, avec une réputation de modernisme, là où mon prédécesseur cultivait des logiques plus floues. Pierre Mauroy avait dirigé le gouvernement pendant trois ans non sans courage. Des changements nombreux et importants étaient intervenus sous son impulsion, des tensions considérables s'étaient également manifestées, dont, on l'a vu, la querelle scolaire, ainsi que des échecs. Dans ce contexte, la désignation d'un nouveau chef du gouvernement créait de toute évidence une rupture, d'autant plus que ma nomination s'accompagnait du retrait du projet de loi sur l'enseignement privé, ce projet qui avait porté la crise à son paroxysme.

Un choc pour moi aussi. Certes, mes fonctions précédentes m'avaient familiarisé avec les principaux rouages de l'Etat. Je lisais régulièrement mon nom dans la liste des éventuels successeurs de Pierre Mauroy. Mais je n'étais ni le seul des possibles ni le premier : Jacques Delors, Pierre Bérégovoy, d'autres étaient plus cités que moi.

La méthode choisie par François Mitterrand pour me l'annoncer fut typiquement... mitterrandienne. Le 17 juillet, dans la matinée, il me convia à déjeuner pour le jour même. Nous nous trouvions en pleine effervescence interne. Quelques jours plus tôt, lors de son entretien télévisé du 14 juillet, le Président avait longuement expliqué sa position sur l'affaire scolaire et il avait laissé entendre qu'il prendrait des initiatives. Le tout-Paris des ministères bruissait de rumeurs de changement. Personnellement je n'en savais pas davantage. Au déjeuner, nous étions tous les deux seuls, dans la salle à manger des appartements privés à l'Elysée. Cela nous arrivait de temps en temps, en général après les échéances électorales ou lorsque de grandes décisions approchaient. Le Président commença par un long monologue, analysant la situation intérieure, les forces en présence, disséquant les risques. Il énuméra les diverses hypothèses, pesa les atouts et les handicaps et conclut en m'interrogeant : « Je vais changer le gouvernement. Je ne sais pas encore avec certitude qui je nommerai Premier ministre. Qu'en pensez-vous ? »

Il ne s'agissait pas d'un jeu intellectuel de sa part. C'était le propos d'un homme au bord d'une importante décision, qui s'en ouvre à un de ses proches compagnons – lequel est aussi celui auquel il pense comme futur Premier ministre –, mais qui veut encore assurer sa décision et réduire au minimum les marges d'erreur. J'étais d'accord avec le Président sur la nécessité de changer le gouvernement et je le lui dis. L'équipe Mauroy était à bout de souffle. Le courant ne passait plus avec les Français. En y repensant aujourd'hui, je crois d'ailleurs que le changement aurait dû intervenir plus tôt, ce qui eût exigé une gestion différente de l'affaire scolaire. Quant au choix du nouveau Premier ministre, malgré l'invite de François Mitterrand, je refusai de me lancer dans une comparaison entre les mérites des divers candidats possibles : cela aurait été hypocrite et ridicule de ma part. Nous continuâmes de discuter à propos de la tâche qui attendait la future équipe. Vers 15 heures, je pris congé. François Mitterrand, en me raccompagnant, me glissa : « Bon, c'est plutôt à vous que je pense. Et c'est vraisemblablement pour aujourd'hui. Mais je dois encore réfléchir. Gardez un secret absolu. Je vous appellerai en fin d'après-midi pour vous dire ma décision. »

J'avais des rendez-vous, je les annulai. Je demeurai dans mon bureau du ministère de l'Industrie, seul, à réfléchir. Mes collaborateurs, qui savaient que j'avais déjeuné à l'Elysée – la nouvelle était désormais publique –, bâtissaient des plans sur la comète. J'étais moins avancé qu'eux. Je m'interrogeais sur le sens exact de notre conversation du déjeuner. Mitterrand m'avait-il réellement annoncé ma nomination ? Non. Mais s'il s'était engagé à ce point, était-il vraisemblable qu'il revînt en arrière ? Non plus ! Donc, il était probable que j'allais être nommé Premier ministre d'ici à quelques heures. Il faudrait composer un gouvernement, proposer un programme et surtout remonter la pente. Comment retrouver la confiance de l'opinion, confiance indispensable pour réformer et moderniser le pays comme je le souhaitais ? Comment nous redonner des objectifs crédibles ? Les élections législatives auraient lieu dans moins de deux ans. Impossible de les gagner. Au moins fallait-il éviter d'être écrasés. Le Président ne me rappela pas au téléphone. En fin d'après-midi, j'appris par Bianco ou par Attali que ce serait moi.

A peine nommé, j'avais devant moi, outre les cérémonies d'usage, deux tâches urgentes à remplir, liées à la composition du gouvernement : clarifier la situation des communistes et choisir une équipe compétente. Depuis de longs mois, les communistes se trouvaient en position instable. Les ministres communistes siégeaient au gouvernement, cependant que les camarades tiraient à boulets rouges sur l'action dudit gouvernement. J'avais interrogé le Président quant à leur participation. Comme moi, il y était favorable s'il y avait clarification politique dans leur attitude, mais il me laissait carte blanche.

Je pris contact immédiatement avec la direction du PCF et reçus une délégation composée de Georges Marchais, de Charles Fiterman et d'André Lajoinie : le secrétaire général du parti, le ministre d'Etat et dauphin présumé, le président du groupe parlementaire. Je leur dis mon souhait de leur participation. Nous discutâmes d'une façon très ouverte des ministères possibles, mais je sentais chez eux une réticence et, entre eux, quoique subtile, une certaine différence d'approche. Georges Marchais et André Lajoinie me semblaient hostiles à toute participation cependant que Charles Fiterman, lui, y paraissait plutôt favorable, bien qu'il n'envisageât pas de continuer lui-même à siéger au gouvernement. Son souhait était de quitter le ministère des Transports qu'il avait occupé avec compétence et probablement de succéder à Georges Marchais comme secrétaire général du PCF. Ce dernier, au contraire, entendait demeurer en fonction, et il n'était sans doute pas insensible au fait que le départ des ministres communistes, ouvrant la voie à une radicalisation de la critique du PCF envers le gouvernement, éloignerait l'hypothèse de son propre remplacement par l'ancien ministre Fiterman. Après un long entretien, nous nous quittâmes en convenant qu'ils reprendraient contact avec moi dès que leur comité central aurait délibéré. Dans la nuit, je reçus de Georges Marchais une lettre m'indiquant que toute participation communiste au gouvernement supposait d'abord que celui-ci menât une politique inverse de son prédécesseur. En clair ils refusaient, mettant leur comportement officiel en conformité avec l'attitude qu'ils développaient depuis déjà plus d'un an. Il n'y aurait donc plus de communistes au gouvernement. Sur le moment, je pensais que ce départ susciterait des difficultés, notamment sociales. Je me trompais. Malgré des restructurations industrielles majeures, malgré les décisions économiques et sociales difficiles que j'allais devoir prendre, la période fut dans l'ensemble calme, et même très calme.

La constitution de mon équipe gouvernementale fut rapide. Nous en déterminâmes les grandes lignes avec le Président. Puisque le Premier ministre était nouveau, il n'apparaissait pas indispensable d'opérer de grands changements, d'autant plus que tout ministre néophyte a besoin de quelques mois pour se former et que les élections approchaient. L'armature centrale était solide et expérimentée : Pierre Bérégovoy au ministère de l'Economie, où nous avions besoin, pour remplacer Jacques Delors qui voulait prendre du champ, d'un homme sage et de poids afin de dynamiser nos structures économiques et financières. Pierre Joxe, au ministère de l'Intérieur, aurait pour tâche de concentrer son action sur la sécurité et sur la modernisation de la police. Paul Quilès, qui alliait sûreté de jugement, précision dans le commandement et fermeté dans le suivi des décisions, s'occuperait des Transports en plus de l'Equipement et du Logement. Claude Cheysson, pour quelque temps, et Roland Dumas assumeraient la Politique étrangère et les Affaires européennes. Le ministère de l'Education jouait dans le dispositif un rôle essentiel, en lui-même et parce qu'il fallait dénouer la querelle scolaire : je demandai à Michel Rocard d'en prendre la conduite mais celui-ci, craignant à tort un piège, déclina ma proposition et préféra rester à l'Agriculture. Je me tournai alors vers Jean-Pierre Chevènement qui avait quitté le gouvernement un peu plus d'un an auparavant, en lui précisant la façon dont la querelle de l'enseignement privé devait être close : il s'en acquitta fort bien.

Il fallait aussi des visages nouveaux. Je n'avais pas de contraintes politiques particulières à respecter : socialistes, radicaux de gauche, hommes et femmes « de progrès », je me déterminai en fonction des personnalités. J'avais remarqué les qualités de Michel Delebarre comme directeur du cabinet de Pierre Mauroy : je lui proposai le secteur du Travail et de l'Emploi. Il refusa... quelques secondes après que la composition du gouvernement eut été lue sur le perron de l'Elysée par Jean-Louis Bianco. Je lui suggérai de ne pas être le premier démissionnaire de mon équipe : il suivit ma suggestion et se révéla un bon ministre. A Hubert Curien, ancien directeur général du Centre national de la recherche scientifique, que j'avais apprécié lorsque je traitais les questions concernant la Recherche, je confiai ce secteur essentiel pour le futur : j'étais certain qu'il assumerait sa mission avec compétence. Georgina Dufoix, qui avait montré du dynamisme dans les matières sociales et possédait un bon contact, vit s'élargir ses responsabilités sociales puis assura le rôle de porte-parole du gouvernement. Alain Calmat, que j'avais admiré comme champion de patinage lorsque nous étions plus jeunes et qui avait mené une double carrière exemplaire de sportif et de chirurgien, me paraissait tout désigné pour s'occuper de la Jeunesse et des Sports : je le joignis au téléphone alors qu'il se trouvait en salle d'opération ; il me proposa d'en terminer d'abord avec son patient, puis de me rappeler : il accepta. Quant au très solide et chaleureux Martin Malvy, sa nomination à l'Energie fut la plus pittoresque de toutes. J'éprouvai beaucoup de mal à le joindre dans le camping où il séjournait en Corse, je n'y parvins que dans la nuit et je dus négocier longuement au téléphone avant que le propriétaire du camping, incrédule quant à l'origine et à l'objet de mon appel, consentît à le réveiller : « Monsieur Malvy, c'est le nouveau Premier ministre qui vous demande au téléphone, et c'est pour le gouvernement ! »

François Mitterrand accepta mes propositions. L'équipe était cohérente, professionnelle. Il s'agissait à la fois de poursuivre ce qui devait l'être et de modifier le contenu et les méthodes de l'action gouvernementale sur plusieurs points : davantage d'attention aux réalités, moins de grandes proclamations dépourvues de suites concrètes. Je voulais calmer le jeu tout en engageant une action en profondeur de modernisation du pays.

Nous accédions en effet au gouvernement, selon les termes que j'utilisai dans mon discours d'investiture, « pour moderniser et rassembler ». Le fond et le style de ce discours furent plutôt bien accueillis par l'Assemblée nationale et par le Sénat. On me reprocha seulement, dans certains milieux, de dépolitiser, de jouer à l'excès le consensus. La réalité est que nous étions parvenus à un degré d'exaspération de l'opinion publique envers les socialistes qui me paraissait suicidaire. D'une façon souvent injuste, tout nous était devenu matière à reproche. Les citoyens maudissaient les ministres socialistes et rabrouaient les députés de la majorité. Le jugement de la presse était exécrable. Il n'y avait plus de projet clair, ni même de disponibilité à entendre de notre part un projet. Contrairement aux imaginatives affirmations de Jacques Attali dans son *Verbatim*, le Président ne m'adressa aucun message écrit sur ma future tâche. Au cours de nos conversations, nous tombâmes d'accord sur les inflexions nécessaires. Ce sont elles que j'exposai dans mon discours d'investiture. L'objectif était simple, en tout cas simple à définir : il s'agissait pendant ces deux ans, puisque mon mandat était borné par les élections législatives en mars 1986, de moderniser le pays sur une base de justice sociale. Quant à la méthode, prenant garde aux improvisations gouvernementales, aux contradictions et aux courts-circuits, je souhaitais que nous retrouvions un certain ordre dans la conduite des affaires. Mon ambition consistait à améliorer le dynamisme économique et la cohésion sociale du pays. C'est ainsi qu'on redonnerait une crédibilité à la gauche. Le résultat politique à atteindre sur le plan intérieur était clair : nous devions éviter d'être écrasés, afin de préparer dans des conditions acceptables la cohabitation de 1986 à 1988 puis, en 1988, la suite, dans un second septennat qu'il n'était pas impensable d'envisager.

Pourquoi François Mitterrand m'avait-il choisi ? Parce qu'il souhaitait un responsable de quarante ans avec qui il aurait le sentiment de travailler depuis cinquante ans : je correspondais à peu près au portrait. Parce qu'un souffle nouveau était nécessaire et qu'il fallait remettre de l'ordre dans la maison. Bref, parce que j'étais jeune et qu'il avait confiance en moi. L'accueil de l'opinion fut bon. Mes premières décisions rencontrèrent un écho favorable. Je me heurtai cependant à plusieurs handicaps, dont l'un était précisément ma proximité présumée excessive avec François Mitterrand. J'étais son ancien directeur de cabinet, le Premier ministre qu'« il avait donné à la France ». J'étais censé n'être à Matignon qu'un super-collaborateur, là où l'efficacité du tandem que nous constituions supposait une entente excellente mais davantage d'autonomie de ma part. Je m'en ouvris au Président avec franchise, lui représentant qu'un fonctionnement satisfaisant impliquait que chacun de nous possédât son champ de responsabilités et son terrain d'initiatives. Il en fut totalement d'accord et il donna instruction à ses collaborateurs de refuser même d'examiner toute intervention provenant de ministres qui n'aurait pas transité par moi. L'économie, le social, l'essentiel de l'action intérieure relèveraient désormais de Matignon, l'Elysée conservant la haute main sur les Affaires étrangères, la Sécurité et la Défense. Nous convînmes qu'il serait bon de traduire tout cela pour le grand public. Comme je devais, en septembre 1984, m'exprimer dans l'émission « L'heure de vérité », je rendis visite au Président un peu avant et lui exposai ce que j'avais l'intention de dire. Je ne lui dissimulai rien, allant jusqu'à lui faire part de la formule, devenue fameuse, que je songeais à employer pour définir notre relation : « Lui c'est lui, moi c'est moi. » Mitterrand n'y fit pas d'objection, au contraire. Dans le contexte d'alors, cette formule ne présentait aucun caractère provocant. Elle signifiait seulement que chacun des deux principaux responsables de l'exécutif avait ses compétences et son tempérament. Lorsqu'il nous arriva ensuite de diverger sur certains points, la formule fut naturellement mise en exergue avec un autre sens. A l'époque, elle se limitait à traduire une évidence.

Ma nomination ne me donna pas, je crois, la « grosse tête ». J'essayai seulement de vivre la situation nouvelle dans laquelle je me trouvais et de faire face. Le passage du statut de ministre à celui de Premier ministre constituait cependant, manifestement, un changement de nature, et pas seulement de degré. Désormais, sauf domaines très particuliers, il n'y avait plus d'appel : c'était sur moi que portait le poids. La plupart des décisions faciles ne parviennent pas à Matignon : elles se prennent d'elles-mêmes. D'autres, comportant leurs avantages et leurs inconvénients, sont soumises à l'arbitrage des ministres. C'est seulement lorsqu'une question présente une grande importance ou lorsque la décision comporte une part à peu près égale d'inconvénients et d'avantages, ou dans des cas bien spécifiques, que l'arbitrage de Matignon est requis. En d'autres termes, je constatai que le facile vient peu à la connaissance des ministres, que ce qui n'est que difficile vient rarement à la connaissance du Premier ministre, que le lot de Matignon consiste le plus souvent dans l'inextricable... qu'il faut cependant « extriquer ». Un bon équilibre psychologique, une convenable maîtrise de soi, une grille d'analyse à peu près cohérente pour arrêter les décisions, une capacité suffisante de recul et – pourquoi pas ? – d'humour sont donc les bienvenus pour qui veut exercer utilement la charge. Est-ce pour cela que ceux qui l'ont exercée sont liés par une sorte de solidarité, malgré leurs différences politiques ? L'amicale des anciens Premiers ministres ne se réunit pas ; qu'on le veuille ou non, elle existe : son point d'ancrage repose sur les difficultés partagées. Je n'ai pas fait exception à la règle.

Toute action gouvernementale comporte une part de prévisible. Elle n'est pas toujours la plus spectaculaire, mais c'est le fond, ce à quoi un gouvernement est préparé, ce qui demeurera quoi qu'il advienne. Tel était le point de départ de mon discours d'investiture : une analyse de la société française de cette fin de siècle, la définition d'une action de solidarité moderne, la présentation d'une méthode efficace de gouvernement.

Le prévisible, c'était d'abord l'affaire scolaire. J'avais été nommé largement pour la régler. Je voulais dans ce domaine aller plus loin : l'éducation, la formation, la connaissance étaient et demeurent les ressources clés, les seuls vrais outils pour une meilleure égalité des chances. Une politique scolaire et universitaire ambitieuse me semblait d'autant plus nécessaire qu'à l'approche du XXIe siècle, quand le « cognitariat » constitue le nouveau prolétariat, se creuse l'une des plus graves inégalités, celle qui sépare les « inforiches » des « infopauvres ». François Mitterrand, Jean-Pierre Chevènement et moi, nous réglâmes la querelle scolaire en quelques séances précises de travail. Le 12 juillet, le Président avait annoncé une modification par référendum de l'article 11 de la Constitution, afin que les Français puissent être consultés sur les questions touchant aux libertés publiques. Parallèlement, le projet Savary sur l'enseignement privé était retiré. Le 19 juillet, lors du premier Conseil des ministres de notre nouvelle équipe, je fis approuver un projet de loi portant révision de la Constitution. Déjà, je pressentais que la procédure constitutionnelle n'irait pas à son terme. En août, la droite sénatoriale fit adopter la question préalable contre ce projet : la révision devenait impossible. Dans le même temps, nous préparâmes des mesures concernant l'enseignement privé afin de mettre un terme à l'affrontement. Fin août, elles étaient au point. Ces dispositions « simples et pratiques » reçurent l'accord plus ou moins résigné des protagonistes. Le calme revint. La première partie de mon contrat était remplie. La crise scolaire était surmontée. Le pays soufflait.

Nous pûmes alors passer à une autre phase, l'effort de développement de l'éducation et de la formation. J'avais fixé cette tâche en priorité de notre action gouvernementale, notamment budgétaire. Jean-Pierre Chevènement y révéla ses qualités, qui étaient grandes, et, comme chacun de nous, quelques défauts. Côté positif, une vraie intelligence, une haute idée de l'Etat et une réelle ténacité pour faire avancer les projets. L'instruction civique fut relancée, la mission des maîtres clarifiée, le rôle central de l'enseignement réaffirmé, l'aménagement des rythmes scolaires amorcé. Un programme d'apprentissage de l'informatique pour tous fut mis en œuvre – malheureusement abandonné ensuite – car j'étais certain que l'informatique constituerait une deuxième langue dans le monde de demain. Roland Carraz, chargé de l'enseignement technique et technologique, apporta son concours : nous créâmes des baccalauréats professionnels afin de revaloriser ce secteur d'enseignement. Roger-Gérard Schwartzenberg, auquel j'avais confié les Universités, remplit lui aussi sa mission avec compétence, en dépit de conflits permanents avec Jean-Pierre Chevènement que je dus arbitrer. Chevènement cultivait un aspect Déroulède qui, à la longue, pouvait lasser. Malgré son passage au ministère de la Recherche, il restait réticent aux bouleversements pourtant nécessaires dans les méthodes d'enseignement. En tout cas, de cette époque datent deux des quatre grandes mesures de gauche prises en matière d'éducation au cours des septennats mitterrandiens : l'objectif, très mal compris, d'au moins 80 % d'une classe d'âge au niveau du baccalauréat (ce qui ne signifie évidemment pas – ce serait absurde ! – qu'on se désintéresse des 20 % restants), la création des baccalauréats professionnels, les deux autres mesures ayant été décidées respectivement par Alain Savary et Lionel Jospin, la création des zones d'éducation prioritaires et le plan « Université 2000 ».

Avec l'éducation, l'emploi constituait une préoccupation centrale pour mon gouvernement. Nous savions que l'évolution de la croissance jusqu'en 1986 ne serait pas mirifique ; mais je refusais de me résigner à l'augmentation du chômage. Je choisis donc de pousser au maximum l'activité économique (notamment par l'extension du Fonds spécial des grands travaux) et je m'attachais avec Pierre Bérégovoy à redresser les comptes du pays. Je ne voulais ni jouer « après moi, le déluge », ni être acculé à une dévaluation : j'avais constaté les ravages de celle-ci, à trois reprises, du temps de Pierre Mauroy. Nous lançâmes une politique très active de l'emploi, multipliant les incitations et les initiatives de rapprochement avec les entreprises. On ne pouvait à la fois donner le sentiment de mener la guerre aux chefs d'entreprise et leur demander d'embaucher, pas plus qu'on ne pouvait prôner des syndicats actifs et les court-circuiter. Michel Delebarre fut chargé de travailler dans un esprit de concertation avec les uns et les autres. Il le fit fort bien. Nous développâmes les jumelages entre les écoles et les entreprises. Nous étendîmes les dispositifs des congés de conversion aux licenciés économiques. Nous prîmes des mesures nouvelles pour les chômeurs en fin de droits. Je confiai à l'économiste Dominique Taddei une réflexion sur l'aménagement du temps de travail, sujet qui m'apparaissait essentiel. En septembre 1985, il me remit son rapport qui présente la plupart des idées développées depuis sur ce thème central.

Comme cet arsenal n'était cependant pas suffisant et que des dizaines de milliers de jeunes demeuraient sans activité, je lançai avec Michel Delebarre la formule des travaux d'utilité collective, les fameux TUC. La formule présentait certes bien des défauts, j'en étais conscient, et elle donna lieu ultérieurement à des abus, mais elle possédait le mérite, au moins, de proposer une activité à des personnes dépourvues de tout. Malgré ses imperfections, cette politique d'ensemble permit pour la première fois depuis 1981 – ce qu'on a oublié – d'inverser en 1985 la courbe du chômage. Utilement complété en 1988 par l'instauration du revenu minimum d'insertion (RMI), le dispositif contenait en germe les dispositions contre l'exclusion sociale prises au cours des dix années suivantes : le passage d'une approche en termes de croissance à une démarche moins mécaniste, plus diversifiée et plus riche.

Je demandai aussi au gouvernement de se montrer particulièrement vigilant en matière de sécurité. J'avais enragé de constater, dans mes fonctions précédentes et comme élu local, que les socialistes passaient dans ce domaine pour laxistes. La propagande de la droite y contribuait, qui nous présentait comme de belles âmes habitant les beaux quartiers, négligeant les victimes et protégeant les assassins. Certaines phraséologies de la gauche, au nom de conceptions prétendument généreuses, avaient alimenté le procès. Une décision symbole, tout à fait fondée celle-là, servait d'humus : la suppression de la peine de mort après le magnifique combat parlementaire de Robert Badinter. Puisqu'on ne coupait plus en deux les assassins, c'est qu'on encourageait forcément les voleurs d'autoradios et les petits « dealers » ! Le rationnel se mêlait à l'irrationnel, le faux se confondait avec le vrai, la droite et l'extrême droite surfaient sur cette mauvaise vague. Je ressentais avec force combien nous devions réagir à cette dérive, à la fois parce que la sécurité constitue un droit de l'homme et parce qu'il fallait impérativement regagner la confiance de notre électorat, le plus touché par le sentiment quotidien d'insécurité. J'étais décidé à réagir.

Gaston Defferre, ministre d'Etat chargé de l'Intérieur dans le gouvernement Mauroy, n'avait rien d'un laxiste. Il fallait cependant une nouvelle donne. Son remplacement par un nouveau ministre, Pierre Joxe, en offrait l'occasion. C'est la tâche précise que je confiais à Joxe, en lui fournissant les moyens indispensables : une grande loi pluriannuelle de modernisation de la police, permettant à celle-ci de mieux remplir son rôle et d'être présente sur le terrain, au contact des citoyens. Pierre Joxe accomplit un travail excellent qui modifia le climat chez les policiers. Quelques mois plus tôt, ils avaient défilé et conspué le garde des Sceaux, Robert Badinter. Ces temps-là, inadmissibles du point de vue de l'autorité de l'Etat, étaient définitivement terminés.

La sécurité et le sentiment de sécurité constituent un tout. Le citoyen se sent protégé si et seulement si les autorités font preuve de fermeté. Dans le cas contraire, toutes les actions de prévention, de dissuasion et de répression sont insuffisantes. Cette fermeté, je décidai d'en faire preuve dans les affaires de terrorisme. C'est la seule attitude efficace et digne. En septembre 1984, trois Basques espagnols suspectés d'assassinat furent interpellés en France. Nous résolûmes avec le Président de les extrader vers l'Espagne. C'était la première fois qu'une telle décision était prise. Elle souleva diverses protestations. Elle me paraissait quant à moi irrécusable, dès lors que des charges graves pesaient sur eux et que l'Espagne était devenue une démocratie.

Le plus difficile, le plus pénible de toute cette période, ce furent les enlèvements d'otages et les attentats. Dans cette phase de tension au Moyen-Orient et de campagne électorale sur notre sol, la France n'était pas épargnée. L'enlèvement en mars 1985, à Beyrouth, des diplomates Marcel Carton et Marcel Fontaine, celui en mai, également au Liban, de Michel Seurat et de Jean-Paul Kauffmann, les attentats à la bombe contre les Galeries Lafayette et contre le magasin du Printemps en décembre 1985, de nouveaux attentats à la bombe à Paris en février 1986 : toutes ces exactions, leurs conséquences lourdes en vies humaines, leur écho considérable dans l'opinion créaient un climat dramatique qui s'exacerbait à mesure qu'approchaient les élections législatives. J'avais donné aux ministres concernés des indications de fermeté absolue. Je dus y veiller d'autant plus que divers émissaires français, les uns plus ou moins tolérés par l'Elysée, les autres envoyés vraisemblablement par l'opposition, essayaient de prendre des contacts avec les terroristes. Juste avant les élections, nous crûmes que les otages du Liban allaient être libérés. Roland Dumas, qui avait la responsabilité de nos relations extérieures, y travaillait activement. Au dernier moment, la libération échoua. Les terroristes jugeaient sans doute préférable d'attendre le changement de gouvernement.

Le paroxysme fut atteint – ce n'est pas un hasard – dans les semaines précédant immédiatement les élections. Au journal télévisé, chaque soir, était exposé le calvaire des otages. A peu près chaque semaine, un membre de leur famille venait expliquer que mon gouvernement ne faisait rien. Plusieurs fois, nous fûmes traités, Pierre Joxe et moi, d'assassins. Quand cela était à mettre au compte de l'émotion des proches, c'était parfaitement compréhensible, quoique infondé. Mais la droite mêlait sa voix à la clameur, tout en préférant retarder le dénouement !

J'avais fait étudier par nos services secrets le projet d'une intervention par la force pour délivrer nos otages à Beyrouth. Nous disposions d'un certain nombre d'indications et de plans. L'examen très attentif de cette hypothèse montrait cependant des risques trop élevés pour la vie des prisonniers : je renonçai. Néanmoins je conservai pendant toute la période une ligne d'absolue fermeté. Je suis convaincu que c'est, face au terrorisme, la seule attitude qui vaille. J'ai eu l'occasion de m'indigner, depuis, de complaisances à l'égard de régimes – l'Iran, la Libye, le Soudan, etc. – dont nous savons, malgré les dénégations officielles, qu'ils ont été ou qu'ils sont des fourriers du terrorisme. Quand il existe, ce double jeu peut faire sourire ou sembler inévitable. Il ne le devrait pas. Il est non seulement inefficace mais immoral. Si un gouvernement cède une fois, il met en danger tous ses ressortissants qui se trouvent à l'étranger, lesquels deviennent des monnaies d'échange pour des marchandages ultérieurs.

Gouverner, c'est aussi rencontrer l'imprévu. L'affaire du *Rainbow Warrior* en fait partie. Elle constitue un épisode absurde dont nous n'avons collectivement pas lieu d'être fiers. Le 10 juillet 1985, la presse internationale fait état du naufrage, dans le port d'Auckland en Nouvelle-Zélande, d'un navire appartenant à une organisation écologiste, Greenpeace, opposée aux essais nucléaires français et qui entendait les gêner. Au cours de ce naufrage, un passager photographe trouve la mort. Le 12 juillet un couple se prétendant suisse est interpellé par la police néo-zélandaise. Ces événements font l'objet d'un bref écho dans la presse française. Un bruit me revient selon lequel il s'agirait d'une affaire impliquant des Français. Sans m'alarmer, je cherche à m'informer. Dans le courant de juillet, les bruits se répétant, je convoque une réunion dans mon bureau à Matignon avec notamment Charles Hernu, alors ministre de la Défense, Robert Badinter et Jean-Louis Bianco, secrétaire général de l'Elysée. Je questionne Charles Hernu sur les faits et je commets alors probablement l'erreur psychologique de parler trop carré. « Des bribes d'information nous remontent, lui dis-je, sur le naufrage du *Rainbow Warrior.* Quelle est la réalité ? Cela concerne-t-il des services français ? Si c'est oui, il faut me le dire, c'est évidemment une c..., et je sanctionnerai ceux qui ont pris cette décision. » Le ministre de la Défense me certifie alors que son ministère n'y est pour rien. S'il en allait autrement, ajoute-t-il, il le saurait. Selon lui, on est en train de nous intoxiquer : probablement des services secrets étrangers. Dans l'immédiat, je fais confiance à Charles Hernu, je n'investigue pas davantage. D'autant que, ayant communiqué mes doutes à François Mitterrand, celui-ci – fait inhabituel – nous réunit, le ministre de la Défense et moi, dans son bureau, demande à Charles Hernu si des Français sont impliqués et s'entend répondre avec véhémence que « non ». Je peux penser qu'Hernu ne me dit pas toute la vérité à moi ; mais je ne peux imaginer qu'il la cache à François Mitterrand.

Et, cependant, la vérité est plus « complexe ». La

presse fait son travail en publiant divers éléments qui accréditent la thèse d'une implication française. Décidé à ne pas me contenter d'une explication approximative, j'exprime de nouveau mes sentiments au Président et je lui propose, début août, qu'une mission soit confiée à une personnalité au-dessus de tout soupçon, pour faire la lumière. Il en accepte le principe. J'avance le nom de Bernard Tricot, ancien secrétaire général de l'Elysée, gaulliste incontestable, que j'ai connu au Conseil d'Etat. Quoique peu enthousiasmé par cette tâche, celui-ci l'assume en grand serviteur de l'Etat, puisqu'elle lui est demandée par le Premier ministre. Nous convenons d'un échange de lettres entre le Président et moi. Il m'adresse un courrier me demandant de mener une enquête sur l'affaire et de prendre des sanctions si nécessaire. Quant à moi, je précise la mission de Bernard Tricot. Le 25 août, ce dernier, après avoir rencontré les services intéressés, remet son rapport qui conclut en dégageant la responsabilité des services spéciaux français. Mais il ajoute, au micro des médias, qu'il « n'exclut pas d'avoir été berné par ses interlocuteurs ». La lecture du « rapport Tricot » me confirme dans une impression de malaise, de flou. Je le dis à Charles Hernu qui persiste dans ses dénégations. Je lui demande alors de poursuivre ses investigations et de me remettre plus généralement une étude sur les améliorations à apporter à la Direction générale de la sécurité extérieure (DGSE).

Le 17 septembre, au retour des vacances, coup de tonnerre. Le journal *Le Monde* relance spectaculairement l'affaire en titrant que « L'attentat en Nouvelle-Zélande a été commis par une troisième équipe de militaires français agissant sur ordre ». Il donne des détails. On m'a menti. Il est évidemment inadmissible qu'une opération importante des services secrets – opération absurde – ait été montée sans en informer le Premier ministre. Mais que, une fois l'opération accomplie – et avec quels résultats ! –, on dissimule au chef du gouvernement la réalité des faits quand il insiste pour la connaître, cela dépasse l'entendement. Charles Hernu, que j'interroge de nouveau, continue à récuser toute implication des services. Je ne le crois plus.

Je procède alors en deux temps. D'une part, je demande par lettre à l'amiral Lacoste, chef de la DGSE, au général Saulnier, chef d'état-major particulier du président de la République, et au général Lacaze, chef d'état-major des armées, de me déclarer par écrit et sur l'honneur qu'ils n'ont pas donné d'ordre ni été informés d'un ordre de couler le *Rainbow Warrior*. Les généraux Saulnier et Lacaze me font parvenir immédiatement cette déclaration sur l'honneur ; l'amiral Lacoste non. D'autre part, le Président m'ayant écrit le 19 septembre, dans une missive rendue publique, que cette situation ne pouvait plus durer, je lui réponds dès le lendemain pour lui demander de mettre fin aux fonctions du chef de la DGSE et d'accepter la démission de Charles Hernu. Je veux que les choses soient nettes et que chacun assume ses responsabilités. Je propose et j'obtiens que Paul Quilès remplace Charles Hernu à la Défense.

En deux jours, Paul Quilès fait la lumière là où je la demandais en vain depuis plusieurs semaines. Le dimanche 22 septembre, à mon domicile place du Panthéon, je reçois quelques-uns des principaux protagonistes : Charles Hernu, Paul Quilès, Robert Badinter, le général Saulnier. Le Président lui-même nous rejoint après le déjeuner, et nous consacrons plusieurs heures à examiner chaque point. L'atmosphère est tendue. Au milieu de l'après-midi, Pierre Joxe, alerté par ses services qui s'interrogent sur le sens de ce rassemblement particulier, vient aux nouvelles. Paul Quilès nous révèle ce qu'il a appris. La version du journal *Le Monde* est en gros exacte. Ce sont des Français qui ont mené l'action du début à la fin. On a berné Tricot. On m'a « promené » en prétendant que les services n'y étaient pour rien. La DGSE a réalisé cette opération pour dissuader l'organisation Greenpeace de s'opposer aux essais nucléaires français. Les équipes de militaires se sont fait prendre. L'ordre est venu de l'amiral Lacoste, avec l'aval de Charles Hernu, l'amiral étant convaincu que le Président était au courant et peut-être également moi-même. Je décide de m'exprimer immédiatement le soir à la télévision, et je prépare un bref message dont le Président approuve chaque terme. J'entends dire la vérité à l'opinion, légitimement éberluée et incrédule. C'est ce que je fais. Le 22 novembre, le colonel Maffart et le capitaine Prieur, qui avaient été arrêtés en Nouvelle-Zélande, sont jugés et condamnés à dix ans de réclusion. Quel gâchis !

Tout cela aurait pu être évité, d'abord si on m'avait consulté sur l'opportunité de monter une opération de ce genre contre Greenpeace. Le projet était stupide. Le fait qu'une manœuvre voisine ait été tentée une dizaine d'années auparavant par les mêmes services sous un autre gouvernement ne rendait pas l'opération moins absurde. D'aucuns pensent que, si moi-même je n'ai effectivement pas été consulté, François Mitterrand, lui, l'a été et qu'il a donné son feu vert. Je n'ai pas sur ce point de certitude absolue : je note toutefois que la réunion entre le Président, Hernu et moi peut difficilement avoir été « fabriquée » pour me tromper. Je relève aussi que la déclaration sur l'honneur par le général Saulnier, chef d'état-major du Président, n'est pas anodine.

Le gâchis aurait pu également être, sinon évité, du moins atténué si, une fois accompli cet acte qui – il ne faut pas l'oublier – a coûté une vie, la Défense nous avait dit la vérité : j'aurais alors assumé. Mais, là, le cumul d'une action imbécile et d'un mensonge, une fois celle-ci accomplie, a abouti à un fiasco.

Quant à moi, cherchant la vérité, l'exigeant mais ne l'obtenant pas assez vite, j'ai manqué, sinon de fermeté, du moins de virulence. J'aurais dû convoquer immédiatement les chefs militaires, les confronter entre eux si nécessaire. Je me reproche de ne pas l'avoir fait. Au lieu de quoi, je me suis contenté de la parole d'un ministre, qui, ou bien croyait à la version qu'il donnait car ce domaine ressort souvent du non-dit et du flou, ou bien – plus probablement – reconstituait après coup la vérité telle qu'il aurait souhaité qu'elle fût. Dans l'opinion publique, Charles Hernu passa pour un héros et moi pour un salaud. Beaucoup crurent qu'il avait « porté le chapeau », d'autres estimèrent qu'il était au courant mais que son tort avait été de se faire prendre. Certains, enfin, crurent que mon attitude relevait d'un choix politique et non de la simple et bête ignorance.

Cette confusion dans la perception des rôles est à mettre en rapport avec la mauvaise gestion par le gouvernement de cette affaire. Elle provient aussi d'une donnée plus permanente, plus profonde : la croyance répandue dans l'opinion qu'il existe quelque part, au sommet de l'Etat, des personnages, voire un personnage omniscient et omnipuissant, une sorte de *deus ex machina* vers lequel remonteraient toutes les informations et qui tirerait tous les fils. Qu'on l'appelle président de la République ou Premier ministre, ce personnage, j'ai le regret de le dire, n'existe pas. Tant pis pour une vision simpliste et reposante de la complexité du système du pouvoir ! Non, dans cette « affaire » comme dans beaucoup d'autres, le *deus ex machina* n'existait pas.

En l'espèce, si je n'ai pris aucune part directe ni dans l'action perpétrée ni dans la mauvaise comédie qui fut montée ensuite, si j'ai cherché la vérité – avec le concours actif de la presse – et finalement réussi à l'obtenir (ce que le talentueux dessinateur Jacques Faizant refusa de voir en m'affublant depuis d'un parapluie), j'ai commis l'erreur d'accepter trop longtemps l'opacité des services concernés. Aucun secteur ne doit être opaque. C'est la condition nécessaire pour que la responsabilité puisse jouer. Le « domaine protégé » ne doit pas exister.

Ces mois-là furent difficiles. Pour autant, à Matignon, les états d'âme ne sont pas recommandés. Les interrogations métaphysiques en public, non plus. Or, la vie officielle avait beau absorber l'essentiel de mes journées et de mes soirées, ma vie personnelle continuait, avec son lot de joies et de peines. La mort de mon père en novembre 1984 fut un moment très difficile. Sa disparition emporta des pans entiers de souvenirs vécus ensemble, de projets que nous aurions pu partager. Nos relations n'étaient pas extraverties ni exubérantes, nous avions du mal à nous parler, je veux dire à nous parler de sujets personnels, mais nous nous aimions profondément. Je regrette de ne pas avoir su le lui dire assez.

Les joies, elles, m'étaient surtout apportées par Françoise, et par mes deux petits garçons, Thomas et Victor. Je n'avais malheureusement pas beaucoup de temps à passer avec eux, mais ce temps était la douceur de ma vie. Françoise, sans m'en parler, faisait le maximum pour aplanir les difficultés sur lesquelles elle pouvait avoir prise. Elle remplissait ses inévitables fonctions paraofficielles, sans ostentation, sans abandonner son tempérament passionné, avec sa générosité coutumière. Notre couple était solide, et ce môle-là – avec bien sûr des hauts et des bas – jouait un rôle essentiel. Nous avions décidé de ne pas habiter Matignon. Nous profitions seulement à la belle saison du superbe jardin de la rue de Varenne, pique-niquant quand nous le pouvions avec Thomas et Victor, qui menaient des parties endiablées de balançoire et de football. Je me promenais souvent à travers le parc, cherchant dans le silence et dans la marche le calme nécessaire à la réflexion. Nous nous installions aussi de temps en temps au Pavillon de la Lanterne, à côté de Versailles, pour un week-end ou pour les petites vacances scolaires. J'appréciais cette maison mise traditionnellement à la disposition des Premiers ministres, maison à l'époque confortable sans être luxueuse, ouvrant par une petite porte sur les jardins du Château. Une journée à la Lanterne, dérobée au calendrier officiel, me permettait de prendre un peu de distance par rapport à la pression quotidienne des événements tout en restant proche de Paris.

C'est là, en décembre 1985, que j'appris comme un coup de tonnerre la mort de mon ami Jacques Perrot. Avec Jacques, nous nous connaissions depuis plus de vingt ans. Nous avions été copains d'école, nous avions passé des vacances et d'innombrables après-midi et soirées ensemble, à discuter de tout, de rien, comme le font les amis de toujours. Je savais la passion de Jacques pour les femmes, son goût pour le droit, pour le sport. J'aimais sa gaieté, sa faconde, son caractère en permanence enjoué. Nous nous voyions souvent, naturellement moins depuis mes nouvelles fonctions, nous ne parlions presque jamais politique – je constatais qu'il était de plus en plus préoccupé, et même obsédé, par les relations exécrables qui s'étaient établies avec sa femme et avec sa belle-mère. Jacques venait d'être assassiné ! Le tueur était, semblait-il, un professionnel. Sa mort – comment dire ? – était d'autant plus dramatique qu'elle frappait un être qui était la vie même et qu'elle le frappait dans des circonstances sordides. Les soupçons se portèrent rapidement sur sa belle-famille, les déchirements ajoutant à la tragédie. La presse se tenait aux aguets. On essaya de faire croire que cet assassinat avait quelque chose à voir avec notre amitié. On glosa sur ma présence – évidente pourtant – aux obsèques. On suggéra même que j'avais commandité le meurtre ! L'enquête eut lieu, longue, minutieuse. Finalement, après un procès dans lequel j'apportai mon témoignage, la belle-mère de Jacques fut déclarée coupable et condamnée. Sans pouvoir le laisser paraître, à l'époque je songeais sans cesse à ce drame. Je pense encore souvent à Jacques, mon ami.

Sur le plan public, l'« affaire » du *Rainbow Warrior*, et la mauvaise gestion que j'en fis, contribuèrent à dégrader mon image, jusque-là excellente, dans l'opinion. Auparavant, je trônais au firmament de la popularité. *Le Nouvel Observateur*, dont la couverture me représentait en tenue d'aviateur, titrait : « Fabius : vol au-dessus des sondages. » Mon état de grâce était si insolent qu'il conduisit mes rivaux au sein du PS pour un éventuel destin national à prendre leurs distances. Michel Rocard choisit pour le faire une nuit d'avril 1985 : il démissionna du gouvernement au motif que celui-ci adoptait le scrutin proportionnel qui figurait depuis un peu plus de dix ans dans le programme du parti socialiste. Lionel Jospin, alors premier secrétaire du PS, se démarqua, lui, en juin de la même année lorsque j'amorçai le lancement de la campagne pour les législatives. Les premières décisions prises à mon arrivée à Matignon, le style nouveau imprimé au gouvernement, le goût du concret, ma jeunesse, tout cela était apprécié de l'opinion. Ma popularité ne rejaillissait pas intégralement sur la cote des socialistes, mais déjà elle l'améliorait. J'étais le dauphin présumé de François Mitterrand. Je passais pour un bon communicateur. Souhaitant capitaliser ces bonnes opinions au profit du parti socialiste dans la perspective des élections législatives, je lançai un défi télévisé à Jacques Chirac, président du RPR, la formation la plus nombreuse de l'opposition. Il accepta. Il eut raison.

Encore maintenant, je connais peu Jacques Chirac. Je n'ai pas eu, hors caméra, au moins une conversation de fond avec lui. Longtemps raide comme un piquet à l'écran, sympathique et chaleureux dans le privé, voilà le cliché le plus fréquent. Difficile politiquement à saisir, il change de style avec les saisons. Droitier pur jus à certaines périodes de sa vie, travailliste à d'autres, anti-Européen ici, défenseur de Jean Monnet là, il semble s'adapter avec constance au vent, au temps, aux circonstances, au point qu'on apprécie la combativité, la ténacité, la performance, mais qu'on éprouve du mal à juger le fond du personnage. Dans la diversité de ses postures successives, quelle peut bien être sa véritable personnalité ?

Il y a dix ans, il était considéré comme un « has been ». On estimait sottement que le spécialiste de la communication que, paraît-il, j'étais, le « jeune Premier ministre donné à la France », n'allait faire à la télévision qu'une bouchée de ce ringard qui ne maîtrisait pas les dossiers et sentait l'antimite. C'était oublier le fait que, sauf accident, un débat de ce type donne des résultats conformes au partage préexistant des opinions : la droite se situait alors à 60 %, la gauche à 40 %. Ensuite, quelles qu'aient été les caricatures dressées de Jacques Chirac et de moi-même, les réalités l'emporteraient : Chirac n'était évidemment pas ce lourdaud finissant qu'on présentait, pas plus que je n'étais le « superman » qu'on dépeignait. Sans oublier le poids du réel, c'est-à-dire de l'imprévisible, qui me fit agressif ce soir-là, alors que Chirac apparaissait positif par contraste.

Je ne regarde jamais après coup mes interventions télévisées. Critique envers moi-même, je déteste m'auto-analyser, trop sensible peut-être à ce qui ne convient pas, aux formules inadéquates, aux raisonnements mal bâtis, aux gestes excessifs ou insuffisants. Je suis irrité par mon sourcil qui remonte en accent circonflexe à cause des conséquences d'un accident de voiture subi en 1979. Je n'aime pas mes hésitations, les « heu-heu » qui précèdent certaines de mes phrases. Ni le dos voûté que je présente souvent de profil et qui surprend lorsque je déploie ensuite mon 1,80 m. Ma réticence à redécouvrir ce face-à-face était d'autant plus forte qu'il représentait un mauvais souvenir, le moment où, devant des millions de Français, je m'étais montré sous un jour négatif. On diffusait parfois à la télévision un passage où Chirac me traitait aimablement de « roquet » et où je lui répondais avec grandiloquence : « Vous parlez au Premier ministre de la France. » Mais je n'avais pas revu l'intégralité du débat avant d'écrire ces lignes. Ce que j'ai fait pour essayer d'être un juge à peu près objectif.

Trop sûr de moi et contrairement à la recommandation de plusieurs de mes proches, je m'étais rendu juste avant en Polynésie afin d'assister à un tir nucléaire. Bien qu'effectué en Concorde, le voyage fut fatigant et il contribua à m'extraire de l'ambiance préparatoire, déterminante dans ce genre de circonstances. Quelques heures après mon retour, le débat eut lieu. Je l'avais préparé comme à mon habitude, à la fois en réfléchissant seul et en passant commande de quelques notes, que j'avais résumées ensuite sur des fiches manuscrites de plus en plus succinctes. Je portais un costume beige clair, couleur qui détonnait à l'écran pour un débat politique d'un tel enjeu. J'avais réfléchi à plusieurs scénarios. Mais, trop confiant comme je l'ai été à certains épisodes de ma vie, je n'avais imaginé qu'une version trop favorable de notre discussion. J'avais pensé qu'il suffirait de quelques mots, voire de quelques interruptions de ma part pour que transparaisse l'énervement d'un côté, le calme de l'autre. Je me faisais de Jacques Chirac l'image d'un agité, alors que je suis pour ma part d'un naturel calme. La réalité fut différente.

Après un début équilibré et plutôt en ma faveur, je cherchai à faire sortir Chirac de ses gonds. Je l'interrompis. Il garda son calme. Je l'interrompis à nouveau, au point que j'apparus agressif et lui, posé. Le débat dura une heure trente. Il fut massivement suivi. On m'avait tant donné gagnant que toute victoire de Chirac, même légère, ou tout match nul apparaissait pour moi comme une défaite. La presse, non pas celle du soir mais celle du lendemain, accentua le trait. L'avant-veille, j'étais au firmament ; le surlendemain, je ne valais plus un clou. Une émission télévisée, c'est une image. L'image de ce face-à-face, c'était un Fabius différent de celui qu'on connaissait. Lequel était le vrai ? Mon authenticité elle-même était en cause. Il allait falloir du temps pour la restaurer. Comme tout ce qui était excessif, « l'enfoncement médiatique » ne dura pas. Peu à peu, la situation se redressa et, quelques mois plus tard, notre résultat électoral fut excellent par rapport à la situation que j'avais trouvée en arrivant. Mais subsista comme une fêlure. Je réussis à remonter le courant – mais seulement en partie – pendant la campagne des élections législatives.

La campagne avait pourtant mal démarré. Après un discours que je prononçai à Marseille le 14 juin 1985, Lionel Jospin, alors premier secrétaire du PS, avait subitement annulé une rencontre qu'il devait avoir avec la presse, pour poser le problème du leadership de la campagne législative. Il voyait avec aigreur se profiler un scénario électoral dans lequel il ne serait pas le principal responsable. Je n'avais pas senti monter son amertume. Le Président, appelé à trancher quelques jours plus tard dans l'intimité lors d'un petit déjeuner nous réunissant tous les trois, se refusa à arbitrer, ce qui revenait à approuver Jospin. Ce dernier, bon tacticien, poussa son avantage et réunit le courant mitterrandiste. « Mitterrand m'a choisi comme premier secrétaire pour lui succéder, expliqua-t-il en substance devant les principaux responsables du courant, je vous demande votre soutien, vous ne pouvez pas me désavouer. » « Sans doute, lui répondit Pierre Joxe, mais Mitterrand a aussi choisi Fabius comme Premier ministre, il n'est pas question de le désavouer. » Le 6 juillet suivant, au comité directeur, Jospin, misant sur le patriotisme du PS, demanda et obtint que fût approuvé le principe de la souveraineté du parti face au gouvernement. Au-delà des raisons avancées, la cause de tout ce remue-ménage n'avait rien de mystérieux, la suite allait le démontrer. Je n'avais pas de désaccord politique avec Jospin, partisan comme moi – pour schématiser les choses – d'une ligne de rassemblement à gauche. Cette ligne commune, que nous partagions avec François Mitterrand, nous différenciait de Michel Rocard, porté par un tropisme beaucoup plus centriste. Mais Lionel Jospin, si éloignée que cette perspective pût apparaître à l'époque, voulait pouvoir être le moment venu candidat aux fonctions de Premier ministre, voire à l'élection présidentielle. Rocard, qui n'était pas vraiment de la famille, ne constituait pas pour lui un danger. Moi, c'était autre chose. A ce titre, j'étais inacceptable. Le passage devait m'être barré.

La suite de nos relations, du moins jusqu'à l'élection présidentielle de 1995, est largement issue de là. Nous avions été amis, non pas amis intimes, mais bons amis. Nos épouses s'aimaient beaucoup. Dans la période de conquête du pouvoir, une complicité réelle nous avait unis. Puis, sans que je l'eusse perçu, Jospin avait été gagné par l'amertume. Moi-même, je n'avais sans doute pas eu le comportement, les gestes, les attentions qu'il aurait fallu. Je n'avais pas compris – ce fut mon tort – qu'il ressentait difficilement ma nomination à Matignon alors qu'il demeurait, lui, rue de Solférino pour garder « la vieille maison ». Avec le temps, cette aigreur était devenue une donnée politique. Jospin le confirma par la suite lorsque, étape par étape, il s'attacha à faire barrage contre moi chaque fois qu'il le put au sein du parti socialiste. Quelques années après, me rendant visite à l'Assemblée nationale, il entreprit devant moi d'analyser avec lucidité nos relations. Stirbois, le lieutenant de Le Pen, venait de se tuer en voiture. Jospin évoqua notre rivalité personnelle, soulignant qu'elle empoisonnait l'atmosphère du PS, qu'il fallait y mettre fin; mais il reconnut qu'il ne savait pas comment faire. Il termina en ajoutant : « les événements de la vie pourront toujours s'en charger ». Dans le contexte de notre rencontre et de la mort de Stirbois, cette phrase prêtait à ambiguïté. Je perçus cette ambiguïté, Lionel Jospin aussi, et, le voyant, mesurant l'absurdité de cette interprétation, nous en fûmes gênés l'un et l'autre ; mais, à l'époque, nous avions tant de mal à nous parler que nous ne sûmes pas vider l'abcès. Paradoxalement, il fallut attendre 1995 et sa candidature à l'élection présidentielle pour que nous commencions réellement à y parvenir. Beaucoup d'affrontements étaient alors dépassés. Beaucoup d'eau avait coulé sous les ponts. Jospin était devenu plus équanime. Moi, plus distancié. Nous en avions, lui et moi, assez de ces bagarres, réelles ou supposées, qui n'étaient pas dignes de notre engagement, pas dignes de ce qui était fondamentalement en jeu, pas dignes de l'espérance mise en tous par des millions de femmes et d'hommes. Si futile que cela puisse paraître – mais la politique passe par les relations humaines ! – cette rivalité et l'hostilité installée entre nous auront contribué à embarrasser la vie du parti socialiste pendant presque dix années.

Dès le résultat des élections législatives connu, en mars 1986, je remis la démission de mon gouvernement. La passation des pouvoirs avec Jacques Chirac fut courtoise et sans problème. Le bilan que nous présentions à l'issue de ces deux années de gouvernement était nettement positif. Des changements de fond étaient intervenus. Les libertés, la décentralisation, les avancées européennes constituaient un acquis fort. Sur le plan économique et éducatif, sur le plan de la méthode de gouvernement, nous avions marqué des points majeurs : l'inflation était vaincue, le chômage en recul, la guerre scolaire terminée, la modernisation de la société paisiblement en marche. Certes, nous n'avions pas tout réussi, loin de là. Mais nous donnions du socialisme, honni par l'opinion deux ans plus tôt, un visage compétent, sympathique, rassembleur, ouvert à l'avenir, plein de jeunesse. Aux élections législatives de 1986, le contrat que j'avais souscrit en arrivant à Matignon était à peu près rempli, avec un score inespéré, presque 32 %, un pourcentage jamais atteint par les socialistes en dehors de l'ombre portée des présidentielles. Si nous n'étions pas victorieux, nous étions prêts à rebondir et à écrire la suite. Les conditions de la courte défaite de 1986 rendaient possible la future victoire de 1988. En quittant Matignon, je m'adressai une dernière fois aux Français dans un court message : « Nous reviendrons. »

Tour du monde

Au ministère de l'Industrie, j'avais multiplié les déplacements à l'étranger. A Matignon, accaparé par les charges de politique intérieure, je ne pus poursuivre au même rythme. Mais, dans un univers politique où les marges de manœuvre des gouvernements nationaux sont devenues étroites, il faut sans cesse chercher à les élargir : l'action diplomatique y contribue. Tout en possédant un statut spécial. L'exécutif y distance en effet naturellement le législatif. La parole des responsables vaut décision. Le spectacle médiatique qu'affectionnent beaucoup de dirigeants est facile à mettre en scène. Sans oublier que sur le plan humain – qui reste fondamental, même pour ces créatures particulières que sont les politiciens chevronnés – les relations internationales constituent un domaine privilégié où s'oublient les méandres souvent médiocres de la politique intérieure.

Tous les présidents de la Ve République ont cédé aux charmes du « domaine réservé ». La politique étrangère est restée leur affaire, même s'ils s'en sont défendu. François Mitterrand a suivi l'habitude avec moi comme avec tous ses Premiers ministres, déclarant toutefois qu'il s'agissait là d'un « domaine partagé » et non pas « réservé ». A l'expérience, j'estime qu'autant il est légitime que le chef de l'Etat, chef des armées, responsable du feu nucléaire, exerce seul l'imperium ultime en matière de défense, autant la pratique de la politique étrangère « à la française » est bancale dans un régime qui devrait voir jouer un rôle éminent, non seulement au Président, mais au Premier ministre et au Parlement.

Comme le veut la tradition, ma première visite officielle en Europe fut pour le Chancelier Kohl. Jusque-là je ne l'avais rencontré qu'épisodiquement. Au nom même des liens qui nous unissaient tous les deux à François Mitterrand, nous sympathisâmes vite. Cette sympathie ne s'est jamais démentie. Ce qui me frappa avant tout chez Helmut Kohl et ce qui m'a toujours impressionné chez lui, c'est son attachement viscéral à la construction européenne et au couple franco-allemand. Politiquement Kohl est un conservateur. Il n'a rien d'un tendre. Quoique chaleureux sur le plan personnel, il n'hésite pas en politique intérieure à flirter avec le langage de la droite dure. Mais cet aspect-là, qui assurément nous oppose, n'intervient pas dans les relations franco-allemandes, où comptent surtout l'ardeur et la constance de l'idéal européen qui l'anime. Kohl nourrit une véritable foi en l'Europe qui lui vient de la guerre. Il est convaincu avec raison que l'engagement européen de l'Allemagne est la clé de la paix européenne et que l'amitié franco-allemande est la clé de l'engagement européen. Combien de fois m'a-t-il répété, dans son bureau à Bonn, ou à Paris, voix retenue greffée sur son énorme corps : « Je veux que mon action au gouvernement serve au moins à une chose : arrimer définitivement l'Allemagne à l'Europe, c'est-à-dire à la paix ! »

Combien de fois les ai-je vus, François Mitterrand et lui, mener en complices les actions nécessaires pour faire avancer, voire pour sauver la construction de la Communauté. Car dans la décennie 80, leur duo fait de contraires – le grand et le petit, le chrétien-démocrate et le socialiste, le prétendu simplet et le réputé retors – aura été le socle, la charnière sur lesquels en Europe chaque progrès s'est construit. Tout est exprimé dans la magnifique photo prise de leurs deux silhouettes, mains nouées, à Verdun. Autant Kohl apprécie peu – il le dit – Valéry Giscard d'Estaing et, jusqu'à récemment, Jacques Chirac, autant il éprouve amitié et estime pour François Mitterrand, qui les lui rend. Car, à son tour, Mitterrand éprouve une réelle affection pour Kohl, embarrassé de son embonpoint et de ses grands bras, cette sorte de Mauroy avec le soutien des marchés internationaux en plus. En démocratie, un homme, fût-il chef d'Etat ou de gouvernement n'explique jamais à lui seul le choix d'une politique. Il ne peut conduire durablement une action que s'il bénéficie du soutien populaire. Dans le cas de Kohl et de la politique européenne de l'Allemagne, son rôle personnel aura été déterminant. Est-on certain que l'Allemagne aurait développé une vision aussi authentiquement européenne de l'Union plutôt qu'une conception libre-échangiste, à l'anglaise, surtout après la chute du mur de Berlin, s'il n'y avait eu le salutaire entêtement de Kohl ? L'Allemagne aurait-elle recherché avec une telle constance la réalisation de la monnaie unique sans l'obstination « kohlienne » ? Présenté stupidement comme un balourd, Kohl aura été le grand homme de l'Allemagne de la fin du siècle, artisan historique de l'unification allemande et de l'Union européenne. Le SPD, les sociaux-démocrates allemands qui sont mes amis, ont éprouvé son talent à leurs dépens. Il faut constater les faits : la paix en Europe et l'amitié franco-allemande lui doivent une reconnaissance incontestable.

Hors d'Europe, mon premier déplacement fut en Inde pour les funérailles d'Indira Gandhi, assassinée comme devait l'être aussi son fils, quelques années après. Je m'y rendis pour témoigner l'importance que la France – qui ne l'a toujours pas vraiment compris – devait attacher à la démocratie la plus peuplée du monde. Le spectacle à New Delhi de plusieurs dizaines de milliers d'Indiens rassemblés autour d'un immense bûcher sur lequel se consumait le corps de leur chef, les odeurs, les couleurs, les pleurs entremêlés, les heures qui passaient et la foule qui devenait innombrable, l'émotion réelle – retrouvée plusieurs années après, *mutatis mutandis*, lors des obsèques du Président ivoirien Houphouët-Boigny dans sa cathédrale de Yamoussoukro – ces images-là sont demeurées dans ma mémoire. Quelques mois plus tard, Rajiv Gandhi, le fils d'Indira, devenu à son tour Premier ministre, rendit visite à la France. A cette occasion, nous approfondîmes nos relations, officielles et personnelles, et je me liai d'une amitié vraie avec lui. Rajiv, qui était auparavant pilote d'avion, ne souhaitait pas entrer en politique. La disparition tragique de sa mère le conduisit à changer de destin. Il le fit avec beaucoup de simplicité, par devoir envers sa famille et envers son pays. « Mon seul atout électoral, disait-il alors plaisamment, est que le nom de Gandhi est connu d'un bout à l'autre de l'Inde.

Rajiv Gandhi et son épouse Sonia, d'origine italienne, vivaient dans la hantise permanente d'un attentat. Leurs enfants ne pouvaient pas aller librement à l'école et ils étudiaient chez eux. Leur sécurité était d'autant plus problématique qu'à l'intérieur même des services de police indiens figuraient des assassins potentiels, et que Rajiv le savait. Un soir de leur visite parisienne, pour échapper à cette pression étouffante, nous décidâmes d'aller à l'improviste dîner tous les quatre, Rajiv, Sonia, Françoise et moi. Nous réussîmes à semer les forces de sécurité et nous nous installâmes dans un restaurant de Saint-Germain-des-Prés pour une soirée d'intimité. Lorsque la police nous retrouva deux heures plus tard, ce fut l'affolement, les services de sécurité indiens bouclant littéralement le quartier. Les Gandhi avaient à cette époque envoyé leurs enfants passer les vacances en Italie. Ils s'interdisaient même de leur téléphoner par le canal des services officiels indiens de peur d'un enlèvement. S'ils désiraient les joindre, ils appelaient d'un café ou d'un hôtel, incognito. Comparée à cette véritable obsession policière, la protection dont je bénéficiais comme tous les Premiers ministres était légère. Elle était limitée en temps ordinaire, plus lourde dans les périodes de tension. Ce fut le cas en particulier lorsque j'eus l'occasion de dire dans une émission télévisée tout le mal que je pensais du terrorisme de l'Etat iranien et de l'Imam Khomeiny. J'ai fini par m'habituer à un accompagnement policier, permanent quoique discret.

Plus long, plus officiel si je puis dire, fut mon séjour au Canada. J'avais eu l'occasion d'apprécier auparavant l'importance et la sensibilité de nos liens avec ce pays et avec le Québec. Je souhaitais les renforcer. Un nouveau Premier ministre venait d'être élu là-bas. Je décidai de m'y rendre, et cette visite fut positive non seulement par les contrats et échanges qui furent développés à cette occasion (c'est le b-a, ba de tout voyage ministériel), mais surtout par l'atmosphère chaleureuse qui s'établit. Le périple était rempli de chausse-trapes à cause du triangle des susceptibilités entre la France, le Canada et le Québec. Le Premier ministre canadien, Brian Mulroney, était un homme jeune, fonceur, « beau gosse », son épouse était ravissante et vive, et le couple qu'ils formaient se trouva immédiatement en sympathie avec Françoise et moi. On imagine parfois que les rapports entre chefs d'Etat ou de gouvernement sont désincarnés, qu'ils ne répondent qu'à des considérations stratégiques, ne laissant aucune place aux éléments subjectifs, humains. C'est complètement faux. Avec les Mulroney, une relation authentique naquit à l'occasion de ce déplacement, et cela nous conduisit ensuite à court-circuiter plusieurs fois les canaux traditionnels. Brian Mulroney, proche des Américains, joua notamment un rôle utile pour harmoniser les positions américaine et française lors de plusieurs crises au Moyen-Orient. Quelques années plus tard, son parti fut écrasé aux élections. A cette époque, on disait de lui, méchamment, qu'il était le seul chef de gouvernement dont le taux de popularité était inférieur au taux d'inflation, alors qu'il avait été au départ un des plus populaires. Il en souriait lui-même. Il a maintenant quitté la vie politique. Il a agi utilement pour les relations entre le Canada, le Québec et la France.

Erich Honecker, alors secrétaire général du parti communiste de la République démocratique allemande, ne sortait pas exactement du même moule. Sa formation n'était pas la même ni – c'est une litote – la chaleur humaine qu'il dégageait. Souhaitant développer nos rapports avec l'Est, je choisis de me rendre officiellement à Berlin-Est. Etrangement, j'étais le premier chef de gouvernement français à le faire. Là aussi, les pièges diplomatiques étaient nombreux, mais je voulais apprécier directement l'évolution du pays le plus développé du glacis soviétique et les changements possibles dans cette partie de notre continent. Au cours de nos entretiens, Honecker commença par me parler de la Seconde Guerre mondiale, des nazis, des Soviétiques : pour lui, tout s'expliquait par la guerre. Il mesurait certaines carences du système communiste, mais il estimait qu'il était simplement trop tard pour changer. Il se tenait là sur son siège, le dos raide, le visage émacié, couleur blanc plâtre, le regard dilaté par de grosses lunettes. Il parlait en détachant les syllabes, à mi-chemin de l'instituteur faisant un cours et du méchant des films de James Bond. Dans notre dialogue je formulai des objections, développai des questions, apportai des informations contradictoires, présentai une approche ouverte. Il était cuirassé de certitudes. A un moment, je lui demandai : « Et si le mur de Berlin tombe, que ferez-vous ? » Honecker hésita une seconde avant de me répondre. Il me regarda dans les yeux, posément, sans sourciller : « Alors, Monsieur le Premier ministre français, ce sera la guerre et il y aura des millions de morts. » On s'est interrogé sur l'attitude exacte de Gorbatchev au moment de la chute du mur de Berlin. Quelle aurait été la démarche de Honecker s'il avait été encore au pouvoir? Je suis convaincu qu'il aurait voulu, lui, employer la force. Ce fut le courage et l'honneur de Gorbatchev de refuser.

Dure aussi, dans un autre genre, m'apparut Margaret Thatcher. C'est d'un déjeuner que nous partageâmes en juillet 1985 que je conserve l'impression la plus vive. Les relations entre nos deux pays étaient un peu chagrines. Il fallait les améliorer. Je téléphonai au Premier ministre britannique pour lui proposer une rencontre en tête à tête, et nous convînmes d'une date. Je pus constater qu'avant d'être une « dame de fer », Mme Thatcher était une dame de charme. Le charme, oui, au sens latin du terme, la force de séduction, qui réside non dans sa beauté – elle n'est pas belle même si ses yeux le sont – mais dans l'addition, le croisement de son regard bleuté et de sa capacité de conviction. Malgré sa mise en plis vieillotte, son tailleur d'un autre âge et son teint un peu couperosé sous la poudre, il émane d'elle une force, une emprise qui font comprendre comment elle a pu si longtemps gouverner et marquer. C'est aussi pourquoi elle m'apparut si redoutable. Car cette force de conviction – Margaret Thatcher m'en fit la démonstration ce jour-là – pouvait être mise au service de thèses assez absurdes.

Nous avions rendez-vous au 10, Downing Street. Le lieu tranche avec nos palais officiels. Une demeure à l'entrée bourgeoise – une fois franchie la petite porte on s'attend à être accueilli par une gouvernante, à laisser son manteau dans le vestibule, à passer au salon et c'est un peu tout cela qui se produit – mais en même temps, par un jeu de pièces juxtaposées, ce sont les bureaux du Premier ministre, le Matignon britannique, tout l'appareil du gouvernement, un équilibre savant entre le personnel et l'officiel, le douillet et le froid, l'intime et l'impérial. Ce mélange n'a pas d'équivalent dans les autres pays, il fait ressentir soudain le poids du Commonwealth, le maintien de la tradition et de la grandeur malgré l'affaiblissement économique, bref ce pour quoi les Anglais se trouvent d'une certaine façon un peuple à part, lointain et proche de nous, jamais intime mais toujours proche. C'est cela, touffu, diffus, indistinct, profond, que je ressentais en pénétrant chez Margaret Thatcher.

Au début du déjeuner, nous abordâmes les difficultés bénignes qui avaient surgi entre nos gouvernements avant d'en venir un peu plus tard à parler – ce fut l'essentiel – de l'Afrique du Sud. J'avais pris fait et cause contre l'apartheid et je menais auprès de la communauté internationale un combat vigoureux pour imposer des sanctions économiques au gouvernement de Pretoria. Maggie Thatcher, elle, était opposée à des sanctions, et même farouchement opposée. Elle entreprit alors de me démontrer, raisonnements et références à l'appui, que le problème de l'Afrique du Sud n'était pas celui d'une opposition entre Blancs et Noirs, mais principalement celui des différends entre Noirs. Non que ces différends n'existent pas – on connaît les problèmes liés au parti Inkatha de Buthelezi et ses démêlés avec Nelson Mandela et avec l'ANC. Mais croire et vouloir me faire croire que là était l'essentiel, c'était invraisemblable ! Or, c'est pourtant ce qu'elle tentait, avec passion, avec talent, avec méthode, tout simplement parce qu'elle en était convaincue. Ce que mes yeux voyaient, ce que mes oreilles entendaient – sa démonstration –, mon esprit le refusait. Elle était en train de me débiter des absurdités, mais elle les assenait avec une telle force que j'en étais impressionné, non pour la thèse qu'elle exposait mais pour la passion qu'elle y mettait. Quel talent au service de quelles aberrations ! Je compris pourquoi cette femme était à la fois remarquable et redoutable. Pasionaria en tailleur chic, consumée d'un feu intérieur, l'une des plus singulières personnes qu'il m'ait été donné de rencontrer.

Cette question de l'Afrique du Sud fut, avec notre action européenne, celle qui, en politique étrangère, me mobilisa le plus. Assez rares sont les circonstances où l'on peut, au gouvernement, faire coïncider exactement ses convictions profondes, l'action qu'on mène et des résultats concrets. Paradoxalement, c'est parfois en politique étrangère que la marge de manœuvre est la plus forte. Pour l'Afrique du Sud et la lutte contre l'apartheid, ce fut le cas. Depuis des années j'avais été, comme beaucoup d'autres, sensibilisé par ce combat. J'avais milité pour le démantèlement de l'apartheid, j'avais défilé, pétitionné, protesté, espéré. La figure de Nelson Mandela emprisonné depuis plus de vingt ans, image de l'injustice insupportable, symbole de la victime dont la formidable force morale finit par terrasser son bourreau, était à mes yeux une des plus pures. Venu au socialisme notamment à travers le combat pour les droits de l'homme, j'espérais qu'un jour, un jour prochain, ce régime de honte serait détruit. En mai 1985, nous organisâmes à Paris une grande réunion sur les libertés et sur les droits de l'homme. Du monde entier se rassemblèrent des combattants de la liberté, fameux ou obscurs. Parmi les invités, Desmond Tutu, évêque jovial, chaleureux, sautillant, pétillant d'intelligence, figure de proue de la lutte anti-apartheid en Afrique du Sud et dans le monde, prix Nobel de la paix. J'étais décidé à ce que la France prît une initiative forte pour marquer notre engagement concret contre l'apartheid. Mais dans différents milieux je sentais de la mollesse, une inertie diplomatique, administrative, économique. Je reçus Desmond Tutu à Matignon et je lui demandai de me parler de son pays. Que fallait-il faire pour aider son peuple ?

Desmond Tutu s'exprima longuement, passionnément. Il m'expliqua la situation, les humiliations, les douleurs, les révoltes. Il me dit son pessimisme – il était certain que se produirait un bain de sang – et sa conviction qu'il fallait agir vite et fort. Pour secouer la communauté internationale, il plaçait une grande partie de son espérance dans la France. Il ne pouvait pas exposer cela publiquement, précisa-t-il, car toute critique ouverte du régime sud-africain était passible de prison. Mais il avait foi en nous. Nous discutâmes ensuite plus concrètement. Quelles mesures prendre ? Quelle attitude face à l'embargo ? J'y étais spontanément favorable mais j'entendais beaucoup de bons esprits expliquer qu'un embargo général contre l'Afrique du Sud se retournerait contre le peuple, contre les Noirs. En entendant cette objection, Desmond Tutu s'agitait sur son siège. Je le revois réagissant avec les mains, le visage, avec tout le corps. « Comment peut-on dire cela ! Les Noirs n'ont ni droits ni biens. Ils n'ont rien ! De quoi l'embargo les priverait-il ? Nous souffririons un peu plus ? Et alors ! Nous acceptons cette souffrance, nous la revendiquons même. Nous vous demandons, à vous les Français, de ne pas juger à notre place ce qui serait bon ou mauvais pour nous. Vous êtes le pays des droits de l'homme. Vous êtes la patrie de la Révolution. Aidez-nous. Seul l'embargo contre le régime peut obliger celui-ci à bouger. C'est le peuple sud-africain qui vous demande, qui vous supplie de décider l'embargo. » Nous sortîmes dans la rue de Varenne et je proposai à Desmond Tutu de marcher ensemble depuis Matignon jusqu'à l'Assemblée pour prolonger notre conversation. Nous discutions en avançant sur le trottoir. Et lui tout à coup s'interrompt, éclate de rire, et me dit : « Mais je rêve, je me pince. Je suis là, moi, un Noir, marchant à côté d'un Premier ministre blanc, conversant avec lui. Et il n'y a pas d'émeutes ! Pas de policiers qui nous l'interdisent ! Que c'est beau la démocratie ! »

Quelques instants plus tard, nous arrivâmes à l'Assemblée. Les propos de Desmond Tutu avaient achevé de me convaincre que nous devions passer outre aux objections qu'on nous présentait. L'embargo était nécessaire. La France devait prendre la tête de ce combat. Je l'annonçai et je veillai concrètement à ce qu'il en fût ainsi. On reconnaît aujourd'hui que notre action aux Nations unies fut déterminante. Nous décidâmes également, un peu après, la suspension de tout nouvel investissement français en Afrique du Sud. Nous rappelâmes notre ambassadeur. Nous n'eûmes de cesse d'être à la pointe de l'action. François Mitterrand et moi nous retrouvions en plein accord dans cette lutte. Danielle Mitterrand accomplissait avec sa Fondation un splendide travail. Ces initiatives conjuguées – et bien d'autres – finirent par porter leurs fruits. En 1986, à l'invitation de Desmond Tutu, je me rendis après mon départ de Matignon en Afrique du Sud avec Jack Lang. La situation là-bas était dramatique, l'action internationale de la France était appréciée hautement par les combattants noirs. Des mois passèrent, avec leur succession d'attentats, de médiations, d'attentats encore. Puis, dans les circonstances que l'on sait, se produisit l'évolution à la fois attendue et inespérée. Je retournai à nouveau sur place, cette fois pour rencontrer le Président De Klerk et Nelson Mandela. Enfin nous apprîmes la grande décision, la nouvelle bouleversante, la vision qui nous fit pleurer, la fin de l'apartheid. S'il existe un combat que je suis fier d'avoir mené, même modestement, c'est celui-là. La France a été présente et active dans cette révolution réussie. La dignité, la liberté de millions d'hommes ont été au bout du chemin. La politique, trop rarement, mais parfois, ce peut être aussi cela.

La même passion pour les droits de l'homme me conduisit au seul accroc véritable que nous eûmes avec François Mitterrand en politique étrangère : l'incident Jaruzelski. Fin 1985, la Pologne était déchirée. D'un côté il y avait le syndicat « Solidarité », l'Eglise et l'immense majorité du peuple ; de l'autre côté, le pouvoir communiste prosoviétique du général aux lunettes noires, Jaruzelski. Lech Walesa menait alors l'offensive au nom des libertés ; le gouvernement polonais, lui, réprimait, il emprisonnait les militants syndicaux, il torturait et il tuait. Bien sûr, au sein de chaque bloc, des contradictions existaient. Le syndicat Solidarité avait ses divisions internes, qui allaient éclater plus tard au grand jour lorsque Walesa, à son tour, prendrait le pouvoir. Le gouvernement était, lui aussi, composite, certains de ses membres agissant directement pour le compte du pouvoir soviétique, cependant que d'autres souhaitaient une voie plus autonome, sans aller jusqu'à la rupture avec l'URSS. Le tableau d'ensemble était cependant assez clair : Jaruzelski l'oppresseur, Walesa le libérateur. Partout dans le monde, singulièrement en France, un mouvement profond s'était levé pour soutenir Solidarité et pour boycotter l'oppression. Je me sentais totalement à l'unisson.

Or, le 2 décembre 1985, en début de semaine, j'apprends dans mon bureau de Matignon par une dépêche de l'Agence France Presse que le général Jaruzelski vient en France à l'invitation de François Mitterrand. Sur l'instant je n'en crois pas mes yeux. Je pense qu'il s'agit d'une erreur. Mitterrand le combattant de la liberté, la France pays de la déclaration des droits de l'homme, ne peuvent pas inviter au plus fort de la crise un oppresseur, un dictateur ! Vérification faite, l'information est exacte. Coup de massue ! Je fais immédiatement savoir à l'Elysée que cette visite pour le moins m'étonne, que non seulement le fait de ne pas avoir été prévenu me pose un problème, mais que surtout je n'en comprends pas l'objet, le but. On ne me donne aucune explication. Parallèlement, la nouvelle de l'arrivée de Jaruzelski s'ébruite, la presse s'échauffe. Le mardi l'émotion est considérable. Le mercredi matin, comme chaque semaine avant le Conseil des ministres, je rencontre en tête à tête le Président. Je lui dis mes interrogations et, pour parler franc, mon désaccord. Il me répond, sur la forme, que Roland Dumas était chargé de me prévenir mais qu'il a omis de le faire. Cela me paraît court. Sur le fond, le Président m'explique que le général Jaruzelski n'est pas celui qu'on décrit, qu'il est un patriote, qu'il veut pouvoir faire évoluer pacifiquement la Pologne, que si on l'isole il ne le pourra pas, qu'il faut lui tendre la main et que c'est le sens de cette visite. Quoique audacieuse, la thèse est plaidable. Mais tout, objecté-je, est dans le moment, dans la méthode. « Par cette invitation, en cet instant, nous donnons le sentiment, que vous le vouliez ou non, de soutenir Jaruzelski dans son offensive contre les libertés. »

La conversation nous a permis, au Président et à moi, de mieux nous comprendre. Parler nous a fait du bien. Mais le désaccord subsiste. Mitterrand le sent, il se braque car il n'accepte pas que ses initiatives en politique extérieure soient contestées. Pour anecdotique qu'il soit, le fait que Jaruzelski soit finalement entré par la petite porte de l'Elysée et non par le porche montre la gêne que le Président éprouve lui-même de cette réception. Nous convenons que Roland Dumas ou moi nous ferons une mise au point sur cette visite à l'occasion des questions parlementaires d'actualité, l'après-midi. 15 heures arrivent. A l'Assemblée nationale, l'atmosphère est électrique. Une question est posée sur le sujet. Je prends la parole, sans notes très précises. Je dis que cette visite « m'a troublé ». J'ai beau ajouter d'autres considérations, la gêne dont je fais état cause un choc. Je ne l'ai pas recherché, mais c'est ainsi. Par manque de texte préalablement calibré, mais surtout parce que, profondément, je continue à récuser cette visite. La divergence entre la position du Président et la mienne se ressent, l'incident est considérable, au moins dans le microcosme.

Au moment où je m'exprime à l'Assemblée, le Président a quitté la métropole pour les Antilles. La distance, le décalage horaire augmentent la confusion. D'après tous les témoignages, il est furieux. Cette colère est rapportée par la presse. Ce n'est que le lendemain que nous nous joignons au téléphone. Nous convenons que l'incident vient pour partie d'un manque d'information : il a eu tort de ne pas m'avoir prévenu de la visite afin que nous en discutions ; j'ai eu tort d'improviser ma réponse à l'Assemblée et d'utiliser des termes très distanciés. Nous décidons de clore l'épisode et, pour manifester notre volonté de tourner la page, nous nous fixons rendez-vous dès son retour pour visiter ensemble une exposition sur les banlieues. Ce que nous faisons. Dans la vérité de nos relations, cette affaire ne laissera pas de trace. Mitterrand restera convaincu qu'il a eu raison de lancer cette invitation, justifiée selon lui par la décision de Jaruzelski quelques années plus tard de quitter pacifiquement le pouvoir. Je persiste à considérer que nous aurions pu et dû nous passer de cette invitation, même si j'ai « surréagi ». N'y avait-il pas aussi pour partie une divergence d'approche liée à un écart de générations ? Entre les partisans de la realpolitik et ceux, dont je suis, qui ont une approche plus directement éthique ? Les conséquences politiques de l'incident seront nulles mais psychologiquement s'accréditera pendant plusieurs semaines l'idée que nos rapports personnels se sont distendus. Certains, bien sûr, mettront de l'huile sur le feu. Entre des hommes de gouvernement, fussent-ils amis, fussent-ils tous deux attachés aux droits de l'homme, des désaccords peuvent ainsi naître et des réactions personnelles jouer un rôle majeur. Nous ne sommes pas des machines. Heureusement.

Dans la série des couacs diplomatiques, je range aussi l'accueil en France de Jean-Claude Duvalier, ex-Président d'Haïti au début de 1986, un couac diplomatique lié au cynisme de la raison d'Etat. On connaît, au moins de réputation, la famille Duvalier. On y est tyran de père en fils. A cette époque, à la suite de toute une série d'événements et d'exactions, une agitation considérable se déroule en Haïti. Le régime est sur le point de tomber, il faut éviter un bain de sang. Jean-Claude Duvalier fixe comme condition à son départ « paisible » d'Haïti le fait de pouvoir être accueilli soit aux Etats-Unis, soit en France. S'il en reçoit l'assurance, il partira. Sinon il donnera l'ordre aux « tontons macoutes », à l'armée de tirer sur les insurgés. Nous sommes saisis de sa démarche et de sa demande. Roland Dumas, instruit cette fois par l'incident Jaruzelski, m'interroge avec précision : que faire ? En liaison avec l'Elysée, je lui donne deux instructions : consulter l'opposition haïtienne pour savoir quelle est exactement sa position et demander aux Etats-Unis d'accueillir Duvalier. Pour moi, c'est net : pas question de recevoir le dictateur en France. Consultés, les divers représentants de l'opposition haïtienne approuvent ce schéma : non seulement ils donnent leur accord à une expulsion pacifique de Duvalier, mais encore ils la réclament, même si officiellement ils tiennent un langage plus virulent. Je fais vérifier par l'équipe diplomatique de Matignon conduite par Daniel Bernard, futur porte-parole du Quai d'Orsay, si les renseignements qu'on me fournit sont bien exacts : ils le sont. Les Etats-Unis sont contactés. Ils nous certifient qu'ils accueilleront Duvalier, mais compte tenu du nombre d'Haïtiens antiduvaliéristes exilés aux Etats-Unis il ont besoin de quelques jours afin d'organiser l'opération. Dans l'intervalle, ils nous demandent de recevoir le dictateur en transit et ils s'engagent à l'accueillir sur leur sol – définitivement – une semaine plus tard. Roland Dumas me rapporte ces conversations. Je continue de refuser : Duvalier en France, même pour une escale, non !

La pression en Haïti monte. Les combats s'intensifient. Les démarches de la communauté internationale, celles des démocrates haïtiens, celles des Américains se font plus insistantes à notre endroit. Le dilemme est simple : ou bien nous accueillons Duvalier provisoirement, ou bien c'est la guerre civile là-bas avec son cortège de morts. Nous ne pouvons pas différer davantage. Je demande alors à Roland Dumas de saisir son homologue américain, Georges Schultz, pour qu'il s'engage à accueillir définitivement Duvalier si celui-ci fait « escale » en France. Dumas s'acquitte de sa mission et il m'en rend compte : « Schultz s'est engagé. J'ai la parole formelle des Etats-Unis. » Dans ces conditions, je donne mon feu vert et le 7 février 1986, Duvalier atterrit sur le sol français. A ma demande, il est aussitôt frappé d'un arrêté d'expulsion par le ministre de l'Intérieur, Pierre Joxe. Comme convenu nous reprenons alors contact avec les Américains. Ils sont devenus amnésiques ! Nous insistons. Ils refusent d'honorer leur promesse encore chaude. Nous protestons, nous tempêtons. Simultanément, nous multiplions les démarches auprès de pays amis pour accueillir le dictateur. Rien n'y fait. Aucun pays n'accepte qu'on y expulse Duvalier, malgré les avantages financiers – traditionnels dans ce genre d'exercice – que j'autorise à leur proposer. « Il est trop voyant, nous répond-on, nous ne sommes pas des dépotoirs. »

Résultat : Duvalier, qu'on ne peut tout de même pas faire repartir de France pour le lâcher du haut d'un avion en pleine mer, reste chez nous. L'opposition haïtienne, devenue majorité, proteste contre notre accueil – mollement d'ailleurs. Les organisations françaises des droits de l'homme nous accablent. Les Etats-Unis s'en lavent les mains. Et nous, nous les défenseurs des droits de l'homme, nous passons pour des incohérents et des menteurs.

Dix ans plus tard, Haïti, petit pays attachant et constamment frappé du malheur, reste toujours aussi pauvre. Le Président Aristide a pu regagner son pays. L'espoir, peut-être ? Quant à Duvalier, grâce aux Américains il se trouve toujours en France.

Dans ce bref tour du monde, illustratif, non exhaustif, je reviens à ce qui constitue l'essentiel : l'Europe. La construction européenne aura été le cadre majeur des deux septennats de François Mitterrand et, évidemment, de mon action gouvernementale. En quelques années, des progrès considérables auront été accomplis. Mais le cadre a tellement changé avec l'effondrement du mur de Berlin que ces progrès sont à leur tour mis en cause et toute la construction européenne avec.

En 1981, la grande affaire que nous avions à trancher était de savoir si oui ou non l'Espagne et le Portugal devaient entrer dans la Communauté européenne. Valéry Giscard d'Estaing freinait, Jacques Chirac refusait, nous y étions favorables. Cet élargissement, qui rétroactivement va de soi, fut notre premier acte européen. L'Europe s'est trouvée également au centre de nos débats économiques de 1982-1983. Dans les conditions que j'ai rapportées, j'ai été un de ceux qui firent pencher la décision en faveur du choix communautaire. La présidence française de la Communauté européenne, au premier semestre de 1984, permit de lever un grand nombre d'obstacles qui bloquaient les avancées nécessaires. L'année suivante, la coopération technologique européenne se développa à travers le projet « Eurêka », d'initiative française. A Matignon, je pus également terminer la négociation historique avec les Anglais sur la construction du tunnel sous la Manche, en l'accompagnant de plusieurs mesures complémentaires sur l'aménagement du territoire national. Enfin, c'est au cours de ces années-là que nous avons décidé de nous engager dans l'Acte unique, dans la création d'un véritable marché européen, étape qui, pour avoir suscité moins de commentaires que le fameux traité de Maastricht, a revêtu cependant autant d'importance que lui.

Jacques Delors, président de la Commission européenne, nous a aidés dans toutes ces tâches, et il a agi avec clairvoyance. Plus sensible que d'autres, par tempérament et par fonction, aux compromis nécessaires entre la droite et la gauche, il a fait beaucoup pour la construction communautaire. Il me rendait visite périodiquement à Matignon, nous faisions le point sur les affaires européennes et nous discutions de la situation française. Lui que j'avais côtoyé à Rivoli, sans bien le connaître, je le découvris lors de ces entretiens, débarrassé des querelles de bornage ministérielles qui nous avaient auparavant opposés. Je mesurai alors ses grandes qualités, son talent pédagogique. Je constatai aussi son tropisme centriste qui le poussa, en 1985, à me consulter sur la création d'un grand parti du centre dont il projetait à l'époque de prendre la direction.

Au cours de ces années, j'ai toujours arbitré en faveur de l'Europe. Non pas par une sorte d'européisme béat, incantatoire, négligeant la fibre et les intérêts nationaux, mais par souhait profond d'une Europe solide, défendant son économie, son modèle social et culturel face aux Américains et aux Asiatiques. Une Europe préservant et prolongeant notre sensibilité nationale. Je crois que les ensembles du XXIe siècle devront être plus vastes qu'aujourd'hui et que les souverainetés devront être mises en commun pour être défendues, affirmées, reconquises même. Je suis convaincu que la France, seule, n'a plus la bonne dimension. Européen parce que français. Européen et français à la fois. Citoyen du troisième millénaire dans un monde où je souhaite la pérennité, le développement de l'humanisme européen.

Je conserve aujourd'hui la même philosophie européenne et la même espérance. Mais je constate avec tristesse que dans notre démarche récente nous avons commis, sur des plans différents, plusieurs erreurs. Ce fut, à mon avis, une erreur, au moment de l'ouverture effective des marchés de capitaux, de ne pas lier cette ouverture au rééquilibrage préalable de la fiscalité du capital par rapport à celle du travail. Conséquence : alors que le travail en France est surtaxé par rapport au capital on prétend – en s'appuyant sur les pratiques européennes – qu'il n'est plus possible de modifier la donne. Ce fut également une erreur après l'effondrement de l'URSS, lorsqu'il devint clair que les pays d'Europe centrale et de l'Est devaient rejoindre l'Union européenne, de ne pas faire précéder cette décision d'un engagement communautaire ferme sur l'approfondissement de l'Union européenne. Nous risquons de le payer cher. La pression à l'élargissement est devenue désormais si forte qu'il est impossible d'y résister; mais celui-ci risque d'être mis en œuvre au sein d'une Union européenne qui n'aura pas assez réformé ses modes de fonctionnement, qui n'aura pas vraiment choisi entre l'Europe à l'anglaise et l'Europe à la française, et qui peu à peu risque de s'acheminer vers une grande zone de libre-échange, ventre mou dominé par l'Allemagne, en contradiction avec les intérêts fondamentaux du continent européen et de la France. Ce fut une troisième erreur d'avoir négligé les leçons du référendum gagné de justesse après l'accord de Maastricht : l'Europe technocratique, incompréhensible, devait être corrigée, elle ne l'a pas encore été ; l'Europe éloignée des peuples et des Parlements devait être réorientée, elle ne l'a pas été ; l'Europe à vocation exclusivement économico-financière devait être rééquilibrée, elle ne l'a pas non plus été. Ce fut une erreur enfin, une erreur tragique, de n'avoir pas su réunir une volonté commune et une force européenne commune déterminées à intervenir lors des premières exactions des Serbes dans l'ex-Yougoslavie. Dès 1992 en France, sous les quolibets, je l'avais demandé. L'Europe a perdu dans cet épouvantable drame une grande part de son crédit. L'Europe est notre avenir, mais c'est aussi notre maillon faible. Gare au choc en retour, à la montée des nationalismes, à la désillusion d'Européens déçus qu'après les avoir tant fait rêver on n'ait pas mieux réussi à donner chair et force à leur rêve.

Palais-Bourbon

Avant notre défaite de 1986, j'avais pensé que la période d'opposition post-législatives, celle de 1986 à 1988, serait difficile à vivre pour nous. J'avais vu après 1981 les responsables de droite battus errer comme des âmes en peine, souffrir de la perte du pouvoir. Je redoutais de me trouver dans la même situation. Pour diverses raisons, ce ne fut pas le cas. Le score que nous avions obtenu, près de 32 % des voix, constituait un premier élément de différence : au lendemain même de l'échec, nous étions paradoxalement optimistes et alertes, cependant que nos vainqueurs étaient embarrassés et méfiants. Les contacts que nous entretenions avec François Mitterrand, toujours président de la République, contribuaient aussi à créer une atmosphère particulière : de l'Elysée il dirigeait l'opposition; ensemble, avec d'autres, nous préparions la reconquête. En outre, à peine après avoir quitté Matignon, j'avais personnellement repris, en compagnie d'amis ou d'anciens collaborateurs, le travail intellectuel et les voyages en province ou à l'étranger. Rien donc qui ressemblât au désœuvrement, à ce désœuvrement pénible, parfois même tragique, qui suit les périodes d'hyperactivité ministérielle, lorsque les carnets de rendez-vous s'allègent, les coups de téléphone se raréfient, les invitations s'espacent et les signes extérieurs de sympathie se distendent. Il ne faisait guère de doute que nous allions revenir aux responsabilités, je voulais prendre le temps de retrouver ma famille que j'avais délaissée, de faire le tour de France des villes moyennes et du parti socialiste – ce que je fis. Je mis à profit cette période pour me ressourcer, pour recharger les accumulateurs. Comme, de surcroît, la nature a eu la bonne idée de me doter d'un peu d'humour et d'une solide capacité de résistance, la cohabitation passa vite. En 1986, après les élections législatives, François Mitterrand, dans une démonstration magistrale de judo, laissa passer l'assaut, conserva ses positions, et se campa solidement sur le sol pour déstabiliser l'adversaire. La cohabitation ne cessa jamais d'être conflictuelle ; mais ces conflits, tantôt révélés, tantôt secrets, tournèrent au bénéfice du Président. Les échanges de lettres entre Mitterrand et Chirac, chacun voulant marquer son territoire, scandaient le rythme des affrontements : sur la politique économique et sociale, sur la défense, sur la politique étrangère, sur les nominations, sur la Nouvelle-Calédonie, les missives Président-Premier ministre ou Premier ministre-Président ne manquèrent pas.

La guérilla touchait parfois à l'absurde : dès mai 1986, les messages diplomatiques ne parvenaient plus à l'Elysée ; le chef de l'Etat ne recevait plus certaines informations « sensibles ». Des instructions étaient données à certains échelons du gouvernement pour que les courriers diplomatiques prennent le plus souvent possible la forme de « messages », ceux-ci n'étant pas distribués à l'Elysée. Le reste était à l'avenant. Et cependant, comme souvent entre adversaires de longue date, une habitude, sinon une complicité était née. Optimiste, Jacques Chirac ne doutait pas de l'issue. En juin 1986, s'exprimant à *Business International*, il déclarait, pensant à la période qui le séparait de 1988, puis au septennat suivant : « Nous avons neuf ans. » L'opinion en jugea autrement. Les rôles entre Mitterrand et Chirac étaient distribués : l'un était Président, l'autre n'était que Premier ministre. Il aurait fallu beaucoup de temps ou un cyclone politique pour que ces rôles fussent inversés. Les Français ne souhaitaient pas le cyclone. La droite commit l'erreur d'appliquer un programme idéologiquement très marqué : en quelques mois la suppression de l'impôt sur les grandes fortunes, la coupure avec les étudiants, la vignette instituée par Philippe Séguin aggravant la charge financière des médicaments pour les personnes âgées, installèrent l'image d'un gouvernement de privilégiés. L'élection était presque gagnée avant même que le résultat ne fût connu. Chirac allait au massacre. Il fut massacré.

« Si je gagne, le problème de la dissolution se posera évidemment. Je constituerai très vite le gouvernement et nous aurons à régler aussi la question du parti socialiste. » Le 3 mai 1988, quelques jours avant le second tour de l'élection présidentielle, et après être intervenu au journal télévisé de la mi-journée, François Mitterrand commençait ainsi notre conversation dans la bibliothèque du rez-de-chaussée de l'Elysée où nous déjeunions tous les deux. « La dissolution, poursuivit-il, je la déciderais si j'étais sûr rapidement d'une majorité. Mais l'opinion ne veut pas d'un retour à 1981 et je ne souhaite pas une nouvelle cohabitation. Le gouvernement devra être composé selon la règle des trois tiers. Ou bien des deux moitiés : un tiers pour le parti socialiste, un tiers pour d'autres formations, un tiers constitué de " personnalités ". Ou bien moitié pour le parti socialiste, moitié pour les autres. A la fois des politiques et des personnalités. Michel Durafour, Simone Veil, ce serait bien. D'autres noms, c'est peu probable. Si nous sommes capables d'attendre, nous changerons le mode de scrutin, en adoptant une réforme mi-proportionnelle mi-majoritaire à la Giscard. Nous n'emporterons pas la majorité absolue mais les centristes viendront. Quant au chef du gouvernement, j'hésite. Pierre Bérégovoy ou Michel Rocard ? »

« Bérégovoy, continua Mitterrand, est un excellent chef d'état-major. Rocard présente l'avantage de son image extérieure. Il faut qu'il serve pour lever l'hypothèque. Mais si je fais appel à lui, la condition *sine qua non* c'est que vous, Fabius, vous dirigiez le parti. Vous, comme Premier ministre, ce n'est pas écarté, mais le pays souhaite du nouveau. Plus tard, ce sera mieux. »

Pour ma part, j'insistai sur l'importance d'une dissolution rapide. J'étais persuadé que la règle de la Ve République était celle-là, et que dans cette hypothèse nous bénéficierions d'une majorité. Si on attendait, la conjoncture politique serait beaucoup moins favorable. L'opposition se ressaisirait et nous n'aurions de toutes les façons aucune assurance concernant les centristes. Quant au Premier ministre, c'était bien sûr le choix du Président. S'agissant enfin de la direction du parti socialiste, je confirmai à François Mitterrand que le choix qu'il souhaitait ne serait pas si facile.

« Avec Michel Rocard, je devrai prendre des garanties, reprit le Président. M'assurer, même si cela me déplaît, des grands ministères. Je nommerai Pierre Bérégovoy aux Finances. De toute façon, ce gouvernement ne durera pas. Si je n'avais pas choisi Chirac comme Premier ministre en 1986, aujourd'hui il serait élu Président. Nous devons préparer la suite. Avec vous ou avec Rocard, mais ce sera délicat pour lui. Au parti socialiste, il existe une coalition contre vous, qui peut constituer une majorité. Il faut éviter cette coalition. Je compte nommer Edith Cresson et Louis Mermaz au gouvernement. Jean-Pierre Chevènement aussi. Mauroy ne posera pas de problème, il sera très bien comme président de l'Assemblée. Il faut rénover le parti. Nous avons perdu l'habitude d'aller chez les ouvriers. Il faudra la reprendre. Et puis nous avons besoin de nouvelles têtes. Et de changer ces réunions de sections assommantes. Comme Premier ministre, on aurait pu penser aussi à Delebarre, à Cresson, à Nallet. Mais en réalité, le choix est entre Rocard et Bérégovoy. Pas besoin d'étendre le champ. Lionel Jospin y pense pour sa part mais ce ne serait pas raisonnable. Le changement en ce qui concerne le parti socialiste peut se produire dès la semaine prochaine. Tenez-vous prêt. »

La campagne présidentielle de 1988 avait été très différente de celle de 1981. Autant dans celle-ci les angles avaient été à vif et les propositions acérées, autant dans celle-là les contours étaient limés, gommés, et le message rassembleur. Au point d'apparaître presque démobilisateur. En choisissant cette stratégie, François Mitterrand frustrait les militants socialistes, mais électoralement il avait raison. Pendant la campagne, outre les meetings auxquels je participais directement, je m'étais préoccupé surtout de la préparation des émissions audiovisuelles. Comme j'en avais pris l'habitude, je conseillais Mitterrand par des notes brèves, contenant une ou deux idées, une proposition, une formule. M'autorisant de l'expérience de mon face-à-face manqué avec Chirac, je fus plus pressant, plus directif lorsque se présenta le traditionnel débat télévisé du second tour. Le Président possédait une maîtrise et – ce qui est décisif – une relation psychologique avec Chirac telle qu'il pouvait difficilement perdre. La réaction de l'opinion à ce genre de débat reproduit en général, on l'a vu, les sentiments politiques de l'époque ; ceux-ci étaient favorables au Président sortant. Cependant, rien ne devait être laissé au hasard. Le hasard pouvait, en l'occurrence, consister en une opération partisane de certains médias. Je redoutais qu'à partir d'un débat simplement équilibré ou d'une défaillance de François Mitterrand, une certaine presse ne construisît une victoire audiovisuelle de Chirac susceptible d'influencer l'opinion. Précaution superflue ? Peut-être. Nous voulions réduire au minimum les risques. Je persuadai le Président de proposer que le débat eût lieu, non pas dans les tout derniers jours, mais avant la fin de la première semaine de l'entre-deux tours, à un moment où les sondages – ils sont donc parfois utiles ! – pouvaient encore être publiés (ils ne peuvent pas l'être la dernière semaine). A partir du moment où l'opinion se serait ainsi directement exprimée, aucune opération provenant des prétendus médiateurs de celle-ci ne pourrait être montée. Le débat eut lieu. Des sondages parurent. Ils furent favorables. L'élection était jouée. Mitterrand avait mené sa campagne de main de maître.

En vertu des délais constitutionnels, Robert Badinter, président du Conseil constitutionnel, installa le « nouveau » Président le 21 mai 1988. La cérémonie à l'Elysée fut sobre. Quel contraste avec 1981 ! Plus de cérémonie populaire devant le Panthéon. Les excellences s'étaient habituées aux palais. Le discours de Robert Badinter fut sobre. La réponse de François Mitterrand constituait son premier véritable discours à la France en tant que nouveau Président. Dans ce discours, une formule, en apparence anodine, me frappa l'oreille : « J'engage un nouveau septennat. » Cela faisait des mois que je n'avais pas entendu Mitterrand prononcer le mot « septennat » pour évoquer son second mandat. Dans le passé il avait été favorable à un mandat raccourci de cinq ans. Or, ce matin-là, il évoquait à nouveau son « septennat ». Etait-ce seulement le respect des formules juridiques traditionnelles ? La nomination imminente de Michel Rocard le poussait-elle à prévoir pour son propre mandat un temps désormais plus long qu'il ne l'avait initialement pensé ? Voulait-il montrer à la cohorte des successeurs pressés qu'il serait encore là dans sept ans et qu'il fallait compter avec lui ? En tout cas, la phrase était claire : « J'engage un nouveau septennat. » Personne pourtant ne la releva. Quelques jours plus tard, à l'occasion d'un dîner avec Régis Debray, la conversation se porta sur ce sujet. J'interrogeai Régis. « C'est étonnant, me répondit-il, c'est moi qui ai préparé le discours. L'une des seules corrections qu'ait apportées François Mitterrand à mon projet concerne précisément ce point. J'avais écrit : " J'engage un nouveau mandat présidentiel. ". Le Président a corrigé : " J'engage un nouveau septennat. " » Réélu aux yeux de beaucoup pour un probable quinquennat, le Président, depuis le 21 mai, avait donc commencé un nouveau septennat.

La nomination de Michel Rocard à Matignon répondait à la logique et, ce qui est très important en politique, au naturel de la situation. On connaissait les oppositions anciennes entre le Président et lui, la diversité de leurs styles, leurs différences de caractère. Pour ceux qui, comme moi, avaient vécu de l'intérieur leurs démêlés, nous savions la virulence, parfois la violence de leurs conflits. Malgré cela ou à cause de cela, Rocard devait être nommé Premier ministre. Le Président évoqua plusieurs fois avec moi cette nomination. Il me demanda mon avis. Par jeu sans doute : il savait que Rocard n'était pas mon plus ardent soutien au parti socialiste ni moi le sien. Peut-être Mitterrand, dans ces conversations, voulait-il aussi se démontrer à lui-même que cette nomination était inéluctable, ou bien cherchait-il sans trop y croire un argument qui aurait légitimé qu'il ne le choisît point? Pour ma part je jugeais tout à fait normal que Rocard, en cet instant, fût nommé à Matignon, et je le dis avec netteté au Président. Lorsqu'il le décida, il eut la délicatesse de m'en avertir préalablement. J'ai gardé en mémoire, dans le contexte de l'époque, le commentaire qu'il m'en fit, d'autant plus savoureux depuis le résultat de la dernière élection présidentielle : « J'ai bien nommé Chirac. Alors! »

En juin 1988 l'Assemblée nationale fut dissoute. De nouvelles élections eurent lieu. A Grand-Quevilly, elles furent, avec celles de 1981, les plus brillantes. Je l'emportai au premier tour avec plus de 60 % des suffrages, score record de France pour un candidat de gauche. Le nouveau gouvernement se mit au travail. Mon élection à la présidence de l'Assemblée nationale fut le contrecoup de ces événements et de l'accession de Pierre Mauroy à la tête du parti socialiste. Car peu avant les présidentielles, Lionel Jospin avait soudainement indiqué qu'il voulait quitter le poste de premier secrétaire du parti. Longtemps, Jospin avait espéré que la direction du PS lui permettrait de déboucher sur Matignon. En mai 1987, il avait officiellement soulevé la question devant le parti : le Premier ministre peut-il, doit-il être également le chef du parti majoritaire? Plus tard, il avait posé explicitement cette question à François Mitterrand lors d'un dîner anniversaire rassemblant à l'Elysée quelques « anciens combattants du 10 mai ». Le Président s'était montré plutôt sec dans sa réponse : « C'est une conception. Celle de Guy Mollet. Ce n'est pas la mienne. » Lionel Jospin entrant au gouvernement, il fallait le remplacer à la tête du parti socialiste. Ma candidature à cette fonction était assez naturelle; elle était plutôt bien accueillie par la plupart des militants; elle disposait du soutien de François Mitterrand. Mais l'hostilité de Jospin, celle de ses alliés au sein de l'appareil de décision – le comité directeur –, la crainte chez plusieurs dirigeants que ce poste ne fût pour moi un tremplin vers une éventuelle future candidature à l'Elysée, enfin certaines maladresses et approximations de ma part, tout cela contribua à la désignation – par une courte majorité de dirigeants nationaux – de Pierre Mauroy comme premier secrétaire.

Le scrutin pour la présidence de l'Assemblée ne fut pas de tout repos. Les tensions étaient si vives au sein du PS après la désignation de Mauroy et mon échec qu'on n'était pas sûr que l'ensemble des parlementaires socialistes vote pour moi. Finalement, la logique, la discipline, la raison l'emportèrent. Les uns, le plus grand nombre, m'aimaient bien et considéraient que cette fonction me correspondait ; d'autres souhaitaient pour moi une voie de garage et croyaient la tenir. Personnellement, je n'étais pas mécontent de ce poste d'observation. J'étais convaincu que ce n'était pas obligatoirement l'éteignoir doré qu'on dépeignait. Après la rapide alternance de 1986-1988, la période qui s'ouvrait était pour nous tous un nouveau départ. Quant à moi, j'engageais une mission nouvelle dont je n'entendais pas qu'elle se réduisît à la visite organisée des splendeurs de l'hôtel de Lassay.

Sur les ors de ce palais, tout a été dit. Construite par la duchesse de Bourbon pour avoir, si je puis dire, à portée de la main son ami de cœur, le marquis de Lassay, cette résidence enrichie par le duc de Morny est somptueuse. L'harmonie, la délicatesse, la simplicité composent une palette auprès de laquelle la plupart des autres palais républicains, pourtant souvent magnifiques, sont des monuments lourdauds. J'ai toujours évité de m'habituer aux demeures officielles : hygiène de vie, minimum indispensable d'humour et sage précaution. Ici non plus, je n'habitai pas la résidence qui m'était officiellement affectée. J'y accomplis mes obligations professionnelles, j'y accueillis comme mes prédécesseurs et mes successeurs des hôtes nombreux. La réputation de la cave était si flatteuse, après le long passage de l'œnologue et chaleureux Jacques Chaban-Delmas, que les convives s'attendaient à déguster à chaque repas un Château-

Pétrus. S'il leur était servi un vin seulement excellent, ils faisaient la moue. Cela n'empêcha pas les bonnes langues de gloser sur mes fastueuses réceptions, dignes, paraît-il, de Louis XIV et du Grand Turc réunis. Je laissai dire.

Le plus important n'était pas exactement là. Le président de l'Assemblée nationale, quatrième personnage de l'Etat après le président de la République, le Premier ministre et le président du Sénat, dispose d'une magistrature d'influence, par les pouvoirs qu'il tient des textes et par le poids politique qu'il pèse souvent en propre. Cela suppose de sa part le choix d'un certain ton, d'un certain style, évitant la bave aux lèvres et l'injure permanente. Je ne fus pas menacé de ces maux et je pus contribuer, même modestement, à moderniser et à étoffer le rôle du Parlement, à faire de l'Assemblée un lieu où la culture, l'économie, la science, la politique s'uniraient en un heureux ménage.

J'avais demandé à quelques-uns de mes précédents collaborateurs de me rejoindre. Jean-Claude Colliard, fin juriste et collaborateur solide, assura la direction de mon Cabinet, épaulé par Joseph Daniel, spécialiste de la communication et bon diplomate. Bernard Faivre d'Arcier, qui avait travaillé à mes côtés à Matignon, vint mettre son imagination et sa gentillesse au service du rayonnement culturel de l'Assemblée : je le retrouve chaque année au festival d'Avignon qu'il dirige, pour quelques jours d'immersion culturelle totale.

A l'Assemblée, nous prîmes des initiatives multiples : plusieurs expositions, un film confié à Ariane Mnouchkine pour commémorer le bicentenaire de la Révolution, la création d'un prix littéraire, une décoration nouvelle extérieure et intérieure où l'art, la sculpture, la peinture contemporaines (Cueco, Alechinsky, Di Rosa, Fromanger, Rivière...) eurent toute leur place. Je lançai de grands colloques internationaux appelés colloques de Lassay, concernant divers sujets porteurs d'avenir : l'écologie, le travail des mères et l'enfant, l'évolution des pays de l'Est firent l'objet de réunions passionnantes. Je m'efforçai – c'était légitime – de faciliter sur le plan matériel le travail et la vie des députés. J'appris que l'Assemblée était jusque-là un important opérateur de la place financière de Paris. Comme j'estimai que telle ne devait pas être sa fonction première, ni sa fonction tout court, j'y mis fin, aidé par les questeurs. Avec une partie des sommes rendues disponibles, l'Assemblée acheta un hôtel, contigu, qui sert désormais de résidence de passage pour les parlementaires. Le reste fut pour l'essentiel reversé au budget de l'Etat, orientation que mes successeurs eurent l'heureuse idée de confirmer. Sur des plans très différents, l'Assemblée acquit un lustre supplémentaire. Elle fut, comme elle doit l'être, un lieu de dialogue, de rayonnement et de convivialité.

Au gouvernement, on a trop peu le temps de réfléchir. A la présidence de l'Assemblée, soutenant le gouvernement sans en être partie prenante, informé sans être ligoté, mêlé à la vie nationale et intellectuellement enrichi par des contacts internationaux nombreux, je disposais du temps et de la liberté d'esprit nécessaires pour faire le point sur les leçons de notre pratique gouvernementale, sur le sens de notre engagement. C'est ce que je fis en écrivant *C'est en allant vers la mer*. En relisant ces pages quelques années après, je m'y retrouve peut-être plus critique aujourd'hui qu'à l'époque parce que nous venons d'achever un second septennat qui a moins apporté que le premier. Parallèlement à la rédaction de ce livre, je mis à profit la période pour préciser mes idées concernant l'audiovisuel. Il me semblait en effet que nous n'avions pas mesuré l'impact formidable des changements dans ce domaine. Notre vision de la société restait trop exclusivement financière, économiste. Or le mur d'argent me paraissait au total moins efficace que le mur d'images. Je voulais prendre le temps de m'arrêter pour mieux cerner les enjeux.

Notre bilan audiovisuel depuis 1981 n'était pas nul, loin de là : la gauche avait « libéré » les ondes, créé des radios libres, multiplié les chaînes de télévision, installé une autorité de contrôle de l'audiovisuel qui, peu à peu, acquérait son indépendance. Personnellement, j'avais été à l'origine de la Sept, future chaîne franco-allemande Arte, j'avais créé les outils financiers « Soficas », le compte de soutien audiovisuel. Il subsistait néanmoins dans notre approche des interrogations, un malaise : à notre arrivée au pouvoir, nous réfléchissions uniquement en termes de service public, pour ne pas dire de monopole ; en chemin nous avions découvert que les réalités étaient plus complexes ; nous avions frayé la voie au privé, parfois même – comme avec la cinquième chaîne dominée alors par Silvio Berlusconi – trop vite et trop loin. Nous ne nous étions pas encore débarrassés d'une vision instrumentale des relations entre médias et politique. Pour beaucoup d'entre nous, la télévision faisait ou défaisait encore les élections, l'aspect essentiel consistant dans les journaux télévisés. Quant à moi, j'avais toujours éprouvé du mal à me situer par rapport aux journalistes et aux médias : j'aurais souhaité que notre presse répondît à la définition des Américains : « satisfaire les affligés et affliger les satisfaits » ; nous en étions loin. J'attendais des journalistes qu'ils fussent parfaitement informés par eux-mêmes ; du même coup j'étais déçu lorsque leur information était lacunaire et je surréagissais.

A l'issue des contacts, des réflexions, des travaux que je menai méthodiquement pendant environ un an, je compris mieux combien effectivement les médias étaient devenus un enjeu central de l'équilibre démocratique ; que le problème n'était pas, comme nous l'avions cru et dit, la partialité de tel journal télévisé, mais, plus largement, la place dans notre société de la démocratie d'opinion par rapport à la démocratie traditionnelle de représentation et le rôle de l'audiovisuel comme premier éducateur de nos sociétés. La création audiovisuelle constituait un domaine majeur à encourager. Ce qu'il fallait, c'était susciter en France et en Europe des groupes audiovisuels puissants et prospères si on voulait que la culture française et européenne puisse continuer d'avoir droit de cité. En France même, ces groupes devaient être indépendants des marchés publics, les journalistes bénéficier d'une autonomie reconnue et garantie. Face aux géants américains qui se formaient nos efforts devaient se tourner vers les programmes beaucoup plus que vers les « tuyaux ».

Les leçons ne s'arrêtaient pas là. Elles touchaient la fonction politique elle-même. Il était clair par exemple qu'en République médiatique, la notoriété tenait désormais lieu de compétence et de légitimité. Il était clair également que, si la gauche était mémoire, refus du simplisme, rejet de l'individualisme exacerbé, ces valeurs et ces caractéristiques devaient tenir compte désormais de la puissance de la télévision, c'est-à-dire de l'image, où l'emportent l'individuel, le consensuel, l'instantané, le simplifié. Je creusai ma réflexion sur ces sujets au cours de discussions passionnées avec des hommes de télévision, des théoriciens de l'image, des parlementaires de tout bord. Sous l'effet des médias, la fonction politique, le « métier politique » étaient en train de changer. Les méthodes américaines traversaient l'Atlantique. Beaucoup, notamment dans la jeune génération politique, avaient décidé de fonder leur action sur l'audiovisuel et ils s'en donnaient les moyens. Tout en comprenant parfaitement la contrainte médiatique, je résolus à cette époque de ne pas y succomber. Résister ne veut pas dire être misanthrope. Résister ne veut pas dire être maladroit. Mais il m'apparut essentiel de résister aux effets de mode, de résister à la surpuissance de la forme qui tend à dominer le fond, de résister à la pression du court terme. Plus que jamais, il ne semblait que l'homme d'Etat moderne devait posséder avant tout la vertu de résister.

Comme à Matignon, la part consacrée par le président de l'Assemblée aux relations avec les pays étrangers – chefs d'Etat ou de gouvernement, ministres importants, délégations parlementaires – représente une proportion considérable de ses fonctions. Je respectai cette tradition, prenant intérêt et plaisir à poursuivre ou à nouer des liens avec des responsables politiques de tous les coins du monde qui, selon le protocole, rendent visite à la fois au président de la République, au Premier ministre et au président de l'Assemblée. Carlos Menem, alors candidat à la présidence de l'Argentine, m'expliqua, talons hauts et rouflaquettes déployées, qu'il n'était pas, selon ses propres mots, « l'horrible fasciste » qu'on décrivait, mais un libéral désireux de remettre de l'ordre chez lui. Lech Walesa, que j'avais tant admiré lorsqu'il menait l'action sur les chantiers navals à Gdańsk et qu'il dirigeait le syndicat Solidarité, m'apparut approximatif sur les questions économiques et culturellement réactionnaire. Sa position sur l'évolution future de l'ex-URSS était totalement pessimiste : il prévoyait un exode massif des populations de Russie vers l'Ouest et me prévint, comme président de son pays, qu'il demanderait à l'armée polonaise d'établir un cordon sanitaire pour canaliser l'exode et le diriger vers l'Allemagne puis la France !

Je reçus Boris Eltsine, à un moment où on ne l'accueillait en France qu'avec des pincettes. L'impression – légitime – laissée par Mikhaïl Gorbatchev lors de ses visites précédentes à Paris était si forte qu'Eltsine, pourtant visiblement « l'homme qui montait », était mal perçu. Le personnage n'attirait ni l'admiration ni même la sympathie. Il portait des jugements à l'emporte-pièce. Il pestait contre tout. Il sentait l'apparatchik et l'alcool. Il condamnait à chaque phrase le régime soviétique – dont il avait été un dignitaire –, mais la façon stéréotypée dont il le faisait, l'absence de toute idée neuve dans son propos faisaient irrésistiblement penser aux anciens bureaucrates soviétiques. Pour autant, c'était une erreur de le mépriser. En règle générale, la France officielle ne fut sur ce point-là guère perspicace.

En passant de Matignon à l'opposition, puis de l'opposition à l'hôtel de Lassay, je n'avais pas abandonné mes passions, mes combats. Au contraire. Le combat contre l'apartheid continuait. J'accueillis Nelson Mandela en juin 1990. A cette date, Frederik De Klerk avait remplacé Botha à la tête de l'Afrique du Sud et il commençait de faire reculer l'apartheid. Pas assez, bien sûr, pas assez vite, mais c'était un début qu'il fallait saluer avec respect. Ce qui frappe d'abord chez Mandela, c'est sa taille, sa prestance. On le dit malade, il est resté vingt-sept années de sa vie en prison, et pourtant le voilà, ses soixante-dix ans passés, droit comme une lance, le visage à peine ridé, la voix bien frappée, la pensée ferme, à la fois dépourvu d'agressivité et totalement inflexible. Il suffit de le voir, de l'écouter pour qu'éclate la conviction dont il est habité. A l'hôtel de Lassay, dans la grande galerie, sous les lustres et les ors, face aux députés français, Mandela lit un discours puis répond aux questions, sans détour, sans élever la voix, plaidant pour sa cause et reconnaissant l'honnêteté du Président De Klerk. Selon lui De Klerk n'a plus le choix, il doit aller jusqu'au bout de la démarche démocratique qu'il a entreprise, sinon il n'a aucune chance d'être réélu car une bonne partie de la droite l'a lâché ou le lâchera. « Tandis que, si tous les Sud-Africains peuvent voter, nous voterons sans difficulté pour lui. » La phrase ne provoque pas de remous ; elle me paraît personnellement énorme. Mandela vient d'indiquer que dans une Afrique du Sud où les Noirs auraient le droit de vote, le premier président de la République élu au suffrage universel pourrait être blanc !

Nous continuons notre conversation avec Mandela, à l'Elysée. Nous sommes une douzaine autour de la table, le Président et Danielle Mitterrand, Nelson et Winnie Mandela, deux responsables de l'African National Congress dont son ministre des Affaires étrangères et Jean-Louis Bianco. Après quelques propos de politesse, François Mitterrand aborde la question de la levée des sanctions économiques. Il a reçu De Klerk quelques jours plus tôt. Il veut faire le point, voir s'il existe une marge de manœuvre. La réponse de Mandela est sans ambiguïté : « La fin de l'état d'urgence est positive, mais elle ne démantèle en rien l'apartheid. Les sanctions économiques doivent être maintenues tant qu'il n'y aura pas de décision irréversible supprimant l'apartheid. » J'interroge Mandela : « Mais accepteriez-vous, si des gestes significatifs sont faits par le gouvernement sud-africain, qu'on réduise un peu les sanctions ? » « Non, répond-il, ce serait un retour en arrière, nous ne le comprendrions pas venant de pays amis comme la

France. » Nous évoquons la situation politique en Afrique du Sud, en Europe, en France. François Mitterrand, à la manière qu'il affectionne, avec respect pour ses interlocuteurs et en même temps avec humour, taquine Mandela sur ses liens supposés avec le parti communiste, sur ses entretiens avec Jacques Chirac. Il se garde de lui dire expressément sa propre position sur les sanctions, se réservant pour le sommet européen de Dublin qui doit aborder le sujet quelques jours après. Mitterrand parle de 1981, de la gauche, il compare, en forçant le trait avec sourire, les deux situations. « Savez-vous pourquoi nous vous comprenons si bien ? C'est que nous nous sommes trouvés presque à votre place. En 1981, en France, notre victoire pour certains, ce fut un peu comme si les Noirs étaient arrivés au pouvoir chez vous. Vous imaginez la situation ! Oui, en 1981, les Noirs, c'était nous ! »

Avec le bureau de l'Assemblée nationale, je résolus de compléter cette activité paradiplomatique par une sorte d'ingénierie démocratique mise à la disposition des Parlements qui le souhaitaient. Le mur de Berlin venait de tomber, beaucoup d'Assemblées nationales authentiques se formaient à travers le monde, et le Parlement français, identifié à la Déclaration des droits de l'homme de 1789 et à la cause des libertés, pouvait jouer un utile rôle de conseil. Nous décidâmes de recevoir ou d'envoyer des missions pour familiariser les nouvelles démocraties avec l'action parlementaire. Personnellement, j'avais caressé aussi l'idée d'accueillir dans l'hémicycle de grands dirigeants étrangers pour qu'ils y prononcent un discours, à l'image de ce que le président de la République française et d'autres chefs d'Etat ou de gouvernement en visite officielle pratiquent parfois sur l'invitation des Parlements étrangers. Cette idée de bon sens nécessitait le consensus des partis à l'Assemblée. Elle ne fut pas du goût du RPR qui prétendit y voir « une atteinte aux équilibres de la Constitution ». Michel Rocard ne fut pas enthousiaste non plus, ni François Mitterrand. Je dus renoncer. Ce qui permit à Philippe Séguin de reprendre et de faire aboutir cette sage initiative un peu plus tard. Les mêmes esprits avaient donc dû évoluer.

Chaque semaine, je présidais au moins une séance dans l'hémicycle. Techniquement, et pour peu qu'on ait été auparavant un député assidu, la difficulté n'est pas grande. Tout est affaire d'intuition, d'autorité, parfois d'humour. Conseillé par les très compétents fonctionnaires de l'Assemblée, le Président ne doit pas peser à l'excès sur les débats. Il doit les suivre, au mot près, laisser gagner l'animation, jamais le désordre ; respecter l'objectivité, organiser la parole car, même si beaucoup de gouvernements et quelques députés l'oublient, le Parlement, étymologiquement et politiquement, c'est d'abord la parole. Certains jours, en début de séance l'air de l'Assemblée est si chargé d'électricité qu'on sait que l'orage doit éclater, l'affrontement avoir lieu entre majorité et opposition, entre opposition et gouvernement. Je laissais alors venir l'orage, faisais en sorte que cela fût bref et que les débats ultérieurs n'en fussent pas perturbés.

Consacrées aux questions d'actualité et bien connues des téléspectateurs, les séances parlementaires du mercredi après-midi sont d'un intérêt inégal. J'essayai de les rendre plus rapides, moins artificielles. L'idéal aurait été, à l'anglo-saxonne, une heure de questions, en début de séance, trois fois par semaine. L'exécutif n'en voulut pas. Je proposai que l'on consacrât une séance hebdomadaire à des « questions du jeudi », posées elles aussi au gouvernement, à propos d'un département ministériel précis et pendant une heure. L'expérience ne fut qu'un demi-succès. Je priai les ministres et les intervenants de s'exprimer sans lire de texte préparé à l'avance : pour beaucoup, ce fut peine perdue. Je demandai au gouvernement d'organiser des débats sur les sujets d'actualité, de porter davantage attention aux questions européennes, d'être présent, simplement présent, pour dialoguer avec la représentation nationale. Là aussi le succès fut partiel. L'Assemblée nationale dans l'ensemble se modernisa, mais l'essentiel, c'est-à-dire le déséquilibre entre le pouvoir exécutif et le pouvoir législatif, ne put pas vraiment être modifié.

Mes fonctions me conduisaient à de fréquents contacts avec des députés de tous les groupes. Je pris un vrai plaisir à cette ouverture. Certes, il est agréable, confortable même, de passer son temps en compagnie de personnes qui vous ressemblent et qui partagent vos idées. Les politiciens de gauche voient en général leurs amis. Les politiciens de droite, aussi. Encore plus en France qu'ailleurs, où la tradition des clivages politiques et humains reste forte. A la présidence de l'Assemblée, je rompis avec cette tradition et je le fis avec joie. J'ai noué et conservé de bons rapports avec des parlementaires de tous les bords. Les convictions n'en sont pas moins authentiques, mais l'ouverture d'esprit, la tolérance, la sociabilité y gagnent. Depuis que l'alternance est devenue dans notre pays la règle, des changements positifs sont intervenus dans cette direction. Pour autant, notre système politique peut encore beaucoup progresser sur ce terrain.

La fonction de président de l'Assemblée interdit à celui qui l'exerce de s'exprimer comme orateur à la tribune, mais elle permet de tout voir et elle oblige à tout écouter. Je constatai que le talent oratoire des parlementaires était devenu une denrée plutôt rare : François Mitterrand le possédait, il n'avait plus la possibilité de l'utiliser au Palais-Bourbon. A gauche, Roland Dumas était le meilleur intervenant, pugnace, précis, ironique, convaincant. A droite, il faut reconnaître que Jean-Marie Le Pen, député de 1986 à 1988, occupait mieux la tribune que beaucoup d'autres. Valéry Giscard d'Estaing, s'exprimant en général sans notes, se montrait souvent excellent, sauf lorsqu'il se caricaturait lui-même. Philippe Séguin, révélé depuis à l'opinion, laissait déjà apparaître la charpente intellectuelle, la belle voix de basse et l'énergie passionnelle qui le destinent aux grands rôles. Quant à la plupart des députés, ils étaient desservis par leur mode d'expression : ils lisaient, plus ou moins bien, leur papier, beaucoup gâchaient leurs idées justes par leur débit monocorde. L'invention du micro, puis celle de l'ENA, l'absence de formation spécialisée dans les universités ont tordu le cou à l'éloquence.

Comparée avec la Grande-Bretagne où on apprend à manier l'ironie, la repartie, l'émotion, la France politique n'est pas vraiment à son avantage.

Plusieurs réformes que je mis en œuvre furent utiles, mais d'autres, qui auraient pu rééquilibrer le pouvoir législatif par rapport à l'exécutif, je n'ai malheureusement pas réussi à les mener à bien. En réalité, depuis 1958, malgré leurs déclarations, aucun président de la République, aucun gouvernement jusqu'ici n'a souhaité ou en tout cas opéré ce rééquilibrage, qui devrait être le fruit d'une collaboration confiante entre le gouvernement et le Parlement. Nous nous sommes trop habitués aux pratiques de la Ve République, qui ont assuré, il est vrai, une remarquable stabilité institutionnelle. Qu'un même régime ait sans dommage surmonté à la fois l'indépendance algérienne, la décision d'élire le président de la République au suffrage universel, les événements de Mai 1968, la démission du général de Gaulle, la venue de la gauche au pouvoir après plus de vingt ans d'éloignement, deux périodes de cohabitation, les conséquences de l'Union européenne, que des événements aussi divers, aussi majeurs se soient déroulés à travers près de quarante années, et cela sans ruptures constitutionnelles, représente un acquis remarquable de nos institutions qu'il ne faut pas gaspiller par des bouleversements inconsidérés. Mais le respect légitime de notre Constitution ne devrait pas empêcher une pratique davantage parlementaire.

Car si nous acceptions de porter le regard hors de nos frontières, que verrions-nous ? Partout ou presque dans les démocraties développées, l'équilibre entre pouvoirs est mieux assuré qu'en France. La monarchie républicaine n'est pas une invention de polémiste, c'est la réalité française, autosatisfaite et contestable. Serions-nous devenus aveugles au spectacle que donne notre pays, où l'absence de poids réel du Parlement rend plus vive la crise de la démocratie représentative ? Faute d'Assemblée qui joue son rôle d'amortisseur et de caisse de résonance, d'organe de contrôle et d'initiative, le dialogue démocratique se réduit à un face-à-face entre le gouvernement et la rue par télévision interposée. Ce jeu est dangereux. La modification du rôle des Assemblées est devenue une exigence de salut public. Il est impératif d'établir un meilleur équilibre des pouvoirs. Malgré les efforts récents, ce travail – dont le contenu n'a rien de mystérieux – reste, au moment où j'écris ce livre, pour une grande part à accomplir.

La première réforme pour redonner du poids à l'Assemblée ne coûterait rien, sauf du courage : supprimer le cumul des « fonctions à plein temps ». En 1985, à Matignon, j'avais fait voter un premier texte allant en ce sens, limitant les mandats électifs majeurs à deux. Beaucoup de parlementaires n'avaient pas aimé, mais ils n'avaient pas osé l'exprimer. Aujourd'hui, il faudrait poursuivre et exiger de tout parlementaire ou de tout responsable d'un exécutif local important qu'il se consacre entièrement à sa fonction. C'est d'abord en rendant les députés physiquement présents qu'on redonnera du poids à l'Assemblée nationale. Une Assemblée assidue, nombreuse, se consacrant véritablement à sa tâche, constituerait le premier pilier du nécessaire rééquilibrage des pouvoirs.

Je connais par cœur les objections, d'autant mieux que je les ai longtemps servies moi-même : il est indispensable que le titulaire d'un mandat national possède aussi une assise locale, un contact avec le terrain. Fort bien ! Mais pourquoi faudrait-il être président de conseil général pour maintenir ce contact ? Est-il vraiment indispensable d'être maire d'une ville de cent mille habitants pour savoir ce que « pense le terrain » ? Les parlementaires anglais, allemands, espagnols, américains, ne sont pas plus coupés des réalités locales que nos parlementaires français, ils se rendent eux aussi chaque semaine dans leur circonscription, et pourtant aucun d'entre eux n'est en même temps titulaire d'une fonction locale majeure. S'il existe des secteurs où il faut se féliciter de l'exception française, celle-là n'est dictée que par le conservatisme. Plusieurs parlementaires actuels seraient concernés par une suppression du cumul : on comprend que l'enthousiasme ne soit pas à son comble pour la voter. Si on veut rendre moins douloureux ce changement indispensable, il suffirait de le faire adopter avec un effet différé. Les élus disposeraient par exemple de cinq ans pour se mettre en conformité avec la loi, au fur et à mesure que de nouvelles élections interviendraient. Entrera-t-on dans le XXIe siècle avec des pratiques aussi obsolètes ?

Mes trois années à la présidence de l'Assemblée m'ont convaincu que le complément d'une présence parlementaire plus assidue devait être la modification du régime des sessions. Je la proposai à l'issue d'un travail mené autour d'André Billardon, alors premier vice-président de l'Assemblée. Le groupe RPR s'y opposa, estimant qu'une session unique modifierait l'équilibre des institutions établi par le général de Gaulle. François Mitterrand s'y montra également réticent. Ils avaient tort. Système vieillot, système vieilli. Jacques Chirac a résolu de le changer. La Constitution a été modifiée pendant l'été 1995 en ce sens. C'est une réforme limitée, mais utile. A condition qu'elle ne soit pas isolée.

Car d'autres changements sont indispensables – outre la réduction du mandat présidentiel à cinq ans – et ne nécessitent aucun texte lourd. Ainsi le Parlement devrait bénéficier de moyens d'expertise économique, sociale, technologique nettement plus développés qu'aujourd'hui. Il devrait pouvoir en disposer lui-même, à l'image du Congrès des Etats-Unis, ou recourir à ceux de l'administration ou des corps d'inspection et de contrôle. Les questions européennes devraient être examinées d'une façon beaucoup plus étroite par notre Parlement, même si des progrès récents ont été accomplis. L'opposition devrait, pour sa part, se voir reconnaître des droits réels, à travers la possibilité d'obtenir des commissions d'enquête. Les conditions d'application du fameux article 49-3 de la Constitution devraient être revues. Le Parlement devrait être davantage maître de son ordre du jour. Pour que la vie politique se développe dans les enceintes où elle est prévue, il faudrait également que le dialogue avec le gouvernement s'établisse régulièrement et chaque fois qu'une circonstance politique le justifie. Comment admettre qu'une décision aussi sensible et controversée que la reprise, en 1995, par la France de ses essais nucléaires dans le Pacifique n'ait fait l'objet d'aucun débat au Parlement français ! Au-delà de telle ou telle réforme ponctuelle, l'objectif général, c'est une vie politique, une activité parlementaire dynamiques et transparentes, s'inspirant davantage des méthodes anglo-saxonnes. Si tel était le cas, les citoyens se sentiraient mieux représentés par l'expression de ceux qu'ils ont élus. La majorité et l'opposition s'affirmeraient plus nettement. L'objectif peut paraître modeste, il est important à mes yeux : davantage de démocratie au Parlement, davantage de Parlement dans la démocratie.

Le reste est affaire de pratique gouvernementale. Il suffirait qu'un gouvernement le décide pour que cesse cette habitude stupide – que j'ai d'ailleurs respectée comme mes prédécesseurs et mes successeurs – selon laquelle le moindre amendement significatif présenté à un texte de loi par un parlementaire constitue un crime de lèse-majesté envers le pouvoir exécutif. Ce dernier essaie alors par tous les moyens de le dénaturer ou de le repousser. Absurde ! Quand comprendra-t-on que la loi doit être faite par le Parlement et que les parlementaires ne sont pas moins compétents que les bureaucrates pour préparer des projets répondant aux besoins de la population ? Que sur un texte politiquement essentiel comme le budget le gouvernement puisse compter sur sa majorité et que celle-ci ne dénature pas l'équilibre auquel le gouvernement est parvenu, c'est normal ! Mais pour le reste – droit civil, droit commercial, affaires sociales, éducation, logement, etc. –, au nom de quoi le gouvernement devrait-il à tout prix imposer une discipline, sa discipline ? Laissons le Parlement légiférer. C'est sa mission et c'est sa responsabilité. Qu'il l'exerce pleinement ! Sans dépenses supplémentaires, nous aurons alors fait avancer la démocratie.

Mes fonctions à la tête de l'Assemblée nationale, je ne les ai pas exercées en apesanteur. Je les ai exercées dans un contexte particulier, celui d'une majorité relative détenue par les socialistes et, pour la plus grande partie de mon mandat, avec Michel Rocard comme Premier ministre. Le président de l'Assemblée possède un pouvoir d'influence. J'avais décidé d'en faire un usage positif pour aider le gouvernement. C'était aisé compte tenu à la fois du poids propre de la présidence dans la mécanique parlementaire et des amis nombreux que je comptais dans le groupe socialiste majoritaire. C'était également normal : malgré mes différends passés avec Michel Rocard, je considérais que l'intérêt du septennat était évidemment qu'il réussisse et je ne lui ménageai pas mon concours.

Sur plusieurs points, il prit des initiatives heureuses. La fin du conflit néo-calédonien, dont j'avais moi-même dû gérer une partie mais qui s'était surtout dégradé pendant la cohabitation de 1986 à 1988 ; la création du revenu minimum d'insertion malgré quelques dérives ; l'institution de la contribution sociale généralisée : ce furent des réformes utiles, justes et qui ont marqué la période. Michel Rocard eut la chance – mais la chance fait partie de la donne – de bénéficier d'une conjoncture économique excellente, avec des taux annuels de croissance supérieurs à 4 %, ce qui facilita sa gestion.

En sens inverse, il eut le tort de ne pas mettre à profit l'expansion pour engager les réformes lourdes (sociales et fiscales notamment) dont le pays avait besoin. Il en ressentit probablement la nécessité ; mais, accaparé par la préparation de sa propre candidature à l'élection présidentielle, soucieux de se ménager l'électorat modéré à travers une ouverture toujours évoquée, jamais vraiment réalisée, et qui se traduisait par l'adoption au Parlement de quelques amendements, coûteux, improbables et chèvre-chou, il crut que des changements audacieux compromettraient son avenir. C'était une erreur, à laquelle s'ajouta le climat devenu progressivement exécrable entre François Mitterrand et lui.

On a beaucoup glosé sur leur hostilité réciproque. Ils

l'ont tour à tour, et selon les périodes, reconnue ou niée. Les exemples en sont pourtant innombrables. J'en extrais deux pour être précis, deux journées ordinaires vécues à un an et demi de distance. Elles donnent le *la*.

Le 20 mai 1990, un dimanche matin, par un temps superbe, Danielle Mitterrand appelle Françoise pendant que je participe à une inauguration : elle nous convie à dîner rue de Bièvre. Nous nous y rendons vers 20 h 30, comme nous le faisons souvent. Le Président revient d'un voyage en Polynésie. Il a l'air fatigué. La conversation roule sur la grande manifestation organisée à l'occasion des événements tragiques de Carpentras. François Mitterrand laisse percer une sorte de mécontentement latent, qu'on devine à de petits signes – une intonation de voix, un regard distancié. Il a été heurté en particulier par une récente position du bureau exécutif du parti socialiste au sujet du droit de vote des immigrés : l'abandon de cette revendication pour les élections locales. « C'est une erreur, dit-il à la cantonade. On ne gagne rien à aller sur le terrain des adversaires. Le parti devrait au contraire faire de la pédagogie pour rendre le vote des immigrés possible. La Hollande, la Grande-Bretagne, les pays scandinaves l'ont décidé. » François et Danielle Mitterrand sont blessés par les attaques récentes dont le Président est l'objet, restées sans réponse de la part du PS. Au cours de la semaine, Jean-Pierre Chevènement a placé sur le même pied Mitterrand et Le Pen, jugés tous deux par lui responsables de la situation politique. « Personne ne défend François, s'irrite Danielle. Que fait le PS ? »

Le dîner se termine peu avant minuit. François Mitterrand me propose de faire quelques pas dehors. « Il faut que vous réagissiez sur l'immigration. On ne peut pas laisser faire. Rocard est venu me voir à l'Elysée avec un texte qu'il voulait envoyer aux participants à une table ronde sur ce sujet, précisant qu'il abandonnait définitivement la question du droit de vote. J'ai refusé. Il y a une véritable opération montée par le Premier ministre. C'est inacceptable. » Et Mitterrand continue : « Je lui ai demandé de me montrer son discours sur la question de la saisine du Conseil constitutionnel [autre sujet qui occupait l'actualité] avant qu'il ne le prononce à l'Assemblée. Là aussi, les termes étaient inacceptables. Je lui ai demandé cinq modifications. Rocard voulait qu'on se lie les mains quant aux révisions constitutionnelles à venir. Il s'engageait, comme chef du gouvernement, à ne jamais me saisir d'une modification de la Constitution qui n'aurait pas reçu l'aval des partis. Au cas où j'aurais voulu procéder à un référendum, je me serais retrouvé privé de tout moyen d'action ! La vérité, c'est que Rocard, Giscard et Chirac sont trop pressés. Ils souhaitent tous que je m'en aille. Pour cela, ils veulent une réduction du mandat à cinq ans. Ils ont tort. »

Et Mitterrand conclut : « Pendant un an et demi, le gouvernement a bien fonctionné. Depuis quelques mois, je m'interroge vraiment. J'ai cru que Michel Rocard changerait. Je me suis trompé. Les gens ne changent jamais. Je suis obligé de me poser la question de son départ. La censure contre le gouvernement ? Ce n'était pas le bon moment pour la voter. L'amnistie, c'est Pierre Mauroy et le parti socialiste qui sont venus plusieurs fois à la charge me la demander. J'ai accepté, j'ai eu tort. Mieux valait dix socialistes en prison qu'un discrédit général. Maintenant il faut réagir. Nous allons recommencer nos réunions. Nous avons su garder le secret en 1982-1983 lorsque nous discutions économie. Il faut le même secret. Voyez vos amis. Tenez-vous prêt. » Nous étions en mai 1990. Rocard dirigeait le gouvernement depuis exactement deux ans. Pour la première fois, François Mitterrand venait de me dire avec netteté qu'il souhaitait changer le Premier ministre. La mèche était allumée. Elle ne cessa pas de brûler, avant comme après le départ de Michel Rocard de Matignon.

Le vendredi 22 novembre 1991, à 21 heures, alors que je me trouve au Havre en discussion avec le Centre des jeunes dirigeants d'entreprises, on me prévient que le Président veut me joindre. Quelques minutes plus tard, nouveau message : le Président souhaite me voir le lendemain matin. S'il y a une difficulté, que je l'appelle. Dans la nuit, je rentre à Paris. Je découvre sur mon oreiller un mot de Françoise : « Le Président a cherché à te joindre plusieurs fois. Appelle-le demain à 9 heures. » Ce que je fais. Au téléphone il semble inhabituellement froid : « Venez me voir rue de Bièvre dans vingt minutes. Je vous attends. » J'arrive. François Mitterrand prend son petit déjeuner avec Danielle. Je constate tout de suite sa raideur d'attitude, même s'il reste très courtois. Nous échangeons quelques mots, puis nous montons dans son bureau par l'ascenseur intérieur. Je me trouvais déjà chez lui la semaine précédente, pour évoquer le mode de scrutin. J'étais en désaccord avec le projet de Pierre Mauroy en faveur d'un scrutin intégralement proportionnel, et je voulais savoir directement ce que le Président en pensait. Il m'avait répondu qu'il souhaitait un scrutin mixte, c'est-à-dire à la fois majoritaire et proportionnel, mais qu'il n'avait pas de préférence quant aux modalités.

Ce samedi-là, une semaine plus tard, la tonalité est très différente. Après quelques considérations sur ses livres et sur ses tableaux, sur les dispositions qu'il a prises pour les donner à des bibliothèques publiques ou à des musées, François Mitterrand se lance dans un monologue. Son ton est d'abord mesuré, distant même, puis il devient affectif, véhément, passionné. Durant vingt bonnes minutes, il m'explique qu'il sent que le parti socialiste est ligué contre lui, qu'il en a assez, qu'il refuse qu'on lui force la main. Il s'agit, pour la première fois je crois, de « m'engueuler », tout en le niant.

D'abord le mode de scrutin. « C'est une affaire mineure. Je n'ai jamais rien demandé à Mauroy. Ou plutôt si, j'ai donné mon accord pour un scrutin mixte, mais pas pour une formule ou pour une autre. Au fond cela ne m'intéresse pas du tout. Sans électeurs, peu importe le mode de scrutin. La gauche va perdre les législatives de 1993. Bientôt il ne restera rien. J'ai fait part de vos arguments, de vos réticences au nouveau Premier ministre, Edith Cresson. Vous avez peut-être raison. De toute façon, ce sont les communistes qui vont régler le problème car on doit connaître leur attitude d'ici à jeudi. Il est probable qu'ils refuseront. Mieux vaut alors se faire battre devant l'Assemblée nationale. Ou même ne rien proposer. Sous quelques jours nous disposerons de simulations électorales. L'essentiel n'est pas là. Cette affaire de scrutin serait mineure s'il n'y avait pas la conjuration du PS. »

Le deuxième point du monologue de Mitterrand commence. « Le parti, jamais je ne m'en suis mêlé. Je n'ai jamais fait pression sur Jospin quand il était premier secrétaire. Quand il est parti, Mauroy et lui sont venus me voir et je leur ai dit : je pense que le meilleur choix serait Fabius parce qu'il est le plus jeune et le plus capable. Vous, Mauroy, vous devriez aller à la présidence de l'Assemblée nationale. Ce n'était pas un ordre, c'était un avis. Ils ne m'ont pas répondu. Ils ont décidé ce qu'ils voulaient. Ils ne m'ont pas écouté. Dès le soir de ma réélection. Et comme d'habitude la dague était tenue par les plus proches. Puis il y a eu le désastre du congrès de Rennes. Et aujourd'hui, ils veulent que je m'en aille. » Mitterrand prononce : « que je m'en alle ». « Mais ils sont sans pouvoir sur moi. S'ils croient que je vais démissionner avant le terme de mon mandat, ils se trompent. Je suis bon garçon, mais quand je me bats, je me bats. S'ils ne comprennent rien, je dissoudrai. Tous les coups viennent du parti socialiste. Les ambitions, je les comprends, mais il y a une limite. On n'a jamais vu un joueur d'échecs jouer avec les noirs et tout à coup se saisir des blancs ! »

François Mitterrand s'emporte, s'indigne, se fait des objections à lui-même, puis il y répond. Et il hausse encore d'un ton : « Rocard ? Rocard, je vais vous dire... » Il élève alors les deux mains à quelques centimètres au-dessus de son bureau, entre son visage et le mien. Il les immobilise et dessine avec chacune d'elles le signe zéro en joignant le pouce et l'index. « Rocard, c'est ça ! Vous voyez : zéro ! Double zéro ! » Il s'arrête quelques secondes, les mains toujours à hauteur du visage, puis il reprend : « En trois ans, il n'a rien fait. Si. La contribution sociale généralisée, la CSG. Pour le reste, rien ! La

Calédonie, c'est moi qui l'ai poussé. Le RMI, pareil. Ah oui, pour les rapports avec la presse, pour la manœuvre immobile, une grande habileté. Mais sinon, rien ! Il sera peut-être président de la République, et la fonction peut révéler l'homme. Mais je me dis pour la première fois que même, alors, Chirac peut être élu. Si Rocard était élu, j'en serais heureux. Je suis tout de même solidaire. Il va annoncer bientôt sa candidature. Je me débrouillerai avec ce " vice-président " ! Il aurait tort car il sera la cible. Actuellement, il sera désigné par le parti. Je sais ce qu'on dit. Les journalistes parlent. Je comprends les ambitions. Ce serait d'ailleurs une bonne chose que vous dirigiez le parti. Après tout, c'était mon schéma. Mais on ne me forcera pas à partir. Si cela peut aider, je le ferai de mon plein gré. Mais ceux qui croient m'enterrer, non ! Je le dirai aussi à Mermaz que je vois demain soir. J'ai une méthode pour pouvoir peut-être gagner la prochaine présidentielle. C'est moi qui nommerai le Premier ministre de la cohabitation après les élections législatives. Il ne sera pas renversé tout de suite. J'en nommerai un second. Il mettra du temps à être renversé. Et là, je dissoudrai, au bon moment. Mais je n'accepterai pas que le parti continue comme cela. Je vais le dénoncer publiquement. Voilà, je tenais à être bien clair. Ce n'est pas vous que je vise bien sûr. Vous êtes le premier que je vois. »

En fait, sans que le Président m'ait directement mis en cause, la longueur de son propos, sa tension évidente, certaines incohérences très rares chez lui, tout cela attestait pour la première fois dans notre relation une vraie distance. Ou – qui sait ? – la volonté de me faire croire à cette distance pour peser sur mon comportement.

Je répondis immédiatement sur les différents thèmes qu'il avait abordés. Il est vrai que depuis quelque temps j'avais eu, sur certains points, des divergences d'analyse avec le Président. J'étais partisan, une fois terminée la guerre du Golfe au printemps 1991, de dissoudre l'Assemblée nationale et de consulter le pays. Je le lui avais dit. Je n'avais guère été enthousiaste à la nomination d'Edith Cresson et je le lui avais dit également. Il avait opéré d'autres choix. Dont acte. J'ajoutai : « Pour le mandat présidentiel je n'ai jamais pensé qu'on pouvait, qu'on devait faire pression sur vous. C'est à vous de décider ce que vous voudrez faire. »

Nous parlons alors à nouveau de la loi d'amnistie. François Mitterrand me répète que c'est sa grande erreur. Nous revenons à nos relations réciproques. Je proteste : « Vous ne pouvez pas confondre tout le monde. Je vous ai toujours été fidèle. – Mais vous n'êtes pas en cause. – Sans doute, mais c'est tout de même à moi que vous dites cela. » La discussion saute de sujet en sujet. Elle tourne en rond – ce qui est exceptionnel entre nous. Je dois résumer plusieurs fois ma position. « Concernant le mode de scrutin, Monsieur le Président, il faut en finir vite. A la présidentielle, Rocard sera vraisemblablement candidat. Pour le parti, si un changement de dirigeant est possible, très bien, mais je reste prudent. Quant à votre mandat, il n'est évidemment pas question de faire pression sur vous pour que vous l'écourtiez. »

Est-il convaincu ? Pas sûr. Nous évoquons les terrains de rebond imaginables : l'Europe avec le traité de Maastricht et un possible référendum ; les questions institutionnelles sur lesquelles plus le Président réfléchit, plus il doute de l'opportunité de ramener le mandat à cinq ans ; l'action du gouvernement dont il croit qu'il parviendra malgré tout à réduire le chômage en 1992. Au moment de partir, après plus d'une heure et demie d'entretien, je lui montre un dépliant que nous venons de réaliser avec les militants pour les élections régionales de Haute-Normandie. « C'est bien, dit-il, mais au parti socialiste, il n'y a personne pour dire que je ne suis pour rien dans l'amnistie, ni dans la réforme du scrutin. En réalité, personne ne me défend. »

La conversation m'a secoué. François Mitterrand sent ses bases s'affaisser et, comme il déteste cette situation, il réagit. Il doit croire que j'ai noué une alliance avec Rocard pour le pousser, lui, à écourter son mandat. Il doit croire, à tort, qu'il ne peut plus compter sur moi. Je pars pour la Normandie mais le cœur n'y est pas. J'écourte mes réunions là-bas et je retourne à l'Assemblée. J'ai besoin de réfléchir. Mitterrand ne s'est jamais montré à moi sous un jour aussi brutal. Jamais je ne l'ai vu aussi dur avec Rocard. Ils ne sont plus rivaux pourtant. Et cependant quelle violence ! Ce ne sont plus deux conceptions stratégiques qui s'affrontent, l'Union de la gauche pour l'un, l'Union avec le centre pour l'autre. Ce ne sont plus deux visions de la société, deux approches de l'Etat, de l'économie ou de la pâte humaine. Ce ne sont même plus deux personnalités politiques, avec leurs oppositions, leurs antagonismes inéluctables. De l'hostilité entre eux ? Il ne s'agit plus de cela. Leur relation, qu'ils n'ont jamais su vraiment surmonter, porte un nom que je prononce tout haut, seul, dans les jardins de l'hôtel de Lassay, comme pour l'exorciser, « cela s'appelle de la haine ».

Solférino

En décembre 1991. Pierre Mauroy, premier secrétaire du parti socialiste depuis 1988, demanda à me voir. Je lui rendis visite dans son appartement parisien, avenue Bosquet. Il m'expliqua qu'après mûre réflexion il estimait qu'était venu pour lui le temps de passer la main, qu'il avait songé à Michel Delebarre, à moi-même, à quelques autres pour lui succéder à la tête du parti, que j'avais les qualités pour le faire et qu'après tout c'est ce qui aurait dû arriver si, un peu malgré lui, disait-il, il n'avait pas été désigné contre ma candidature trois ans plus tôt. Bref, il évoquait avec moi le poste de premier secrétaire, sans me le proposer, tout en me le proposant. Comme souvent avec lui, sous une apparente simplicité, la démarche était en réalité complexe. Il était décidé à partir : cela oui. Il sentait qu'il était à bout de souffle. Le parti ne cessait de s'étioler et de se diviser. Lui-même, dépourvu de majorité interne solide, se retrouvait ballotté entre les mains de ceux qui prétendaient le soutenir mais qui, en réalité, le conduisaient où bon leur semblait et qui l'humiliaient. Des élections au résultat vraisemblablement catastrophique approchaient. Il était politiquement en situation très exposée à Lille. Circonstance supplémentaire, la présidence de l'Internationale socialiste allait se libérer, Pierre Mauroy souhaitait ce poste, il devait pour cela abandonner ses fonctions actuelles : tout convergeait.

Encore fallait-il que j'accepte et que je veille à assurer ma désignation. L'argument positif, il n'y en avait qu'un, puissant : j'aspirais à la direction du PS depuis plusieurs années, parce qu'il s'agissait de reconstruire une espérance et l'outil politique de cette espérance. Pourquoi refuser ce que j'avais recherché et qui correspondait, semble-t-il, à l'intérêt des socialistes ? En sens inverse, les arguments étaient nombreux et plusieurs de mes amis les soulignaient : le parti allait à la dérive, les échéances électorales prochaines risquaient fort de constituer un désastre, j'aimais ma fonction à la présidence de l'Assemblée nationale et je devrais – si j'acceptais – la quitter. A vrai dire, avais-je le choix ? Pas réellement. J'acceptai donc ce qui ne m'était proposé qu'aux trois quarts et je m'organisai dès lors pour que ma désignation pût intervenir sans trop de problèmes.

Je rencontrai les divers chefs de courant ou leur représentant. Que d'arrière-pensées ! Chacun connaissait celles de l'autre, mais savait aussi que, face à la tempête et nous trouvant tous à bord d'un même bateau qui prenait l'eau, il fallait essayer de colmater les brèches. Nous nous mîmes d'accord, y compris avec Michel Rocard que je vis longuement pendant cette période et que j'appris à connaître mieux. Les choses avec lui étaient claires, du moins je le crus : je prenais la direction du parti socialiste pour essayer de lui redonner une dynamique à long terme en le modernisant ; pour sa part il était – si tout se passait bien – notre candidat naturel à l'élection présidentielle de 1995. Sur ces bases, ma désignation fut acquise en janvier 1992 à l'unanimité. Ironie de la politique : ceux qui s'étaient auparavant opposés à moi avec virulence se résignaient apparemment. Non sans regrets, je quittai l'hôtel de Lassay pour m'installer rue de Solférino. Autre ironie : mon souhait de diriger le parti socialiste se réalisait, mais complètement à contretemps. J'accédais à la tête d'une formation devenue exsangue, dont les principaux responsables se combattaient, dont les militants se sentaient désorientés et les électeurs rebutés, à laquelle j'avais adhéré dix-huit ans plus tôt et dont l'idéal proclamé continuait d'être le mien.

Car mon adhésion au parti socialiste était déjà lointaine. Elle datait de 1974 dans la foulée de la défaite présidentielle de François Mitterrand. Que de changements depuis ! A cette époque, lorsque j'avais commencé à militer, nous étions une soixantaine à nous réunir chaque mois, dans notre section du VIe arrondissement de Paris, un local enfumé d'environ 30 m^2 situé rue Visconti. Nous critiquions le gouvernement de droite – qui était déjà celui de Jacques Chirac –, nous essayions de reconstruire le monde, éclairés par les posters décolorés de Jaurès, Blum, Marx, Allende et Mitterrand. J'ai retrouvé cette salle depuis, à l'occasion d'un pot de « reprise de cartes », avec une certaine nostalgie ; elle n'a pas changé. Seuls les posters ont été remplacés par des affiches, plus professionnelles. Les visages des participants sont demeurés en partie les mêmes avec quelques jeunes en plus, trop peu nombreux. Le reste de la troupe s'est clairsemé, les envolées ont disparu, le réalisme est passé par là même si la générosité s'est maintenue. C'est le parti socialiste tel qu'en lui-même, avec son passé, ses avancées, ses cicatrices, son histoire.

L'histoire du parti socialiste, je ne l'ai pas rencontrée à la table familiale. Dans ma jeunesse, que j'ai évoquée plus haut, on parlait études, sports, culture, on n'abordait pas le terrain politique. Au point que, lorsque le général de Gaulle revint au pouvoir en 1957-1958, je découvris jusqu'à son existence : j'avais douze ans, c'était sans doute la première fois que j'entendais prononcer son nom à la maison. Mes parents étaient laïques, républicains, attachés à l'effort, à la justice sociale, à la promotion. Ils n'aimaient pas les extrêmes. Ils rejetaient la toute-puissance de l'argent. J'imagine – mais ils ne m'en ont jamais parlé – qu'ils avaient voté pour les gaullistes ou pour la SFIO juste après la guerre, puis pour les socialistes. Tout jeune, je ne m'intéressais pas à la politique. J'étais sensible aux injustices, révolté par la pauvreté et par la misère, attiré par les idéaux de fraternité et de liberté, mais c'était ma spontanéité plus que ma réflexion qui me guidait, et le monde politique, la fonction politique m'étaient étrangers.

Mon passage à l'Ecole normale supérieure de la rue d'Ulm, puis à Sciences-Po, la fréquentation de la

« Conférence Olivaint », les événements de Mai 1968 me rapprochèrent, comme je l'ai indiqué, de la politique. Les thèmes de nos conversations d'adolescents et de nos réflexions d'alors, les lectures que j'entrepris, les actions étudiantes auxquelles je participai convergeaient, sinon vers la fonction politique, du moins vers une prise de conscience et vers un engagement plus nets. Depuis toujours, je n'avais aucun doute sur mon camp : c'était la gauche, parce que c'était le camp de la justice sociale. Mais l'adhésion à un parti politique représentait une autre affaire : je n'aimais pas les embrigadements – je ne les aime toujours pas –, je me trouvais fort bien en compagnon de route, conservant ma liberté et mon droit de critique. Je n'étais pas attiré par les disciplines de parti. Je me serais senti mal à l'aise en partisan de chaque instant.

Jérôme Clément, alors jeune administrateur au ministère de la Culture, aujourd'hui président de la chaîne de télévision Arte, joua un rôle important dans ma décision d'adhésion. Nous étions amis. Il militait depuis longtemps au CERES de Jean-Pierre Chevènement. Il me parlait avec enthousiasme de ses activités militantes, lors de déambulations hebdomadaires qui nous menaient dans les jardins du Palais-Royal, au pied du Conseil d'Etat. Nous discutions idées, moyens de lutter contre les inégalités sociales, stratégies d'action contre les entreprises multinationales, rupture avec le capitalisme. La seule interrogation portait sur la date et sur la durée de cette rupture. Le cheminement à suivre était clair : une stratégie, l'Union de la gauche; un outil, le Programme commun de gouvernement; un objectif, Mitterrand Président. Et, en plus, cela rimait. Mon cœur était à gauche, mes amis aussi, la jeune génération à laquelle j'appartenais ne se reconnaissait évidemment pas dans Valéry Giscard d'Estaing. Malgré mes préventions envers la discipline de parti, je décidai de sauter le pas.

Mais en ce temps-là – et encore aujourd'hui d'ailleurs – pour entrer au parti socialiste il ne suffisait pas de le vouloir. Il fallait un long examen pour mériter l'intronisation. Les mots d'ordre officiels étaient favorables à l'adhésion, à l'ouverture. La réalité était – et reste fréquemment – inverse : « le nouvel adhérent, voilà l'ennemi ». Cette frilosité venait à la fois de motifs tenant à la sociologie – toute organisation tend à se replier sur elle-même – et de raisons propres au PS : les fameux courants, les équilibres internes qui font considérer avec méfiance tout nouvel arrivant. A l'époque, du moins dans cette section parisienne, il fallait subir un véritable rite de passage. Au cours de plusieurs séances, je fus convoqué pour discuter en tête à tête avec la secrétaire de section, une idéologue impeccable, gynécologue de son état, qui, finalement, après moult hésitations – car on n'était pas vraiment sûr que je voterais pour le CERES de Jean-Pierre Chevènement dont elle était membre, et on avait raison – prononça le « dignus est intrare ». Tout cela peut faire sourire aujourd'hui, mais il s'agissait, même s'ils voyaient le monde avec des lunettes déformantes et commettaient comme moi leur lot d'erreurs, de militants purs, remplis d'idéal et le cœur sur la main.

Pendant deux ans, de 1974 à 1976, je fus militant de la section du VIe arrondissement de Paris. Chaque mois, au moins une soirée nous réunissait autour d'un thème. Le ou la secrétaire de section conduisait les débats. La vie du parti était évoquée, ainsi que les grands et les petits faits politiques de la période. Vers 23 heures, les plus âgés commençaient à partir, on répartissait les travaux à accomplir entre les militants qui restaient (collage d'affiches, distribution de tracts, etc.), les commissions de réflexion faisaient le point, puis les survivants levaient la séance qui se terminait dans un café du coin. Nos réunions tournaient à une discussion plus vive et même parfois à l'empoignade plus ou moins maîtrisée lors de la préparation des comités, conventions, et autres congrès périodiques requérant des votes. Là, il fallait préparer des textes, défendre des textes, amender des textes, conquérir ou conserver une majorité, à travers des débats homériques portant sur un qualificatif, une filiale à nationaliser ou non dans le programme du parti, quand il ne s'agissait pas de définir une modalité particulière de la démarche autogestionnaire. Dans cette atmosphère enfiévrée, je rencontrai ma future épouse, Françoise. A l'époque nous nous croisâmes, rien de plus. Elle devait me considérer comme un blanc-bec. Et moi, déjà sensible à son charme, j'avais trop de respect envers la militante aguerrie qu'elle était pour oser aborder d'autres sujets avec elle auxquels j'aurais plus spontanément pensé.

En 1976, dans les conditions que j'ai évoquées, je partis pour Grand-Quevilly. Je m'inscrivis à la section locale qui était différente de celle de Paris par sa sociologie : ouvriers, employés, enseignants, sa composition était plus représentative de l'électorat socialiste. Elle était différente par son activité aussi : moins de discours et plus d'actions, appuyée qu'elle était sur une municipalité socialiste, défendant celle-ci et menant campagne pour gagner, non pour témoigner. Différente encore par sa convivialité : la fonction des partis politiques a changé, ils apportent moins d'informations que jadis, ils doivent apporter plus de solidarité, c'était et c'est le cas à Grand-Quevilly, où chacun se connaît, où les réunions se terminent toujours par un casse-croûte, où les questions de personnes sont secondaires. Ce parti-là ne ressemble ni à une bande de moines ligueurs, ni à un groupe pour l'autogestion des portes et des fenêtres ni à une camarilla d'ambitieux. C'est un parti de convivialité et de réflexion, ouvert au lieu d'être sectaire, chaleureux au lieu d'être aigre, imaginatif au lieu d'être répétitif. C'est ce parti socialiste-là que j'aime. Nous en sommes malheureusement encore assez loin.

Les élections de 1978 approchaient. A travers l'actualisation du Programme commun de gouvernement et leur comportement public, certains dirigeants communistes étaient décidés à faire ce qu'il fallait pour nous les faire perdre : les charmes du vote révolutionnaire... Ils y parvinrent. Dans la déception de la défaite, je fus tout de même élu député. La gauche avait été battue, mais on sentait bien que l'alternance devait tôt ou tard intervenir. Le pays était las de Giscard d'Estaing et de la droite. Le chômage ne cessait d'augmenter. Les inégalités étaient criantes. Les espérances se reportaient sur l'élection présidentielle de 1981. Encore fallait-il que Mitterrand fût désigné par le parti. Il trouvait sur sa route Michel Rocard.

Mon amitié avec François Mitterrand se scella dans ces années-là et dans la préparation de sa candidature présidentielle. Rude tâche! Des contacts de tous ordres étaient à nouer, des réunions à prévoir, des interventions multiples à préparer. L'image de Mitterrand dans l'opinion était mauvaise. Le rôle des médias était moins déterminant qu'aujourd'hui : heureusement, car nous étions, moi le premier, particulièrement mal à l'aise avec eux. Nous devions, d'abord à l'intérieur du parti, faire prévaloir la candidature de Mitterrand, l'homme du rassemblement de la gauche et du volontarisme politique, contre celui qui était regardé par nous comme plus droitier et sensible aux effets de mode, Michel Rocard. Tel fut l'enjeu en 1979 du fameux congrès de Metz.

Le congrès de Metz, nous l'avions préparé minutieusement, semaine après semaine, au cours de petits déjeuners qui nous réunissaient à quelques-uns le mercredi ou le jeudi, rue de Bièvre, au domicile de François Mitterrand. Là, nous passions en revue les arguments, les forces en présence, les actions à mener. C'était une véritable bataille interne qu'il fallait conduire contre l'enfant chéri des sondages, produit selon nous de la droite et de la fausse gauche. Le congrès de Metz fut effectivement déterminant. Et très dur. C'était le premier congrès national que je préparais et que je suivais de A à Z. Dans la salle régnait une véritable atmosphère de haine. Lorsque Mitterrand entra, lui, le candidat de 1965 et de 1974 à l'élection présidentielle, lui, le fondateur et chef du parti socialiste depuis huit ans, des groupes de partisans de Michel Rocard, membres donc de la même organisation, scandaient : « Mitterrand à l'hospice. » Et j'imagine – je sais – que d'autres nourrissaient des amabilités symétriques à l'endroit de Michel Rocard. Belle fraternité! Mitterrand m'avait demandé de monter en ligne publiquement devant le Congrès. Face à la prétendue jeunesse de l'intrus, il fallait démontrer que de plus jeunes encore étaient aux côtés du vieux lion. Rocard avait ironisé sur ces « socialistes du troisième âge » qui soutenaient François Mitterrand. Je répliquai que nous acceptions ce vocable et que même nous nous en faisions gloire si le premier âge était « celui de Jaurès, le deuxième celui de Blum et le troisième celui de François Mitterrand ». Tonnerre d'applaudissements ! Michel Rocard dans son propos avait affirmé qu'entre le plan et le marché, il n'y avait rien. Je lui rétorquai – et la formule, souvent commentée ou déformée, reste assez vraie – qu'entre le plan et le marché il y avait le socialisme, signifiant ainsi que nous ne voulions ni d'une économie administrée du type Gosplan, ni d'une économie néo-libérale, tout entière dominée par le marché. Equilibrer les forces du marché ne signifie pas les nier. J'exposai cela avec flamme, trop de flamme peut-être. Mon opposition avec Michel Rocard, qui mit longtemps à se résorber, commença là. Mais, dans cette ambiance chaude, le Congrès bascula, il confirma la prééminence de François Mitterrand, lequel se trouva quelques mois plus tard massivement investi par les militants pour l'élection présidentielle de 1981.

Des congrès du parti socialiste, depuis, j'en ai connu de nombreux. De toutes sortes. Des paisibles et des passionnés. Des joyeux et des déprimés. Des artisanaux et des professionnels. Des réussis et des déchirants. Valence, où Pierre Mauroy, pour mobiliser la salle, prononça une philippique enflammée contre Robert Hersant, sans lendemain. Bourg-en-Bresse, où l'accueil gastronomique fut superbe. Toulouse, qui marqua un grand moment d'harmonie dans le parti. Lille, où la synthèse entre les divers courants fut obligée. L'Arche de la Défense où nous adoptâmes à l'unanimité un texte intéressant préparé par Michel Charzat et qui passa inaperçu, montrant les évolutions doctrinales du PS après l'effondrement du communisme. Bordeaux, le seul que je vécus comme premier secrétaire, où Michel Rocard fut mis en orbite pour sa candidature finalement manquée à l'élection présidentielle. Le Bourget, où le même Rocard, devenu premier secrétaire, crut qu'il allait faire redémarrer le parti. Liévin, enfin, en 1994, avec Henri Emmanuelli.

Le plus mauvais souvenir, dans l'esprit des militants, fut le congrès de Rennes en mars 1990, qui laisse un goût de cendre chez beaucoup. Par ses débordements, par son incapacité à déboucher sur une synthèse finale, il donna une très mauvaise image des socialistes. L'ultime séance, celle du dimanche matin, fut particulièrement négative. Une tribune vide, une salle emplie de militants peu à peu gagnés par l'exaspération, l'entrée des dirigeants à 13 heures, les traits tendus, le visage défait, messagers d'une mauvaise nouvelle : malgré deux nuits passées en commission des résolutions, la synthèse n'était pas faite, le parti sortait du Congrès sans orientation politique, sans majorité, sans direction. De mémoire de socialiste, on n'avait jamais rien vu de semblable. Et tout cela, sous l'œil omniprésent des médias.

Rennes concentra tous les défauts d'un parti qui, comme les autres, n'en manque pas. L'incertitude doctrinale : à Rennes, on ne parla pas d'idées, on habilla – mal – sous des mots les querelles de pouvoir. Lionel Jospin voulait, avec Michel Rocard, alors Premier ministre, se débarrasser d'un rival (en l'espèce moi-même) et me rejeter dans la minorité du parti. Ils estimaient que mes idées, celles et ceux qui partageaient ma démarche représentaient 10 % du parti et refusaient toute représentativité plus large. Je récusai cette logique d'exclusion, présentai un texte proposant les voies d'une rénovation (déjà !) du PS et j'insistai sur une ligne politique centrée autour de la notion d' « égalité ». Je proposai de soumettre la décision au vote des militants : leur verdict tomba, plaçant à la surprise de beaucoup ma « motion » en tête avec plus de 30 % des voix. Lionel Jospin, qui avait d'abord accepté l'idée de « pacte d'unité mitterrandiste » que j'avais avancée lorsqu'il pensait que le vote des militants me serait peu favorable, la récusa quand les résultats furent connus, signant ainsi officiellement le décès du « courant » mitterrandiste. Moi-même, qui souhaitais une synthèse générale et qui avais renoncé à briguer le poste de premier secrétaire pour faciliter cette synthèse, je ne parvins pas à obtenir le rassemblement. Lionel Jospin scella alors une alliance avec Michel Rocard, l'un et l'autre comptant, pour s'assurer le contrôle du parti, sur l'appui du CERES de Jean-Pierre Chevènement et sur Pierre Mauroy. Ce dernier hésita sur l'attitude à adopter, changea plusieurs fois d'avis, puis finalement s'opposa à la manœuvre, ressentant qu'elle signifierait une rupture de sa part avec la ligne et avec la personne de François Mitterrand. L'histoire du congrès de Rennes fut l'histoire de ces hésitations.

Peu glorieuses, elles n'auraient pas été à ce point désastreuses si l'ensemble n'avait pas été médiatisé ; mais les querelles de personnes, plus l'hypermédiatisation : tout était réuni pour un fiasco. Ce fut effectivement un fiasco, chacun rejetant la responsabilité sur l'autre. La vérité, c'est que tout le monde, du moins tous les dirigeants étaient responsables. Contrairement à ce qui est souvent dit, le congrès de Rennes n'a pas créé les difficultés, il les a mises à nu. Rennes a joué et joue encore un rôle de contre-exemple, de fil électrique, la manifestation de ce qu'il ne faudra jamais recommencer. Deux ans plus tard, lorsque celui qu'on voulait à tout prix écarter à Rennes devint premier secrétaire, à la demande même de ses opposants d'hier et parce qu'ils ne parvenaient pas à grand-chose, les difficultés de fond n'avaient pas été réglées. Pierre Mauroy me laissa son poste. Mais le parti avait encore perdu des sympathisants et des militants.

J'avais prévu de prendre mes fonctions de premier secrétaire le lundi 14 janvier 1992 en fin de matinée. Je dus différer. Un juge d'instruction avait en effet choisi le même jour, la même heure pour perquisitionner au siège du PS, rue de Solférino, à la recherche de documents sur la fameuse affaire Urba. On pouvait rêver d'une intronisation meilleure.

Avec ou sans visite du juge, la maison se trouvait dans

un état pitoyable. Les dirigeants politiques n'y venaient plus. Les contacts avec les syndicats et les associations étaient devenus sporadiques. Les activités intellectuelles des commissions, des groupes d'experts étaient tombées au point mort. Les permanents ne recevaient plus de directives. Avec, nimbant le tout, une atmosphère, d'ailleurs ancienne, de guérilla. Les chapelles s'opposaient aux chapelles dans une messe triste d'où avait disparu, non pas l'intérêt supérieur du parti socialiste, mais le simple sens de l'action collective. Quant aux fédérations de province, c'est-à-dire aux militants qui constituaient dans les départements la vraie substance du parti, elles se trouvaient dans des situations inégales : un tiers déployait encore une activité réelle, un second tiers remuait faiblement, un troisième tiers n'existait plus que sur le papier. Les sympathisants étaient déboussolés. Le parti était déconnecté. L'avenir immédiat était bouché. Ambiance !

Je me mis à la tâche. Pour relancer l'organisation et préciser la ligne politique, je proposai qu'un congrès national marque le redémarrage et la volonté de moderniser le parti. Le Congrès eut lieu à Bordeaux en juillet 1992. Par son atmosphère, par l'image donnée à l'extérieur, par les décisions prises, il fut réussi. Mais je commis l'erreur de ne pas procéder à un vaste changement des dirigeants, que souhaitaient pourtant les militants. Devant l'opposition de ceux qui voulaient avant tout conserver places et influence, j'acceptai de reconduire la même équipe de direction : une partie des joueurs tiraient contre leur camp, impossible dans ces conditions de gagner le match. Certes, avec ceux qui jouaient le jeu, je multipliai les initiatives. Nous relançâmes l'hebdomadaire du PS, *Vendredi*, et nous lui adjoignîmes un supplément de qualité, *Vendredi-Idées*, nourrissant le débat idéologique, porté à bout de bras par Henri Weber, esprit à la fois paradoxal, chaleureux et pertinent. Je proposai une nouvelle organisation du siège national du parti en départements fonctionnels afin de casser le « système des dépouilles » qui jusque-là faisait dépendre les responsabilités des permanents, non de leurs compétences, mais du courant auquel ils appartenaient. Je rendis transparentes les rémunérations allouées au personnel, qui ne pouvait que profiter d'une plus grande orthodoxie. Je réunis les groupes d'experts pour qu'ils planchent sur des idées nouvelles. Je visitai régulièrement les fédérations, au rythme de deux par semaine, pour écouter, inciter, veiller au suivi des décisions. Je m'exprimai dans les médias, souhaitant redonner vie à un corps et à un projet chancelants. Sur le plan concret, matériel, les choses s'améliorèrent un peu. Mais l'essentiel était absent et empêchait tout vrai redémarrage : il n'existait pas de volonté farouche et collective de réussir, on s'occupait à se jalouser, à se neutraliser plus qu'à s'adresser au pays. La mauvaise perception du gouvernement socialiste, l'usure du pouvoir rejaillissaient sur le parti et vice versa. Si déterminés fussent-ils, nos efforts se perdaient dans le sable. L'encéphalogramme du parti socialiste était plat.

Dans mes nouvelles fonctions, je travaillai avec deux Premiers ministres. Lorsqu'ils partagent les mêmes options politiques, les relations entre le gouvernement et le parti majoritaire sont des éléments décisifs. Certes, des difficultés peuvent surgir entre le président de la République et le Premier ministre, elles se résolvent toujours, institutionnellement du moins, à l'avantage de celui-là. En revanche, si une crise survient entre l'exécutif et le groupe parlementaire ou le parti majoritaire, rien alors n'est plus assuré. Bons avec Pierre Bérégovoy, mes rapports furent médiocres avec Edith Cresson. A la vérité, je n'avais pas été un chaud partisan de sa nomination à Matignon en mai 1991, et je fus heureux que Bérégovoy lui succédât. Je les connaissais bien tous les deux. J'avais été leur collègue au gouvernement, puis leur Premier ministre.

Autant Edith Cresson savait déployer des qualités remarquables de ténacité, de caractère, de courage dans les négociations internationales et sur des dossiers précis – qui font d'elle, certainement, un excellent commissaire européen –, autant je la pensais dépourvue de la grille d'analyse générale, de la méthode de travail synthétique, requises par la direction du gouvernement. Un Premier ministre doit sans cesse procéder à des arbitrages, il doit anticiper, posséder une vision longue, une grille d'analyse stable et précise. Je redoutais qu'Edith Cresson ne la possédât point, sans que cela retire rien aux autres qualités dont elle fit preuve, par exemple, pour engager la réforme des dockers ou pour inciter à des délocalisations administratives en province. Dès lors, elle s'épuisait, au cours de chaque arbitrage, à se réinventer une grille de lecture, pas toujours la même d'ailleurs, elle s'irritait des réactions négatives que suscitaient ses choix ou certains de ses comportements, et les difficultés s'aggravaient.

Après une déclaration d'investiture ratée – ce qui n'était pas irrattrapable –, Edith Cresson accumula les « bourdes ». Plus que le fond, son style désorienta. Parfois, les deux se cumulèrent. Ses propos sur le recours aux charters pour renvoyer les immigrés chez eux choquèrent – et pas seulement l'intelligentsia parisienne. Ceux qu'elle tint sur ces « fourmis » de Japonais ou ces « pédés » de Britanniques apparurent également assez expéditifs. Comme l'objectif à elle assigné par le Président de préparer l'entrée de la France dans le marché unique européen au 1er janvier 1993 restait abstrait ; comme les corporations, voyant sa faiblesse grandissante, essayaient de la déstabiliser souvent avec mauvaise foi, qu'il s'agisse des policiers, des professionnels de santé ou des agriculteurs qui ne l'aimaient pas ; comme son groupe parlementaire ne la soutenait guère ; comme son gouvernement, composé de plusieurs de ses successeurs potentiels, ne le faisait pas davantage ; comme les relations avec son parti étaient fraîches et qu'elle avait d'ailleurs elle-même décidé de supprimer le contact hebdomadaire qui existait auparavant entre le Premier ministre et les principaux dirigeants du PS ; comme les élections cantonales et régionales de mars 1992 furent mauvaises, cependant que la majorité socialiste voyait avec effroi s'approcher la perspective des législatives sous cette équipe gouvernementale ; comme un certain machisme ambiant se donnait libre cours, même s'il cohabitait avec la fierté de voir pour la première fois une femme installée à Matignon ; comme les sondages, déjà modestes en début de mandat, devenaient franchement calamiteux ; comme tout cela s'additionnait et qu'Edith Cresson finalement se retrouvait avec pour seul soutien François Mitterrand – ce qui était essentiel – et quelques chefs d'entreprise ; et comme pardessus tout la politique est cruelle, le Président dut se résoudre, malgré lui, malgré elle, à remercier début avril 1992 celle qu'il avait nommée moins d'un an plus tôt.

La nomination de Pierre Bérégovoy était attendue. J'en fus heureux, connaissant ses grandes qualités professionnelles et humaines, et étant devenu son ami. Nous avions travaillé ensemble au PS, toujours en confiance. Dans mon gouvernement, il avait été un excellent ministre de l'Economie et des Finances et nous avions de concert brisé l'inflation, aidé l'économie à retrouver du tonus, modernisé les institutions financières. J'appréciais son mélange de simplicité, d'ambition, de rigueur, de bon sens. Le fait qu'il fût originaire de Seine-Maritime, dont j'étais le député, nous rapprochait encore davantage. Comme chacun, je savais que sa tâche, nécessairement brève puisque les élections générales étaient prévues moins d'un an plus tard, serait très difficile. Au moins étions-nous sûrs que nous ferions, lui à Matignon, moi à Solférino, le maximum pour redresser ensemble la situation.

Sur le plan de la gestion gouvernementale, Bérégovoy réalisa ce qui était escompté de lui. Face à une dépression économique sans précédent depuis la fin de la Seconde Guerre mondiale, il essaya d'en atténuer les conséquences sociales mais ne tomba pas pour autant dans la démagogie. L'organisation gouvernementale fut reprise en main. Les déclarations ministérielles furent à nouveau maîtrisées. Le travail de quelques ministres comme Jack Lang, promu à l'Education nationale, ou Bernard Kouchner, à la Santé et à l'Action humanitaire, se révéla d'une excellente qualité. Les contacts avec le parti socialiste furent renoués. Ce fut un gouvernement compétent.

La principale interrogation qu'il suscita – elle est importante – concernait l'orientation de sa politique économique et les conséquences de celle-ci. Pierre Bérégovoy, fidèle à ce qu'il avait incarné dans ses précédentes fonctions financières, décida de poursuivre la politique du franc fort. Elle comportait un avantage : maintenir à son bas niveau l'inflation, conserver une parité stable à notre monnaie, donc défendre internationalement le pouvoir d'achat des Français. Mais ce résultat, dans une conjoncture internationale devenue très difficile, ne put être acquis qu'au prix de taux d'intérêt élevés limitant l'activité économique, donc l'emploi. En outre, la sévérité de la politique monétaire entraînait comme corollaire un certain dérapage de la politique budgétaire afin de soutenir l'économie, dérapage très délicat à limiter et ensuite à supprimer. A la réflexion – et sans partager les excès des partisans de la monnaie fondante –, je crois que nous fûmes alors exagérément conformistes, négligeant le fait que la conjoncture économique avait changé. Sans doute aurions-nous dû nous donner davantage de souplesse, en particulier sur le plan monétaire. En sens inverse, il faut se rappeler que politiquement nous nous trouvions à bout de souffle. A l'approche de 1993, disposions-nous encore du crédit politique, de la capacité d'initiative qu'aurait nécessitée une telle inflexion? C'est très douteux.

Dès sa prise de fonction, Bérégovoy avait levé l'hypothèque d'une nouvelle réforme du mode de scrutin, qui empoisonnait l'atmosphère. Nous avions, le Président et moi, une divergence sur ce point. Celui-ci considérait que, devant la débâcle annoncée, il fallait revenir au scrutin proportionnel. Il disposait du soutien de Pierre Mauroy. Pour ma part, j'étais et je reste aujourd'hui d'un avis différent. D'abord pour des raisons de fond, acquises avec l'expérience : un gouvernement a besoin d'une majorité à l'Assemblée, cela passe par un scrutin à dominante majoritaire, même s'il comporte une dose proportionnelle. Pour une autre raison aussi, que j'avais vue se concrétiser notamment lors des élections régionales de 1992 : la proportionnelle intégrale sur-représente les petits groupes charnières, favorisant ainsi l'opportunisme et l'instabilité.

A mon opposition au système intégralement proportionnel, il existait un autre motif : dans cette période, cela aurait signifié vraisemblablement l'éclatement du parti socialiste. Nous comptions en effet près de trois cents députés sortants, nous ne pouvions espérer en retrouver même la moitié. Comment choisir ceux qui auraient été placés en tête de liste dans chaque département et ceux qui auraient été immanquablement éliminés ? C'était impossible ! L'addition de la représentation proportionnelle, de l'existence des courants au sein du PS et d'un échec électoral inévitable signifiait que les députés non retenus se seraient présentés à coup sûr hors du parti, contre lui, rendant notre résultat plus faible encore. Au total, les socialistes n'auraient été guère plus nombreux qu'ils ne l'ont été effectivement après 1993, mais ils se seraient divisés en plusieurs groupes, le parti socialiste aurait éclaté, l'extrême droite serait devenue dès ce moment-là florissante à l'Assemblée. La gauche ne se serait pas seulement trouvée en difficulté dans l'opposition ; elle n'aurait même plus été l'opposition !

Malgré la bonne gestion gouvernementale, malgré l'extraction de quelques épines dont celle du mode de scrutin, malgré un départ en fanfare qui vit grimper la popularité de Pierre Bérégovoy au point que celui-ci, selon un processus classique, se trouva intronisé par les commentateurs futur candidat à l'Elysée, la situation redevint vite morose, puis médiocre, puis exécrable. La persistance du chômage dans cette période qui constitua la plus grave crise économique d'après guerre était évidemment la cause principale de cette morosité. L'usure du pouvoir aussi. Les socialistes n'avaient plus rien à proposer, « plus de jus ». Les « affaires » achevèrent le massacre. Autant la rigueur de la justice est légitime contre les responsables, politiques ou non, qui ont commis des malhonnêtetés, autant l'amalgame, l'exploitation politicienne, la technique du « bouc émissaire » sont détestables. Dans des conditions tragiques, elles touchèrent de plein fouet à la fois Pierre Bérégovoy et le gouvernement. L'« affaire Urba », savamment exploitée par la droite, avait créé le climat. Les démêlés de la « SAGES » le dégradèrent. A quelques semaines des législatives, la révélation du prêt Pelat, ce million qui aurait été prêté sans intérêt à Pierre Bérégovoy pour l'acquisition de son appartement, rendit putride l'atmosphère.

Pierre Bérégovoy était, j'en suis convaincu, un parfait honnête homme. Le fait même qu'après toute une vie professionnelle, ayant été secrétaire général de l'Elysée et plusieurs fois ministre, il ne disposait pas, par lui-même, des sommes suffisantes pour s'acheter un appartement prouvait, s'il en était besoin, son désintéressement. Mais, précisément à cause de ces traits, Bérégovoy ne pouvait pas supporter le soupçon et l'exploitation qu'en firent la droite et une partie de la presse. Pendant les dernières semaines de la campagne, il était totalement paralysé. Aucune conversation intime dans laquelle il n'aborde ce sujet ; aucune initiative de sa part qui ne soit polluée par le prêt, l'argent, le soupçon. Dans tous nos échanges, c'était devenu son obsession. Il supporta – très difficilement – jusqu'au scrutin de mars. Mais lorsque vint la défaite électorale et son départ de Matignon, lorsqu'il passa soudain de l'hyperactivité à des emplois du temps vides, lorsque les courtisans s'éclipsèrent et que les amis eux-mêmes furent moins attentifs, lorsque l'avenir lui apparut rempli de regrets beaucoup plus que de projets, alors, en ce 1er mai 1993, dans sa ville, le long de l'eau, Pierre choisit de partir, ne pouvant plus accepter, lui qui avait tant travaillé pour son idéal, que le réel finisse par y ressembler si peu. Son suicide me bouleversa, comme il bouleversa tous les Français. C'était un juste qui s'en allait. Le suicide de Pierre fut sa façon de crier que, fidèle à sa jeunesse, il continuait pour sa part de lutter et d'y croire.

Pierre. Je nous revois pensant à lui au milieu du grand hall d'entrée de l'hôpital du Val-de-Grâce. Nous attendions. Peu nombreux. Accablés. Pierre était entre la vie et la mort dans l'hélicoptère qui le ramenait de Nevers. Nous restions silencieux. De loin en loin, un propos banal, pour casser la tension. Intérieurement, je « priais » – à ma manière – pour que « Béré » soit en vie, pour qu'il ne soit pas détruit physiquement et intellectuellement. Les images se bousculaient dans ma tête. Les moments forts, les moments gais, les moments tristes de ces dernières années. Je visualisai une scène récente, quelques semaines plus tôt, lors d'une réunion du comité directeur du PS. Pierre était venu. Nous avions échangé quelques mots. Je l'avais remercié d'être là. Je lui avais demandé comment il allait. De la tribune je l'observais. Seul. Fumant comme d'habitude un petit cigare. Un sourire triste aux lèvres. Peu de temps avant, il avait quitté Matignon. Et, ce jour-là, la salle ne lui prêtait aucune attention. Aucun applaudissement à son arrivée, aucun éloge, si peu de signes affectueux. Son discours était tombé dans un semi-brouhaha d'indifférence. Il avait été dirigeant du parti, secrétaire général de l'Elysée. Premier ministre. Et là, aux yeux de ses camarades, il n'était rien, il était seul. Pierre Bérégovoy, combien de divisions ? Effroyable dureté de la vie politique. Oubli d'une fraternité fondatrice. Quelle tristesse !

Je revoyais Pierre. Je repensais à lui. Etrange et familier. Un mélange de certitude et d'inquiétude de soi, de chaleur et de réserve timide, d'habileté diplomatique et d'obstination carrée. Simple et complexe à la fois. Dans les petits cercles du parti d'Epinay et en dehors d'eux en même temps. Il y avait un mystère chez lui, et je ne songeais à ce mystère que maintenant. Il existe toujours une part d'égoïsme dans la communion avec la souffrance d'autrui. A travers le destin de celui qu'on plaint ou qu'on pleure, on réfléchit à son propre destin. Dans ce grand hall d'hôpital, quelques-uns des acteurs de ces vingt années étaient là. Une histoire s'achevait. Et elle s'achevait dans une brutalité inouïe. Nous étions entrés en politique professionnelle par effraction, pour y poursuivre un idéal. La fleur au fusil. Nous allions changer la vie. Qui aurait imaginé les vicissitudes et les épreuves d'une pareille aventure ? Qui aurait pensé qu'elles pourraient conduire l'un d'entre nous à se tirer une balle dans la tête, le long d'un canal désert, un 1er mai ? Nous n'avions pas fait de la politique pour cela. Et pourtant, la politique avait fait cela de nous !

Les derniers jours de campagne avaient sonné l'hallali. A court d'idées, le gouvernement était englué dans les reproches de malhonnêteté. Le parti socialiste résistait comme il pouvait, c'est-à-dire mal. Moi-même je me trouvais dans l'opinion publique accablé par l'utilisation politicienne du drame du sang contaminé. Bérégovoy, le prêt ; Fabius, le sang. Etait-ce un hasard ? Les deux chefs de file de la gauche avaient l'un et l'autre leur « paquet ». Sur un tout autre plan, Michel Rocard ajouta une touche personnelle aux événements en lançant à Montlouis, près de Tours, le 17 février 1993, sa fameuse théorie du « big bang ». Il s'agissait, si j'ai bien compris, de proposer une sorte d'éclatement puis de recomposition des forces politiques pour la période postérieure aux élections. L'analyse sociologique qui servait de trame au discours était assez juste, la conclusion plus surprenante : schématiquement, le parti socialiste devait disparaître, mais l'orateur ne disait pas exactement quoi mettre à sa place et il demandait néanmoins qu'on votât pour lui. J'appris tout cela en écoutant au premier rang le propos car je devais, en tant que premier secrétaire, m'exprimer immédiatement après. Dans l'opinion, le résultat fut sans surprise. Il n'est pas si fréquent qu'un important responsable politique, quelques jours avant une élection majeure, théorise le sabordage de son propre parti. Outre le fond, la méthode me rendit circonspect à l'égard de l'inventeur du big bang. Rocard me disait auparavant vouloir travailler en confiance avec moi. Il ne m'avait prévenu de rien. Les résultats électoraux furent à la mesure d'une préparation d'ensemble si magistrale.

Notre résultat législatif fut une déroute : moins de soixante députés socialistes, le chiffre le plus bas de notre histoire. La droite était victorieuse par raz-de-marée. Seuls surnageaient quelques-uns d'entre nous, députés représentant des circonscriptions inexpugnables ou qui avaient accompli un travail local exceptionnel. Je m'attendais à un très mauvais résultat, pas à ce point cependant.

A peine connus, les chiffres commencèrent les grandes manœuvres. Le parti socialiste venait d'essuyer une défaite historique. La logique aurait été de l'assumer collectivement, d'en analyser les causes et, après une période suffisante de réflexion, de repartir pour reconstruire. Mais la logique était moins forte que les intérêts particuliers. Là où un sursaut se serait avéré salutaire, on organisa un jeu de chaises musicales. Peut-être aurais-je dû, dès l'échec, présenter ma propre démission. J'y songeai un instant, puis y renonçai. La défaite n'était pas seulement personnelle, mais collective ; surtout je voyais les appétits se manifester si bruyamment que je ne voulais pas me montrer complaisant. Ai-je eu tort ? En tout cas je proposai à la direction du parti, comme cela me semblait normal après un tel séisme, de dresser le bilan, de préparer un nouveau congrès et de remettre alors mon mandat aux militants.

Je n'en eus pas le loisir. Après une semaine postélectorale occupée par des manœuvres destinées à m'éjecter, je fus effectivement débarqué. J'avais pressenti ces intrigues mais je ne remuai pas ciel et terre pour les déjouer. Michel Rocard, battu aux législatives, mais toujours aspirant-candidat à l'élection présidentielle, voyait dans le poste de premier secrétaire la planche de salut pour préparer une renaissance. Lionel Jospin, lui aussi battu, annonça un samedi matin 3 avril qu'il se retirait de la vie politique ses proches se prononçant le même samedi, mais l'après-midi, pour mon éviction. Il réinvestit la politique peu après. Pierre Mauroy tempêta sympathiquement contre le mauvais coup qui m'était fait. Il jura qu'il rompait avec la nouvelle direction du parti et la rejoignit quelques jours plus tard. Dans un tel climat, j'éprouvai de la difficulté à taire tout ressentiment. Michel Rocard, une fois la manœuvre accomplie, vint vers moi pour me serrer la main, un peu comme ces enfants qui disent « pouce ». Je fus laconique : « Tu crois avoir gagné et tu viens de tout perdre. » Le diagnostic n'était pas si mauvais.

Il fallut cependant quelques mois pour y voir un peu plus clair. Après des débuts tendus dans son nouveau rôle de « président du PS », Michel Rocard prit plusieurs initiatives heureuses. Il réussit à recoller les morceaux, du moins en apparence. Il se consacra à sa tâche. Mais les contradictions du parti socialiste et les siennes propres étaient trop fortes. La France avait envie d'un futur Président davantage détaché des partis : or, pour pouvoir être candidat à l'élection présidentielle, Rocard était devenu chef de parti. Les dirigeants socialistes consacraient trop de leur énergie à illustrer Tocqueville : « en politique, la communauté des haines fait presque toujours le fond des amitiés ».

Quant aux militants socialistes, privés d'un leader indiscuté, ils n'assumaient plus complètement ni leur mission d'opposants, ni leur tâche d'alternative à naître. Ils souffraient, et Michel Rocard avec eux, de cette demi-posture. Le rocardisme, au surplus, commençait à passer de mode. Pour ma part, j'avais pris un grand coup sur la tête, et le drame que je savais récurrent du sang contaminé m'atteignait au plus profond. Le bilan de cette période était sévère et je ne me le dissimulais pas. Malgré l'énergie, malgré la passion que j'y avais consacrées avec des militants souvent admirables, il était clair que je n'étais pas parvenu en quelques mois à transformer la réalité de ma formation politique. Peut-être était-ce impossible dans les conditions du moment. Les Français, la gauche elle-même, voulaient une alternance. Pour les socialistes, un « travail de deuil » était nécessaire. En tout cas je n'avais pu accomplir à Solférino ce que j'avais rêvé pour mon parti.

Grand-Quevilly

On m'imagine souvent parisien. Politiquement, c'est une erreur : ma région, ma circonscription, ma commune sont situées en Normandie. Humainement, aussi : Grand-Quevilly, ma ville, le grand Rouen dont elle fait partie, jouent dans ma vie un rôle important qui n'a cessé de croître avec le temps.

En 1977, j'avais été élu adjoint de Grand-Quevilly [1] sans connaître profondément ma ville d'élection. Durant plusieurs années, je fus associé à la gestion locale, j'intervins sur les principales orientations, j'appuyai les dossiers qui le nécessitaient, mais je ne suivis pas les décisions communales au jour le jour. Tony Larue, maire inamovible, s'en chargeait. J'étais très présent dans ma circonscription, attentif à ce qui s'y passait, actif pour soutenir les démarches, aider les initiatives, soulager les difficultés. Pour autant, je ne jouais pas les maires de substitution.

Les autres fonctions que parallèlement j'exerçais requéraient à elles seules beaucoup de travail, je ne disposais que de peu de temps pour la gestion communale. En outre, la leçon tirée de situations voisines où j'avais vu le maire en place se disputer avec le dauphin qu'il avait pourtant pressenti – regarder son dauphin, c'est regarder sa propre mort – me poussait à éviter une erreur : le pilotage d'une mairie en double commande, qui conduit en général à la paralysie ou au conflit. Puisque Tony Larue, élu et réélu neuf fois

1. Le nom exact de ma ville est Le Grand-Quevilly, je préfère dire Grand-Quevilly en me délestant du « le », comme les Normands le font dans la conversation courante.

maire, avait décidé de demeurer à son poste, il aurait été moralement impossible que je lui demande de se retirer. Il dirigeait la ville avec compétence. Il entendait le faire jusqu'en 1995 si sa santé le lui permettait. Il n'était pas homme à partager son pouvoir. Longtemps je ne fus donc premier adjoint qu'en titre.

En 1993, les choses commencèrent à changer. La préparation des élections législatives me poussa à être davantage présent. A côté des avancées communales qui avaient été réalisées, je mesurai d'autant mieux les lacunes à combler, les besoins nouveaux à satisfaire. Le boulet électoral passa très près. Je décidai alors, à la fois par nécessité politique et par goût, de m'investir pleinement dans mon mandat communal. D'autant plus que je choisis, avec l'accord de Tony Larue, de briguer sa succession aux élections de 1995. A partir de là, je m'engageai. Appuyé sur l'expérience que j'avais acquise, aidé par la position particulière que j'occupais dans la hiérarchie municipale, soutenu par un réseau tissé au fil des ans, je lançai plusieurs projets, grands ou petits, dont le trait commun était de chercher à améliorer la vie quotidienne des Quevillais.

Tous les responsables locaux y insistent : ce qu'ils apprécient le plus dans leur tâche, c'est l'aspect concret des décisions qu'ils prennent, le circuit court entre les besoins de la population, leur action d'élus et les résultats obtenus sur le terrain. J'avais répété fréquemment à voix haute ce lieu commun, sans le ressentir profondément. Désormais, ma perception changea. Bien sûr, n'étant pas encore maire et devant respecter l'autorité de mon prédécesseur, je ne pouvais entreprendre tout ce que j'aurais souhaité. Mais ce que je ne pouvais pas ou ce que je ne voulais pas réaliser immédiatement, je le notais sur un petit carnet que j'emportais avec moi partout. J'entendais le mettre en œuvre plus tard lorsque je disposerais des moyens indispensables.

Je commençai à engager des actions multiples : pour ma ville et pour toute l'agglomération rouennaise, un métro d'une dizaine de kilomètres destiné à restructurer cet ensemble de quatre cent mille habitants ; des animations de vacances sur place pour les jeunes qui, jusqu'à présent, avaient manqué ; au pied des immeubles, des aires de jeux dont l'absence et la nécessité m'étaient soulignées à travers mes tournées ; des salles de sport supplémentaires pour compléter le maillage des activités de loisir ; l'organisation, après la classe, d'une aide aux leçons et aux devoirs pour les élèves en difficulté, aide dispensée par des enseignants ou par des étudiants boursiers de la ville ; des après-midi dansants pour les retraités, souvent jeunes, en forme et que désigne maladroitement le vocable « troisième âge ». La liste de ces projets devenus actions s'allongeait, à la mesure de mon engagement local.

J'étais – je suis – à l'affût du moindre projet qui peut embellir ma ville et la vie de ses habitants. Je circule avec un appareil de photo Polaroid dans ma voiture et, chaque fois que je rencontre en France une jolie place, un immeuble attrayant, un jardin public accueillant, je prends un cliché afin d'en tirer leçon en Normandie. Je consacre souvent une demi-journée ou une journée à visiter ici ou là une réalisation dont j'ai entendu parler, tantôt discutant avec les habitants à propos des défauts et des mérites de leur cadre de vie, tantôt guidé par le maire qui m'expose son expérience, les difficultés qu'il a surmontées, les pleins et les déliés de son action. Je me transforme sans effort et sans feinte en un élu local passionné, désireux de mettre au service des habitants de ma commune et de ma région ce que j'ai appris en vingt ans, médiateur public, passionné par les vastes projets comme par les détails, même si tous ces projets additionnés représentent, en termes financiers, le millième, le dix millième de ce que j'ai eu l'occasion de décider à d'autres phases de ma vie.

Cette comptabilité-là n'est pas la bonne. Ce qui compte, c'est le mieux-être qu'on peut procurer à chacun, la contribution apportée à l'avenir d'un enfant, d'une famille ou de l'agglomération tout entière. Moi qui d'ordinaire suis incapable de demander quelque chose pour moi-même, je deviens un VRP de choc lorsqu'il s'agit de ma commune. D'abord gouverner la nation, ensuite diriger ma ville : j'ai suivi le chemin habituel à l'envers. Ce cheminement particulier me confirme les besoins multiples de la population, les difficultés éprouvées pour décider, pour réaliser, puis pour appliquer toute décision publique, les comportements souvent insupportables parce que arrogants et aveugles de certaines administrations. J'aime ce parcours, y compris dans ses complexités. Depuis le début les Normands m'ont fait confiance, par mon action j'essaie de leur rendre cette confiance.

Comme la plupart des parlementaires élus locaux, j'ai deux domiciles. L'un à Paris, l'autre à Grand-Quevilly, un trois-pièces situé non loin de la mairie. Ma commune est, sinon une « ville nouvelle » au sens administratif du terme, du moins une nouvelle ville qui, à partir d'un bourg de trois mille personnes, a grandi jusqu'à une trentaine de milliers d'habitants. Le développement s'est opéré pour l'essentiel à une époque où les contraintes financières et les pratiques architecturales imposaient un habitat de barres, de tours, de ZUP qui défigurent les paysages et les vies. Les pratiques ont aujourd'hui changé. Les conséquences de l'urbanisme des années 60 sont apparues. Une de mes tâches essentielles, peut-être la première, consiste à réaménager ce tissu urbain, à le rendre moins dense, plus animé, plus convivial : à l'échelle humaine. La population de Grand-Quevilly comporte beaucoup d'ouvriers et d'employés. Plus de 70 % des logements sont des HLM. Nous devons construire ou réhabiliter des centaines d'habitations pour des familles aux ressources modestes. Mon prédécesseur, Tony Larue, a eu l'intelligence d'acquérir patiemment au nom de la ville beaucoup des terrains disponibles, de sorte que le problème foncier, la « charge foncière » comme disent les spécialistes, est nettement moins lourd à Grand-Quevilly qu'ailleurs. On évite ainsi un handicap majeur pour toute opération d'urbanisme. Mais ce point-là mis à part, que de difficultés !

Difficultés financières d'abord : les impôts locaux sont d'une injustice extrême. Les ressources sont à Neuilly ; les besoins sont à Saint-Denis... et à Quevilly. La fiscalité communale constitue un défi au bon sens, en tout cas un défi à la justice. Une petite ville qui possède la chance d'accueillir sur son sol une grande usine ou le siège d'une société importante roule sur l'or et peut ne demander à ses habitants que des contributions modestes ; les communes voisines qui accueillent la population, construisent les équipements, affrontent les soucis, sont contraintes, elles, de pratiquer une taxation élevée. Cette inégalité est criante et il faut reconnaître que la gauche au pouvoir, par peur de heurter les situations acquises, l'a peu atténuée.

Difficultés administratives : pour construire, pour réhabiliter, pour aménager, il faut une multitude d'autorisations, de subventions, de délais, de réunions qui allongent les procédures et découragent les meilleures volontés. Le maire ne peut pas recruter librement ses collaborateurs. Il est enserré par des règlements, des grilles, des indices, au demeurant protecteurs des fonctionnaires locaux, avec pour résultat que les compétences se réfugient souvent ailleurs. Et quelle morgue souvent de la part de l'administration d'Etat envers les élus ! Le ton des lettres reçues, des directives transmises n'est pas supportable : « Vous ferez ceci, vous ne réaliserez pas cela, vous suivrez telle instruction. » Au nom de quelle compétence ? De quelle légitimité ? En découvrant ces courriers, je jure parfois tout seul dans mon bureau. La déconcentration a réduit la hampe du marteau, mais le marteau frappe toujours.

Difficultés de conception, également : les élus locaux doivent se transformer selon les moments en spécialistes du droit, de l'architecture, des finances publiques, de l'économie, des problèmes sociaux. Même avec une formation diversifiée et un bon carnet d'adresses, les problèmes ne sont pas simples à régler pour autant, et beaucoup d'élus ne disposent pas de ces avantages qui étaient les miens. D'autant plus que, dans notre société du chacun pour soi, du chômage massif et des exclusions multiples, le maire demeure un des rares médiateurs, un intercesseur, celui vers lequel on se tourne quand on espère encore ou quand on n'espère plus. Il doit donc, même s'il aime le travail en équipe, se préoccuper personnellement de tout.

Ces difficultés quotidiennes de l'élu, je les ai éprouvées, mesurées à travers par exemple le renforcement de la nécessaire coopération intercommunale, la réalisation de zones industrielles, l'édification d'équipements sportifs ou de formation, l'achèvement du centre-ville. Je les assume. Peu à peu, avec le conseil municipal, nous cherchons à transformer ce qui doit l'être. Dans ce rôle concret de bâtisseur, je me sens utile et accordé à moi-même.

Dans l'agglomération rouennaise, nous avons baptisé « Métrobus » le nouveau système de transports publics que nous avons réalisé, parce qu'il rassemble à la fois des bus et un tramway, lequel emprunte, sur son parcours, des voies de surface et des installations souterraines. En 1989, j'avais pris la présidence de l'instance de coopération intercommunale appelée Sivom, regroupant trente-trois communes de l'agglomération, dont Rouen est la plus importante. Carence des transports en commun, fréquence des embouteillages, responsabilité de l'automobile dans la pollution atmosphérique, mauvaise desserte de nombreux points sensibles : dès le début de mon mandat je décidai de lancer ce projet de métro avec la majorité de gauche qui me soutenait. Nous dûmes batailler ferme. Les élus de droite à Rouen, la ville-centre, étaient hostiles – du moins au début. Dirigeant la ville, ils disposaient d'une capacité quotidienne de blocage dès qu'une autorisation municipale était requise, c'est-à-dire chaque fois qu'il était nécessaire de creuser un trou ou d'inverser un sens unique. Or, des trous, il y en avait beaucoup à creuser. Il fallut modifier les circulations, surmonter les résistances, respecter les délais et les coûts, et associer à chaque étape la population. Je tins bon. En trois ans, de 1991 à 1994, avec l'aide d'une petite équipe animée par un de mes amis, Yvon Robert qui s'y consacra efficacement et devint ensuite en juin 1995 maire de Rouen, nous bâtîmes le métro. Ce chantier a non seulement transformé les transports, mais l'agglomération elle-même. Il a bouleversé beaucoup d'aspects des communes où le métro circule désormais et relié les deux rives de la Seine jusque-là séparées géographiquement, sociologiquement, psychologiquement et politiquement. Fin 1994, à l'heure que nous avions fixée plusieurs mois auparavant, le métro roulait. Nous songeons déjà à le compléter soit par un transport aérien, une sorte de téléphérique, reliant la commune de Rouen aux villes hautes qui la surplombent, soit par une autre technique, ainsi qu'à raccorder le métro à des lignes de chemin de fer inutilisées. Au départ, le métrobus fut une idée. Aujourd'hui, c'est un transport qui rend service à plusieurs dizaines de milliers de personnes par jour. D'ici à quelques années, ce sera un second et petit RER, réseau express rouennais, pour plusieurs centaines de milliers d'habitants. A son échelle, il s'agit du chantier qui, depuis un demi-siècle, a le plus profondément façonné le visage de l'agglomération rouennaise.

Grand-Quevilly compte aujourd'hui trop peu de jeunes. La population locale a diminué au cours des dernières années avant de remonter. Des salles de classe ont dû fermer, des équipements se sont vidés. Il nous faut inverser le mouvement, favoriser l'accueil de jeunes, donc construire, veiller à l'animation de la cité, tout en évitant l'accroissement des impôts. Or l'animation ne se décrète pas. Les anciennes « maisons de jeunes » ont fait leur temps. A nous de trouver des lieux, des moyens, des profils d'accueils nouveaux. Le sport et la musique sont désormais les deux moyens de rencontre privilégiés. Nous avons décidé de confier aux mêmes équipes d'animation l'initiation au judo et la prise en charge des jeunes, dans un espace jeunesse-judo. L'équipe municipale compte des jeunes, de très jeunes même. Rien ne me satisfait plus que d'aider ces jeunes à réussir. Une équipe vient me voir, elle pratique la musique et veut un local pour répéter : il faut leur en trouver un. Un groupe veut se mobiliser dans la lutte contre le Sida. Deux garçons épris d'alpinisme souhaitent réaliser un mur d'escalade et ils veulent enseigner ce sport à d'autres. Est-ce possible? A quelles conditions? Les parois d'un passage souterrain sont couvertes de tags : nous décidons de confier cet espace par contrat au lycée tout proche, qui formera les taggeurs, suscitera le dessin d'une fresque, veillera à son bon entretien. Par touches successives, par un état d'esprit ouvert, en y consacrant les moyens, le temps et les personnels qu'il faut, on parvient à favoriser l'animation, on recoud un tissu social déchiré, on développe la convivialité, le sens et la pratique de la fraternité. On fait des citadins des citoyens.

Dans une ville de taille moyenne comme la mienne, le maire est censé s'occuper de tout. Logement, propreté, sécurité, emploi, grandes et petites tâches, tout lui incombe, à lui et à son équipe municipale. C'est la servitude de la fonction. C'est aussi son intérêt et sa profondeur. Les permanences que je tiens, les courriers que je reçois traitent des sujets les plus divers, rarement de politique politicienne. Ici je sens vraiment battre le pouls de la population. Je constate les préoccupations nouvelles s'y révéler avec force. Par exemple, j'ai vu l'insécurité littéralement envahir l'agglomération pour devenir une obsession. J'ai vu aussi grandir, physiquement et psychologiquement, la préoccupation d'environnement. De vastes usines sont installées sur ma commune et dans ma circonscription, représentant beaucoup d'emplois et une proportion élevée de nos ressources financières. Elles font partie des établissements à risque, appelés établissements Seveso. Notre tâche consiste à réduire le plus possible les sources de pollution (déchets, odeurs, bruits, fumées, effluents divers) sans entraver l'activité économique. Les entreprises pratiquent parfois le chantage à la suppression d'emplois ou à la délocalisation : « Monsieur le Préfet, Monsieur le Maire, si vous nous obligez à inclure tel dispositif coûteux, nous serons contraints de débaucher ou de fermer. » Le personnel, à la fois employé par l'entreprise et habitant la ville, se trouve pris en otage. La négociation est permanente, la contradiction aussi. Au moins la préoccupation de l'environnement existe-t-elle désormais vraiment. Je suis convaincu que cet aspect prendra une place croissante. Déterminante. Lorsque j'étudiais l'économie, on nous parlait seulement du travail et du capital dans la production. Vingt ans plus tard, comme décideur, le troisième facteur – la nature – apparaît, lui aussi, essentiel. Lutte contre les rejets toxiques, action contre le bruit, tri sélectif des déchets ménagers, épuration de l'eau, protection de la forêt et des espaces verts, la nature est devenue le troisième grand paramètre de toute action. Ma première décision majeure de maire a été de prévoir un « centre-parc » là où n'était prévu qu'un centre-ville. Les espaces verts ne cessent de gagner du terrain. Le maire devient aussi une sorte de jardinier en chef. Alphonse Allais, avec ses fameuses villes à la campagne, passera bientôt pour un visionnaire.

Dans ma ville, il me semble que les rapports sont plus vrais, plus simples, plus directs qu'à Paris. Les relations n'y sont pas biaisées. Les ambitions individuelles, les mesquineries, n'y polluent pas tout. Non, je n'idéalise pas : la nature humaine a ses constantes, et Quevilly n'est pas l'île de Robinson. Mais combien de vrais dévouements ! Combien d'efforts acceptés ou même revendiqués pour réussir une kermesse, préparer un spectacle de fin d'année, fêter un départ en retraite, créer une chaîne de solidarité envers un ami souffrant ou simplement malheureux ! La très grande ville tue la proximité, et la vie politique dans la très grande ville la tue deux fois. Ici l'action, l'engagement, la chaleur humaine reprennent leur sens.

C'est peut-être avec les « personnes âgées » de Quevilly que cette chaleur est la plus immédiate, la plus manifeste. Le mot, je l'ai dit, est impropre. Je préfère parler d'aînés, de « seniors ». Non par pudeur ou par hypocrisie ; mais parce que beaucoup de ces personnes sont en pleine forme, alertes, actives, curieuses de tout, et qu'une dénomination du type « troisième » ou « quatrième âge » les caricature et les exclut. Pourquoi cette communion spontanée avec les seniors ? Je ne sais pas bien l'expliquer, mais chaque contact avec eux me réchauffe l'âme. Ils sont si heureux d'un sourire, d'une attention, que j'éprouve à leur contact le sentiment physique d'être utile, d'apporter immédiatement un peu de bonheur. Ces seniors, je les rencontre dans la rue lorsqu'ils font leur marché ; à la sortie des écoles où ils vont chercher leurs petits-enfants ; lors de spectacles organisés à leur intention dans le théâtre ou le foyer de la ville ; à chaque fin d'année, au cours des repas dressés pour eux, ou dans des discussions impromptues. Je leur adresse un salut, un regard, un mot, une question. J'écoute leurs soucis, leurs interrogations. Mes poches s'emplissent de petits papiers où j'inscris les interventions, les instructions à donner à la suite de ce qu'ils me confient, les idées nouvelles à examiner. Le chauffage n'est pas assez élevé dans certains immeubles ? Que vont devenir avec l'installation du métro les anciennes lignes de bus ? Est-il possible de trouver un emploi à la petite-fille ? Ne pourrait-on pas remplacer telle espèce d'arbre dont les branchages empêchent la lumière de passer ? La confiance n'a pas besoin de longues dissertations. Ils m'encouragent. Ils s'inquiètent pour les miens. Ils vivent mes espoirs, mes succès, mes échecs. D'une certaine manière ils font partie de ma famille et moi de la leur. Ces liens sont devenus pour moi une vraie source d'équilibre et de joie.

Ce qui me passionne dans tout cela, c'est le contact humain, la solidarité en actes, la diversité des initiatives locales et leur caractère pratique. J'aime rencontrer des responsables ou des membres d'une association – à Grand-Quevilly nous avons la chance de bénéficier d'un tissu associatif très dense –, discuter avec eux, apprendre d'eux, leur confier une tâche. J'aime me rendre sur un chantier, mesurer le travail qui s'accomplit, rectifier un détail, compléter un projet. J'aime parcourir les rues ou les friches de ma ville pour imaginer ce que sera la situation après tel changement, tel apport. J'y retourne deux fois, trois fois, davantage si nécessaire, aux différentes heures de la journée, sous différentes lumières. J'ai besoin de voir pour savoir, de demeurer là, d'écouter, de m'imprégner. L'espace n'appartient pas seulement à celui qui l'habite mais aussi à celui qui le voit. L'élu doit sentir le besoin qui s'exprime, prendre la décision qui y répond, organiser la réalisation et le suivi permanent. Le va-et-vient entre le constat local et la perspective nationale, entre les microdécisions et les « macrochoix », là se trouve l'aspect le plus passionnant, ce qui alerte sur une approche ignorée, confirme dans une orientation ou pousse à se remettre en question.

Lorsqu'on a eu la chance, comme je l'ai eue, d'expérimenter l'administration des hommes et des choses au niveau du gouvernement aussi bien qu'à celui de la commune, on mesure mieux les pesanteurs, les corporatismes, les obstacles et les paralysies. La tâche du responsable public est de les prendre en compte pour les surmonter. Si l'on cherche à casser les résistances sans les connaître, on se brise soi-même. Si l'on se contente de s'y soumettre, on n'est pas à la hauteur de ses fonctions. Si l'on sait les mesurer pour les dépasser, on commence à remplir sa mission.

Anticiper et résister : à l'échelon local comme à l'échelon national, voilà donc désormais la double tâche du responsable public. Elle influencera demain d'une façon nouvelle tous les parcours politiques. Le cumul des fonctions, tôt ou tard, reculera. Les élus locaux se consacreront de plus en plus pleinement à leurs tâches locales. Certains d'entre eux, ensuite mais ensuite seulement, opteront pour un mandat national. Les femmes accéderont de plus en plus à des responsabilités électives : ce sera un des grands changements des vingt prochaines années. Les charges les plus importantes de l'Etat seront briguées par d'anciens élus locaux qui se seront fait apprécier comme maires ou comme responsables régionaux, à l'américaine ou à l'allemande. La vie politique locale deviendra plus déterminante. La vie politique nationale deviendra moins décisive. Peut-être même en viendra-t-on à changer à cadence accélérée les responsables politiques nationaux, à les jeter comme des Kleenex. Leur « qualité » alors baissera. Dans vingt ou trente ans – je prends date –, l'exception française aura disparu sur ce point : le local aura pris un poids considérable, le global en aura perdu. Après avoir été sans doute trop ambitieuse, la politique sera devenue modeste. Si elle devient trop modeste, on regrettera le temps des grands desseins.

Cour de justice

Impossible, évidemment, de revenir sur ces années sans évoquer le drame du sang contaminé par le virus du Sida. Pourtant, devant ce drame qui a causé tant de victimes et déclenché tant de douleur, les discours, les mots sont froids. Les vies brisées ne se réparent pas. Il faut chercher à comprendre. Comment parler?

D'abord les faits. J'étais Premier ministre au moment d'une partie de ces événements dramatiques, qui, plusieurs années après, ont conduit à un maelström judiciaire. Les tribunaux ont été saisis de plaintes multiples par des personnes atteintes du Sida ou par leurs familles. Des hommes ont été condamnés, d'autres font encore l'objet de procès. A leur tour et sur la base d'une qualification criminelle très lourde, des ministres ont été poursuivis devant la Cour de justice. J'ai été moi-même mis en examen. J'ai considéré que le chemin que je devais suivre était simple, en tout cas simple à définir, même s'il constituait humainement une pénible épreuve : chercher à écarter les amalgames, les mensonges, les erreurs, et dire les faits, ou plutôt les redire, tels qu'ils sont, en souhaitant que l'emportent finalement la justice et la vérité.

Le premier aspect de ce drame concerne la question du chauffage ou du non-chauffage des produits sanguins nécessaires aux hémophiles. On sait désormais que lorsqu'on chauffe ces produits à une certaine température, ils ne peuvent pas être contaminants. En France, c'est ce qui a été fait à partir d'octobre 1985. Pourquoi cette date? Comment a-t-elle été déterminée? Une partie du drame, des procès, des polémiques tourne autour de ces questions. Personnellement, je n'en ai au gouvernement jamais été saisi. Ni en 1984. Ni en 1985. Ni en 1986. A aucun moment. Quand on connaît l'organisation complexe de l'Etat, quand on sait la nature du rôle du Premier ministre, quand on constate le caractère extrêmement technique et précis de cette question, cela n'a rien de surprenant. A partir de ce que j'ai lu et analysé depuis, il me paraît clair aujourd'hui que les ministres mis en cause à propos du chauffage des produits sanguins antihémophiliques ont suivi les avis que leur donnaient les commissions consultatives composées d'experts.

L'autre aspect contesté, c'est la décision de rendre obligatoire le test de dépistage du Sida pour les dons de sang. De cet aspect j'ai été saisi : malgré un contexte sous-estimant à l'époque gravement la maladie, j'ai pris la décision qu'il fallait. Selon quel cheminement ? Les faits sont connus mais, les redisant, je veux être précis. Par une note du 29 avril 1985, une des nombreuses notes quotidiennes que reçoit tout Premier ministre, l'un de mes conseillers techniques, Jacques Biot, me consulte sur l'opportunité de rendre systématique le test de dépistage du Sida. Aucune urgence sanitaire n'est signalée. La question m'est présentée sous un aspect recherche, innovation, industrie. Je donne aussitôt un avis favorable, à ce moment beaucoup plus par réflexe que par savoir. Le processus interministériel préparatoire s'enclenche et les problèmes, les modalités sont examinés. Certaines interrogations de nature éthique sont levées, la procédure d'évaluation des tests de dépistage et du risque de contamination, qui avait commencé auparavant, vient à son terme. Le 14 juin, je reçois une autre note de François Gros, professeur au Collège de France, conseiller à mon cabinet, complétée le 18, concernant le test systématique de dépistage, avec des indications un peu plus précises. Dès le lendemain, le 19 juin, j'annonce la décision de test systématique devant l'Assemblée nationale, tout en évoquant les incertitudes quant à la maladie. Certains réagissent alors à ma décision en disant : « Est-ce que c'est à un Premier ministre de s'occuper de cela ? » D'autres ajoutent : « Vous montrez du doigt les groupes à risque. Vous avez tort. » Quelques-uns me reprochent d'aller trop vite. Dans les jours qui suivent, tout le monde reconnaît cependant qu'on a pris la mesure qu'il fallait et rapidement.

Les tests de dépistage sont validés par les instances compétentes sans qu'à aucun moment j'aie à interférer dans cette validation technique. Les centres de transfusion sanguine sont en mesure de pratiquer le dépistage. En juillet 1985, la plupart d'entre eux le pratiquent. Au 1er août – cette date ayant été choisie plutôt que celle du 1er octobre initialement proposée –, tous les centres de transfusion français sont équipés, le dépistage leur est remboursé. Le 19 juin, j'avais précisé devant l'Assemblée que la question, alors controversée, de l'information des donneurs de sang séropositifs ferait l'objet d'une étude complémentaire menée par un groupe d'experts. En août, dès réception de l'étude de ce groupe, je chargeai par lettre les ministres compétents, à partir des recommandations formulées, de déterminer et de mettre en œuvre une stratégie globale de santé publique en matière de Sida, fondée sur la recherche, l'information et la prévention. Au total – c'est évidemment très important à rappeler –, la France a été le troisième ou le quatrième pays du monde le plus rapide à prendre la décision de dépistage systématique du Sida et à l'appliquer. Elle a agi avant notamment la Grande-Bretagne, l'Allemagne, la Suisse, l'Espagne ou le Danemark. Beaucoup hésitaient. Personnellement, quand on m'a saisi, j'ai dit oui. Voilà les faits.

Nous sommes désormais dix ans après. A la lecture des articles, des rapports, des déclarations de l'époque, ce qui frappe aujourd'hui, c'est l'erreur d'appréciation alors commise par la plupart des praticiens et des spécialistes de ces questions. Cela, on l'oublie facilement pour reconstituer une vérité *a posteriori*, avec les connaissances actuelles ou en mettant en exergue quelques positions très isolées. Par exemple, personne ou presque ne se souvient que le 13 mai 1985 (un mois seulement avant l'annonce de la décision du dépistage), le prestigieux Comité national d'éthique présidé par le professeur Jean Bernard, grand hématologue, écrivait : « On n'est assuré ni de la signification de la séropositivité, ni de l'acheminement vers le Sida, ni du danger de contamination, ni de l'efficacité de la thérapeutique. » Qui se rappelle que le 12 octobre 1985, dans un sondage SOFRES réalisé pour le *Figaro Magazine*, 87 % des médecins généralistes estimaient que « la peur du Sida est exagérée », 12 % seulement émettant un avis contraire ? Qui garde en mémoire qu'on pensait alors que seulement 10 % des personnes séropositives contracteraient le Sida ? En 1985, quand la décision de test obligatoire fut prise, il y avait en France, selon des rapports officiels, moins de dix cas de Sida répertoriés liés à la transfusion (c'était évidemment dix de trop). L'urgence sanitaire n'était ni ressentie, ni donc déclarée. Evoquant les années 1983 à 1985, le professeur Montagnier, codécouvreur du virus, a rappelé que « certains spécialistes pensaient qu'être séropositif, c'était être protégé par des anticorps ». On a oublié tout cela. Mais la rétroactivité scientifique n'est pas plus acceptable que la rétroactivité pénale.

Comment expliquer, sinon, que les organismes français chargés de la transfusion, malgré plusieurs circulaires administratives datant de 1983 et du début 1985, n'aient pas procédé suffisamment et depuis longtemps à la sélection des donneurs de sang, laquelle aurait permis, même en l'absence de test, de réduire le danger ? Ainsi que l'a montré un rapport publié en 1995 du Haut Comité français de la santé publique, c'est cette absence de sélection qui explique le nombre élevé des contaminations qui se sont produites par transfusion. Plus généralement, l'ampleur des progrès techniques n'a-t-elle pas accaparé l'attention des médecins au point que certains ont fini par confondre les moyens et les buts ? Comme si les critères techniques et scientifiques avaient pris parfois le pas sur l'humanisme essentiel. Comment expliquer, sinon, que les médecins n'aient pas réduit les transfusions aux cas strictement nécessaires et que la France ait continué à surconsommer du sang? Comment expliquer que presque aucun spécialiste n'ait songé avant les années 90 à réclamer et à organiser l'avertissement systématique des personnes transfusées pendant la période antérieure à 1985? Et je n'évoque pas à nouveau le cas dramatique des hémophiles! Quel que soit le gouvernement en place, les ministres ou le Premier ministre peuvent difficilement en savoir plus sur des sujets d'une telle complexité que les médecins, les chercheurs et les savants, surtout si ceux-ci sont quasiment unanimes.

Dans ce contexte, pourquoi ai-je pris l'orientation puis la décision qu'il fallait, celle de rendre systématique le test de dépistage? Des objections étaient présentées, notamment financières, éthiques ou liées à l'efficacité même de la mesure. Je ne les ai pas retenues. J'avais le sentiment que le test systématique serait un progrès, que le Sida allait être une question importante et qu'il fallait agir pour s'en protéger. Cela signifie-t-il que j'étais alors parfaitement et dans le détail informé de toutes les données? Non. On dira : un Premier ministre n'a pas à tout connaître, il n'est en général pas en première ligne sur les questions de santé; l'essentiel est qu'il donne, s'il est saisi, la bonne orientation. C'est cela, effectivement, le rôle du Premier ministre. Et c'est cela que j'ai fait.

De tous les pays, un seul, la France, connaîtra plusieurs années après une telle mise en cause pénale des responsables politiques et des membres des cabinets ministériels, dont je suis convaincu qu'ils ont agi selon ce qu'ils estimaient être l'intérêt général. Pourquoi? Parce que dans notre pays étatisé et centralisé la transfusion sanguine a longtemps été totalement identifiée à l'Etat. Probablement aussi parce que le fossé s'est élargi entre la société française et son personnel politique et que, une fois le drame survenu, il y a eu à un certain moment une volonté de nature politicienne de l'exploiter, en s'appuyant sur le désarroi de l'opinion. Parce que, enfin, la responsabilité proprement politique n'ayant pas pu jouer puisque les faits ont été connus seulement plusieurs années après le changement de gouvernement, toute la charge s'est alors reportée sur le plan pénal, au point d'apparaître parfois comme une demande non pas de justice, mais d'expiation et même de vengeance.

Un débat, dont les termes sont souvent confus, a eu lieu sur la notion de « responsabilité ». Comment ne pas être bouleversé par les images et par les récits des adultes ou des enfants atteints par le Sida ! Mille fois je me suis demandé : comment une pareille chose a-t-elle été possible ? Cela, c'est une responsabilité morale, intime, à la limite c'est la responsabilité de tous ceux qui ont pris part à ce débat, médecins, journalistes, fonctionnaires, politiques. C'est quelque chose qui est en moi et qui ne me quittera jamais. Et puis il y a la responsabilité de l'Etat : cette responsabilité, qui obéit à certains principes, a été reconnue par les tribunaux. Enfin, il y a la responsabilité juridique personnelle des hommes et des femmes pour leurs actions. Cette responsabilité-là, il faut rappeler qu'elle n'existe que sur une base très précise, d'autant que lorsqu'il s'agit d'une responsabilité pénale la précision est une garantie de la liberté.

L'homme politique est-il responsable de ses actes ? a-t-on demandé dans ce contexte dramatique. Bien sûr. Cela veut dire qu'autant on peut reprocher au politique une mauvaise décision prise sur la foi de bonnes informations, autant il serait inéquitable de lui reprocher une bonne décision prise sur la base d'informations lacunaires. Si un ministre ou un membre de cabinet ministériel n'était jamais responsable de ses fautes personnelles, il pourrait être conduit à faire n'importe quoi. A l'inverse, s'il était tenu pour responsable des fautes qu'il n'a pas commises personnellement, le déni de justice serait évident. En ce qui me concerne, je ne redoute pas le regard impartial porté sur mon action. Ce n'est en effet pas la même chose, ni au regard du droit, ni au regard des faits, de causer le dommage, de tolérer le dommage ou, comme ce fut mon cas, de faire cesser le dommage. Dans les circonstances que j'ai rappelées, j'ai eu une décision à prendre, et aujourd'hui tout le monde reconnaît qu'elle était la bonne.

J'ajoute une autre interrogation de fond : comment éviter qu'un drame analogue ne se produise dans d'autres circonstances, comment réduire les risques ? D'autant plus que les problèmes qui vont être soumis dans l'avenir aux décideurs publics seront toujours plus complexes et que la réaction de ceux-ci devra être toujours plus rapide. Transparence, contrôle, responsabilité sont les premières exigences à respecter, tout le temps et partout : il faut que la décision intervienne à l'issue d'un processus contradictoire, transparent et qui – difficulté supplémentaire – doit être aussi bref que possible. Je considère également comme indispensable que dans toutes les administrations « sensibles » (santé, équipement et transports, énergie, environnement, industrie, etc.) soient généralisées les procédures directes d'alerte, capables de court-circuiter si nécessaire les habitudes, les résistances, les orthodoxies. Des mécanismes de « veille » doivent être systématisés : à ma connaissance ils ne le sont toujours pas. S'impose aussi un renforcement des administrations de santé, périodiquement évoqué, jamais réalisé, et la pratique d'expertises et de contre-expertises indépendantes.

L'action contre le Sida n'appartient pas seulement au passé mais fortement aussi au présent et au futur. Une coordination beaucoup plus étroite des efforts de recherche devrait être instaurée là où existent encore trop de divisions ; un accroissement de la prévention, alors qu'elle s'arrête souvent à l'entrée des lycées ; une meilleure prise en charge des problèmes des toxicomanes. Quant au caractère systématique du dépistage dans certaines circonstances (examens prénuptiaux, service militaire, etc.), je connais les objections qui lui ont été faites et elles méritent une réflexion de fond ; mais depuis longtemps je crois honnête de soulever la question : d'ici à quelques années, des familles, des malades ne seront-ils pas fondés à demander à l'Etat et à ses représentants pourquoi, connaissant cette fois-ci à coup sûr le risque et l'urgence, ils n'ont pas décidé un dépistage systématique ? De la réponse à toutes ces questions dépend la sécurité future de notre société. Avec la vérité des faits et la justice rendue aux victimes, je souhaite que ce soit cela – et cela seulement – qui guide nos pas.

Le drame du sang contaminé a marqué profondément l'opinion. Encore aujourd'hui il la traverse par bouffées, par spasmes. Pendant des mois, on n'en parle pas publiquement, puis, tout à coup, il revient et éclate à pleine force. Ces spasmes, je les vis en première ligne. Ce fut le cas, par exemple, en novembre 1992. Le 14 novembre, j'invitai pour la première fois à dîner à la maison Michel Rocard et sa femme. Françoise et Ilana Rocard avaient eu l'idée de ce dîner après une période de tension entre Michel et moi. Peu avant, en effet, celui-ci avait demandé publiquement, sans m'en avoir informé, que la Haute Cour de justice (qui aujourd'hui n'existe plus) se réunisse pour nous juger, les ministres et moi-même, à propos du drame du sang contaminé, torpillant le projet raisonnable de réforme de la Constitution que j'avais proposé, et qui, quelques mois plus tard, finira par être adopté. Le dîner commence bien. Visiblement, Rocard, gentillesse et prudence à la fois, veut être un bon compagnon. A mon fils Victor, qui vient nous souhaiter bonsoir, il dit : « Tu peux être fier de ton papa. » Cela me touche. Rocard amène la conversation sur Mitterrand. Il cherche à me faire dire ce que j'ai éprouvé lorsque celui-ci quelques jours plus tôt a évoqué à la télévision la Haute Cour de justice, la nécessité d'un jugement des ministres, sans avoir un mot ni pour mes collègues ni pour moi. Rocard s'indigne en parlant de Mitterrand : « Le seul service qu'il puisse rendre à la France, c'est de partir. » Les mots claquent comme des gifles. Ils contiennent en eux tellement de rancœurs accumulées, de petites vexations recuites et de grands conflits, qu'ils laissent un malaise. Je n'y fais pas écho. J'essaie d'expliquer à Rocard qui est profondément Mitterrand, que la maladie de ce dernier bouleverse pas mal de choses ; que lui qui, jusqu'ici, dissertait abstraitement sur la mort, il la porte désormais en lui, et que, dès lors, de toute façon, il est peu imaginable qu'il décide de quitter ses fonctions prématurément, comme le souhaite Rocard, car ce départ équivaudrait symboliquement à sa mort. Nous nous séparons à minuit. Je dois encore travailler à mes interventions du lendemain à propos du drame du sang. La semaine a été dure. Je suis fatigué. Seulement des coups reçus. Sans arrêt.

Le dimanche 15 novembre a lieu le comité directeur du PS, élargi aux parlementaires. Je répugne à mêler ce drame et la politique. Mais désormais ils sont mêlés. Je ne peux pas choisir seul l'attitude à adopter sur des sujets qui nous engagent tous ; mes camarades doivent aussi s'exprimer. Ils sont venus très nombreux. A 9 h 30, je réunis les amis de ma sensibilité, de mon « courant ». Pour la première fois, nous siégeons dans une salle de la rue de l'Université que j'ai fait construire lorsque je présidais l'Assemblée : je pensais l'inaugurer dans d'autres circonstances ! Je m'exprime quelques minutes. Les gorges sont nouées. Ceux qui sont là, ce sont ceux qui m'ont soutenu toutes ces dernières années, qui sont mes compagnons les plus proches, qui ont consacré leur temps pour que nos idées l'emportent et qui ressentent cette épreuve comme un coup qui leur est porté à eux directement, à leurs convictions, à leurs espoirs. Plusieurs disent qu'il faut refuser la saisine de la Haute Cour, tant sa composition, son mode d'action sont absurdes, si absurdes que depuis les débuts de la Ve République elle n'a jamais fonctionné. Ce fut longtemps aussi mon opinion. J'ai hésité sur cette saisine. Peut être ai-je eu tort ? Mais on ne décide pas aisément de s'accuser soi-même devant le Parlement de fautes qu'on n'a pas commises, simplement pour pouvoir en être lavé publiquement. Mes amis parlent avec beaucoup d'émotion. Il n'y a plus de langue de bois. Les larmes m'envahissent les yeux.

A 10 heures nous rejoignons le reste de nos camarades. Comme premier secrétaire, je prends la parole devant ce comité directeur extraordinaire. Pour expliquer les faits. Décrire mes interrogations. Donner mes arguments. Je cite le long et admirable passage de l'intervention de Léon Blum au procès de Riom où celui-ci, accusé d'être responsable du désastre de la défaite de

1940, explique que si on veut ne pas céder à la logique du bouc émissaire, il est essentiel de décrire à l'opinion la chaîne des causes dans toute leur complexité. C'est le travail qui reste à accomplir. Le silence qui accueille mon propos est impressionnant. Edmond Hervé me succède à la tribune. Il parle avec son cœur lui aussi. La plupart des autres interventions sont à l'unisson. Pierre Joxe, en particulier, s'exprime. Il évoque ses enfants, traités eux aussi de fils d'assassins lorsqu'on l'avait accusé d'être à l'origine de la mort d'otages français au Moyen-Orient. Il a été, il sera extrêmement affectueux tout au long de ces épreuves.

Le dimanche soir, je participe à l'émission télévisée « 7/7 » avec Anne Sinclair. Presque quarante minutes sur le drame du sang. Je réponds, j'explique, je réagis, je m'indigne. Je m'embrouille parfois. Mais l'essentiel, c'est-à-dire une conviction, une innocence passent l'écran. L'émission terminée, je me reproche des approximations, des omissions. Anne Sinclair m'interroge à l'antenne sur ce que j'ai ressenti lorsque le Président, s'exprimant le lundi précédent, a donné l'impression de me lâcher. Je réponds : « Sur la présence ou l'absence de telle ou telle phrase... permettez-moi de garder cela pour moi. » Je n'aime pas étaler mes sentiments en public. Ni en privé. C'est sans doute un défaut. Mais je suis fabriqué ainsi. Mes roses, à moi aussi, poussent souvent au-dedans. On guette la petite phrase. Elle ne viendra pas. Je refuse que la politique soit réduite au ping-pong des formules. Nous dînons ensuite à la maison, avec Claude Bartolone. Claude est toujours le même. Emporté, passionné, chaleureux. Un garçon en or. Beaucoup d'amis téléphonent. Je fais la part des choses. Mais la journée nous a fait du bien.

Chez les leaders, mon innocence ne fait pas de doute. Mais dans le grand public ? Au pire, celui-ci nous croit coupables. Au mieux, il doit trouver la situation ambiguë. Or, la réalité est autre. Non seulement je suis innocent, mais j'ai, par ma décision, sauvé sans doute des centaines de vies humaines. Et me voici en Haute Cour, par l'enchaînement des procédures, la soif de vengeance, la virulence d'une certaine droite et le silence des médecins. Car c'est cela qui ressort également avec force : la plupart des médecins, grands et petits, se taisent. Ils n'ont rien vu, rien entendu. Jean Bernard, le spécialiste incontesté de l'hématologie, silencieux ! Les pontes de la transfusion, silencieux ! Combien de médecins « ordinaires », silencieux ! Seul s'exprime tel ou tel expert, qui eut peut-être plus d'intuition qu'un autre, mais pas assez tout de même pour réagir aux décisions prétendument scandaleuses qui furent prises et qui ne furent, à l'époque, accueillies que par l'approbation ou par le silence. Soit les hommes de science savaient, et alors pourquoi n'ont-ils rien dit ? Soit ils ne savaient pas, et pourquoi, comment, les politiques auraient-ils pu savoir à leur place ?

Un autre spasme se produit en juillet et septembre 1994. Lundi 18 juillet l'affaire, en demi-sommeil depuis des mois, rebondit. La procédure n'est plus la même que deux ans plus tôt, la Haute Cour ayant été remplacée par la Cour de justice de la République. *Le Monde* titre sur le tiers de sa première page « Laurent Fabius pourrait être mis en examen ». Informé de la parution de cet article le matin par un ami, j'appelle la rédaction. On me le confirme sans me demander de commentaire. Je donne tout de même ma réaction qui figurera... dans une autre page que celle qui traite de l'affaire. Le lendemain, dans le Midi où je me suis réfugié quelques jours avec les enfants, je reçois les nouvelles du « monde extérieur » par Florence, ma collaboratrice. Comme je ne veux inquiéter ni Thomas ni Victor, j'évite les journaux, la télévision, la radio. C'est Florence qui lit les journaux, regarde la télévision, écoute pour moi la radio. Elle m'en dresse le compte rendu le plus objectivement possible. La deuxième chaîne est correcte. Ce jour-là TF1 est, me dit-elle, épouvantable ; ne manque à la fin du reportage que la demande de condamnation à perpétuité. Je reçois quelques coups de téléphone, peu nombreux. Au bureau, on n'est pas non plus débordé par les gestes de solidarité. Françoise me dira, ce soir, qu'elle a reçu, elle, vingt appels amicaux. Est-ce vrai ? Nous avions prévu de dîner au restaurant, je préfère que nous restions à la maison. Je ne souhaite pas apparaître joyeux alors que je ne le suis pas. Vraiment pas.

Mercredi 7 septembre, mes avocats sont informés par le greffe de la Cour de justice que je serai mis en examen très prochainement. J'ai beau m'y être psychologiquement préparé, l'hypothèse devenue certitude me secoue. Les questions jaillissent. Quid de la presse ? Quid du secret ? Que dire ? Faut-il que les mécanismes soient à ce point pervertis pour que je doive penser à l'opinion avant de penser aux juges ! Et cette question, la première de toutes : le 19 juin 1985, j'annonce au nom du gouvernement ma décision – parmi les tout premiers pays du monde – de rendre systématique le test de dépistage du Sida lors des dons de sang ; septembre 1994, dix ans après, je vais comparaître pour les mêmes faits en Cour de justice !

Le jeudi 15 septembre, mes avocats me font savoir que je vais finalement être mis en examen pour « complicité d'empoisonnement » ! Les plaintes concernent essentiellement la diffusion de produits sanguins antihémophiliques non chauffés, dossier dont je n'ai jamais été saisi, dont je n'avais pas à connaître les tenants et les aboutissants : et alors ! Puisqu'un autre juge d'instruction, saisi par ailleurs de nombreuses plaintes, a choisi la qualification d'empoisonnement, on retiendra cette qualification pour tout le monde. « Empoisonnement », cela veut dire distribuer des produits mortifères avec l'intention de donner la mort ! Et moi j'aurais été « complice » d'une telle action ! Non, on ne dit pas que vous l'avez fait, on instruit seulement sur la base de cette imputation ! La belle différence ! Me revient, lancinant, le même refrain : au départ une action rapide et positive du Premier ministre que j'étais, aujourd'hui une inculpation pour complicité d'empoisonnement.

Rien de tout cela n'aurait dû arriver ; pourtant dans les faits rien n'a arrêté la descente du toboggan. Je viens de lire dans la Bible le Lévitique, le passage sur le « bouc émissaire ». Le message est aveuglant de clarté. Comment cela ne m'a-t-il pas sauté aux yeux plus tôt? L'innocence n'est pas en contradiction avec le mécanisme du bouc émissaire, l'innocence en est même la condition. Nous avons quelques amis et membres de la famille à dîner. La soirée se termine tôt. J'explique à Françoise les développements de la situation. Elle est, comme d'habitude, formidablement courageuse. Il n'empêche. « Ça va être terrible », lui dis-je avant de chercher le sommeil.

Mercredi 21 septembre, 3 h 20 du matin, je viens de m'éveiller. Le choc de l'annonce publique de ma mise en examen, hier, a été si fort qu'il occupe toute ma tête. Comme assommé, je n'ai pas eu de mal à m'endormir. L'inquiétude, le poids des événements me réveillent. Au courrier d'hier, j'ai reçu une lettre de la Cour de justice. Ou plutôt deux lettres identiques : l'une simple, l'autre avec accusé de réception. Etrange comme on s'accroche à des détails. Quelques heures plus tard, tout est public. C'est désormais un fait qu'il faut intégrer : tout, sans cesse, est public. J'ai beau me dire que « mise en examen » ne signifie pas « jugement » et encore moins « culpabilité »; que la gravité de la qualification retenue est à double tranchant puisqu'elle rend invraisemblable une réponse par oui à la question « a-t-on sciemment et volontairement causé la mort? »; j'ai beau répéter – au point de ratiociner – à tous mes interlocuteurs la vérité simple : la distribution des produits sanguins aux hémophiles, je n'en ai jamais été saisi; en revanche, là où j'ai été saisi, c'est-à-dire pour l'obligation de test de dépistage lors des dons de sang, j'ai pris la décision qu'il fallait, je l'ai prise rapidement et malgré un contexte où la maladie était gravement sous-estimée; j'ai donc agi comme je le devais. Ces arguments, même justes, même cent fois ressassés, ne suffisent pas. La machine judiciaire est lancée, la machine – j'en ai la crainte – à broyer les vérités, les réputations et les vies.

En rentrant de Grand-Quevilly le soir, je réunis Thomas et Victor avec Françoise pour leur parler. Au jardin du Luxembourg, un jeune de seize ans les a interpellés en disant à Thomas : « Ton père est un assassin, il devrait être en prison. » Ils ont répliqué, ils se sont battus, un parent d'ami s'est interposé. Je leur explique qu'une phase nouvelle s'ouvre. J'ai choisi comme attitude constante de leur dire la vérité, mais de chercher à éviter qu'ils portent sur eux le poids de l'épreuve. Pour la dixième fois, je leur répète qu'ils n'y sont strictement pour rien, que c'est à moi de supporter la charge et que je le fais. Mais on n'explique jamais assez. Je m'aperçois que Thomas confond hémophile et séropositif. Je leur décris à nouveau les faits, je leur indique ce qui peut se passer, sans les inquiéter inutilement, sans les tromper non plus. L'instruction commence, nous voulons que la justice accomplisse sa mission, nous voulons la vérité.

Entièrement dominée par le drame du sang, la dernière semaine de septembre est dure. Mardi, Georgina Dufoix a comparu. Jeudi, Edmond Hervé. C'est mon tour. Evidemment, je ne suis pas familier de la procédure. L'interrogatoire – j'aime mieux dire l'audition – doit porter sur l'organisation et le fonctionnement de Matignon. Il est important d'expliquer aux magistrats comment tout cela fonctionne, les circuits de décision, les mécanismes et les responsabilités. Je prépare un article pour *Le Monde*, décrivant les faits et tirant les leçons du drame. Finalement, j'y renonce car je ne veux pas indisposer les juges en m'exprimant à l'extérieur alors que je dois le faire d'abord devant eux. Toute la semaine, je reçois des messages d'amitié, de soutien. Ils font du bien. On ne mesure pas à quel point ils font du bien. Jeudi, veille de mon audition, j'ai demandé à quelques amis de venir à la maison pour discuter. Je leur parle de l'action à long terme qu'il faudra développer. Et de ce qui va se passer le lendemain. En leur exposant les problèmes, je mesure mieux la difficulté et l'absurdité de la situation. François Zimeray, un fidèle ami, avocat, la résume bien : « Comment ! Vous avez été l'un des premiers chefs de gouvernement au monde à prendre des mesures, on vous a engueulé pour cela, on a murmuré que vous étiez homosexuel, et maintenant vous êtes poursuivi comme criminel. » Il s'enflamme : « Ce n'est pas de justification ou d'explication qu'il est besoin. Pas seulement d'un non-lieu judiciaire. C'est d'une revendication, d'une véritable réhabilitation ! » Mais la difficulté, la plus profonde, la vraie – cela tourne au rabâchage –, ne vient-elle pas précisément de ce que, dans ce drame, l'opinion, excitée par les médias, veut moins la justice que la vengeance ?

Vendredi matin, je rejoins mes avocats dans l'annexe de l'Assemblée nationale, rue Saint-Dominique, près de la Cour de justice. La veille, l'audition d'Edmond Hervé a duré plus de sept heures. Il se produit une sorte de crescendo dans la dramatisation, dans le nombre de journalistes agglutinés devant l'entrée de la juridiction. Je pense à ces images du film *Z* de Costa-Gavras où l'on voit arriver chez le juge successivement les capitaines, les colonels, les généraux. Cinq minutes avant l'heure convenue, nous pénétrons dans l'immeuble de la Cour de justice. C'est un ancien hôtel particulier, récemment aménagé. On nous fait patienter deux minutes et nous montons dans la salle d'audition. Tout est neuf, dépouillé. Un grand bureau occupe un des côtés de la pièce, derrière lequel sont disposés les trois fauteuils des magistrats. Sur la gauche, à l'opposé de la rue, deux places sont réservées à la greffière et à son adjointe, avec une machine à traitement de textes. Un fauteuil a été prévu pour moi, face aux juges, et trois sièges en retrait pour les avocats. Le président et les conseillers entrent. Nous avions discuté avec mes avocats pour savoir si les juges me serreraient la main ou non. Ils le font. Tous ces petits faits m'importent. Nous nous asseyons. L'un des conseillers titulaires est absent, remplacé par un suppléant. L'interrogatoire commence.

Le président de la commission d'instruction m'explique comment il va procéder. S'agissant d'un crime, une « enquête de personnalité » diligentée par la gendarmerie sera nécessaire, il m'en prévient. Diverses personnes qui m'ont connu à chaque étape de ma vie seront entendues « sous serment ». Aujourd'hui, je vais être interrogé sur Matignon et, quoique rapidement, sur le fond. Je devrai de nouveau être convoqué ultérieurement pour examiner les faits plus en détail. Le président donne lecture des plaintes, des articles du code pénal, il me demande si j'ai une déclaration générale à faire. Je dis en quelques phrases à la fois ma compassion pour les victimes, pour les malades, et que je ne me reconnais nullement dans l'accusation. Puis commencent les questions. Elles portent d'abord sur le fonctionnement de Matignon. J'explique de mon mieux : le rôle du Premier ministre, celui des ministres, les cabinets ministériels, les administrations, les réunions, les documents. Je précise qu'il y a plus de cent réunions interministérielles par mois à Matignon, que le Premier ministre lui-même n'y assiste en général pas, que l'instruction et l'exécution des problèmes relèvent surtout des ministères. Je précise que la fameuse réunion du 9 mai, au cours de laquelle il est reproché à mon conseiller en matière de recherche, le grand scientifique François Gros, d'avoir retardé l'enregistrement d'un test de dépistage américain, cette réunion a fait l'objet d'un compte rendu, appelé un « bleu », mais que les « bleus », le Premier ministre n'en est pas destinataire. Puis, nous passons au fond du dossier : à quel moment ai-je eu un sentiment d'urgence, quelle a été mon action, comment ma décision du 19 juin 1985 a-t-elle été exécutée ? J'essaie d'être le plus précis possible.

Les questions sont brèves. Je m'attache à ne pas apporter de réponses longues. Il faut tout mettre en français « juridique » pour le procès-verbal, et c'est ce qui prend le plus de temps. Le président « traduit » mes réponses. Parfois, il me demande de le faire moi-même directement. C'est un exercice complexe, qui double ou triple la durée de chaque explication. Une fois les questions posées et les réponses fournies, la greffière procède à une première frappe dactylographique qu'il faut relire, corriger, car seul le procès-verbal signé fait foi. Ces opérations elles aussi demandent du temps. Dans l'intervalle, un dialogue hésitant s'engage entre les magistrats et nous. Courtois, mais qui ne dégénère jamais en conversation familière. Je suis l'inculpé et ce sont mes juges. Au bout de quatre heures, les textes ayant été relus et signés, nous quittons la Cour de justice. La meute des journalistes est là. J'ai préparé, approximativement, une courte déclaration. Je l'adapte à ce que je viens de vivre. Je redis ma compassion pour les malades, pour les familles, et ma détermination que la vérité se manifeste. Je rappelle ma décision positive et rapide de rendre obligatoire le test. J'ajoute mon souhait, comme Georgina Dufoix et comme Edmond Hervé, d'une justice à la fois vraie et prompte. Nous regagnons l'Assemblée, la horde des journalistes à nos trousses. La mère d'un hémophile est là sur le passage, je l'ai déjà vue plusieurs fois à la télévision. Elle crie quelques mots. Impossible devant cette meute de nouer un dialogue. Nous continuons à pied jusqu'à l'Assemblée. Nous procédons alors entre nous à un « debriefing ». Il faut faire redescendre la tension intérieure. Noter les quelques points où j'ai senti les magistrats encore interrogatifs, ceux qu'il faudra approfondir car il y aura d'autres interrogatoires. Réfléchir aux tâches des prochains jours. Je suis vidé.

Le samedi, puis le dimanche suivants, j'essaie de récupérer. Je lis la presse. Certains journaux soulignent l'absurdité à laquelle on aboutit. D'autres dressent le procès du politique. Des membres des cabinets ministériels vont être mis en examen à leur tour la semaine suivante. Le samedi, je participe à la réunion du Conseil national du parti socialiste chargé d'établir ou non une synthèse entre les diverses « contributions » pour le congrès de Liévin. Les membres du Conseil national sont aimables, les uns me souhaitent sincèrement de m'en sortir, les autres me parlent comme à un malade qu'on ne veut pas effaroucher. Au terme de savants travaux et calculs, le Conseil parvient à une configuration inventive : il n'y aura pour le congrès de Liévin qu'un seul texte, recueillant l'adhésion générale, mais on distinguera tout de même un « axe majoritaire » et une minorité. Tout cela me paraît dépourvu d'intérêt et, comment dire, irréel, appartenant à une autre planète. Seul moment positif de cette réunion, une rencontre entre tous ceux qui ont soutenu Henri Emmanuelli au cours de la dernière période. Nous nous sommes beaucoup combattus avec Emmanuelli dans le passé, nous avons décidé dorénavant de travailler ensemble, c'est un homme carré, l'émotion est là, j'aime ce moment. Le soir, je me rends à Grand-Quevilly où, de longue date, j'ai prévu de célébrer le départ à la retraite du lieutenant des pompiers, devenu capitaine honoraire. Cérémonie bon enfant, discours, cadeaux, embrassades. On est loin des tensions et des attaques de Paris.

Le lundi 10 octobre 1994, je déjeune avec Georgina Dufoix. Surprenante Georgina. Désarmante Georgina. Comme elle souhaitait me voir pour faire le point, nous nous sommes donné rendez-vous. Elle arrive, plus grave peut-être qu'auparavant. Je l'interroge sur elle, d'abord. Comment va-t-elle ? Comment vit-elle ? On m'a dit qu'elle a rencontré la religion. Oui, elle l'a rencontrée et cela éclaire sa vie. La « grâce », me raconte-t-elle, lui est tombée dessus en 1988. Puis la grâce s'est confirmée, lorsque son mari, atteint d'une maladie réputée incurable, s'est retrouvé complètement guéri. Elle me dit combien l'amour désormais illumine son existence, combien elle regarde différemment chaque être dans la mesure où il a été créé par Dieu. Sa paix intérieure – malgré les épreuves – n'est pas feinte. Nous parlons du drame. Elle voudrait appeler à témoigner des scientifiques, des médecins, pour bien montrer que les connaissances de l'époque étaient lacunaires et parfois erronées. Hier, Raymond Barre a prononcé à la télévision quelques mots émouvants et solidaires à mon égard. Il n'a pas prononcé son nom. Je la rassure autant que je le peux en lui disant ma conviction et mon souhait : pas question de dissocier tel ministre de tel autre. Chacun a fait ce qu'il a cru devoir faire, en conscience. Je pense qu'elle verra Edmond Hervé dans les jours suivants. A 14 heures, le repas fini, elle s'en va. Quelle énergie dans le malheur !

Y arriverons-nous jamais ? C'est la question que je me pose en quittant le lundi 17 octobre une réunion de deux heures et demie pendant laquelle, avec les membres d'une association animée par le constitutionnaliste Olivier Duhamel, nous avons discuté du sang contaminé. Le public – une centaine de personnes – était composé d'intellectuels, d'étudiants, de professeurs, de juristes, d'administrateurs. Nettement plus informés que la moyenne. Et pourtant ils ignorent ou ils ont oublié à peu près tout des faits, des responsabilités, de l'action des uns et des autres. Ils ressentent spontanément et légitimement une grande compassion pour les malades, une grande sévérité à l'égard du « système » qui a rendu cela possible. Ils jugent l'accusation de « complicité d'empoisonnement » excessive. Mais au-delà ? Pendant plusieurs dizaines de minutes, nous dialoguons, je réponds à leurs questions, à leurs remarques. Sur le rôle joué par les uns et par les autres. Sur la différence entre responsabilité politique et responsabilité pénale. Sur les médecins, absents de ce débat, et dont l'absence conduit à cette absurdité : il y aurait des complices d'empoisonnement, mais il n'y aurait pas d' « empoisonneurs ». Le public présent n'est pas défavorable, il est curieux, attentif, embarrassé. Oui, il est surtout embarrassé et totalement sous-informé. Comment mieux informer ? Est-ce possible ? Je suis le plus mal placé pour le faire directement : on n'écoute pas ce qui passe pour un plaidoyer *pro domo*. Alors qui d'autre et comment ? Les déclarations récentes d' « autorités morales » (Raymond Barre, Philippe Séguin, Pierre Mazeaud...) possèdent leur poids, mais suffisent-elles pour convaincre ? La pression ambiante est si forte en sens inverse ! Ce soir, en sortant de la salle de réunion, j'éprouve un grand, un immense doute. Y arriverons-nous ? Je me sens innocent. Je me sais innocent. Je voudrais pouvoir avoir confiance en la justice. Mais la confusion dans l'opinion est si profonde, la demande d'expiation est si puissante. Encore des mois à attendre avant le non-lieu espéré. Nous en sommes là.

1995

Retour à la politique : dimanche 12 juin 1994, la liste du parti socialiste, la liste conduite par Michel Rocard est battue aux élections européennes. Battue? Ecrasée plutôt! 14,5 % des voix, jamais depuis plus de vingt ans nous n'étions tombés aussi bas. Parmi les partis dits « de gouvernement », nous ne sommes pas les seuls à subir un score calamiteux. La liste officielle de la majorité UDF-RPR, conduite par Dominique Baudis, maire de Toulouse, obtient un tout petit quart des suffrages. La démarche mi-chèvre mi-chou, l'Europe du oui-mais, le style aseptisé sont balayés. Seuls en réchappent MM. Le Pen, de Villiers et Tapie, les hérauts du malaise, autrement dit les grandes gueules. Ce sont les listes à identité forte qui triomphent. Celles qui n'ont qu'une identité faible s'effondrent.

Au lieu des habituelles, télévisuelles et dérisoires autocongratulations généralisées du dimanche soir, il y a bien ce soir-là deux camps, les vainqueurs et les battus. Le PS fait peine à voir, cependant que Bernard Tapie et Philippe de Villiers exultent. Ce dernier, dans un discours qui tranche avec les brouets tièdes d'après élection, évoque la nouvelle « famille » qu'il constitue désormais avec ses électeurs. Le mot « famille » me frappe, car, entendu en ce sens, il détonne dans le langage politique. Quelques jours après, je tombe par hasard sur l'article d'un sociologue décrivant l'expérience villiériste du Puy-du-Fou. C'est le même mot qui revient sous sa plume, le spectacle vendéen étant, paraît-il, fondé sur le concept de famille. De Villiers voudrait incarner un traditionalisme flamboyant. Il possède le sens de la formule. Mais il est sec, presque aigre. Quelle alliance réelle est possible entre Charles de Gaulle (le petit-fils), le juge Thierry Jean-Pierre, le financier Jimmy Goldsmith et lui-même ? Tous quatre figurent pourtant sur la même liste, symboles contradictoires qu'on a cherché à rassembler dans un but strictement électoral. Je doute que cet équipage puisse durablement aller loin. C'est, résume un quotidien, « la France des sorties de messe et des lodens ».

Au cours des semaines précédant le vote, Michel Rocard n'a cessé de reculer. Les élections européennes sont toujours difficiles pour les socialistes. Je l'avais moi-même mesuré en conduisant notre liste en 1989. Cette fois-ci, elles ont été horribles. Rocard a certainement senti qu'il n' « accrochait » pas. Il n'a pas su réagir. Pas question pour lui de faire appel aux socialistes dans sa campagne : il les récuse. Tout doit reposer sur la tête de liste qu'il a décidé d'être. L'échec reposera donc aussi sur lui. Deux jours avant le scrutin, pressentant le désastre, comprenant qu'il a eu tort de ne pas impliquer les autres, il m'envoie un mot manuscrit, me remerciant de mon soutien à contretemps. Rien ne va plus. Ni pour nous. Ni pour lui.

Tout scrutin est un combat. Pour réussir, il faut connaître son terrain, choisir son objectif, définir son adversaire, resserrer ses arguments. Dans cette bataille européenne, notre opposant était clair à identifier : la liste gouvernementale. Nous avions trois drapeaux à déployer, la gauche, l'Europe, la France. Au lieu de quoi, ce fut une campagne en demi-teintes, où nous ne réussîmes ni à cliver, ni à préempter. Du même coup, singulier paradoxe, Bernard Tapie, l'ex-milliardaire médiatique, est apparu comme le représentant « authentique » de la gauche. Les débats ont porté sur les idées des autres, rarement sur les nôtres. Ajoutons-y quelques maladresses – il fallait avoir fréquenté l'Ecole des chartes pour distinguer sur les tables le bulletin socialiste le jour du vote. La sanction est tombée : Rocard est remercié.

Dans cette sanction, il y a une part d'injustice. La campagne était difficile, les listes étaient nombreuses.

Rocard n'était pas seul en cause : tout cela est vrai, mais ne pèse pas. A peine s'arrête-t-on aux questions de fond que pose le résultat : comment regagner la confiance des victimes de l'évolution économique (ouvriers, jeunes sans emploi, habitants des banlieues) sans perdre celle des gagnants du progrès et des salariés garantis ? Comment faire avancer la perspective européenne, sans abandonner le môle de la nation ? Pour les cadres et pour les dirigeants du PS, l'énumération des difficultés intrinsèques ne compte guère. Un échec s'est produit, grave. Il faut un coupable. Il est tout trouvé. Si nous avions dû décider de la suite en réunissant notre Conseil national immédiatement derrière le vote, Rocard – qui a hésité sur la date de réunion de cette instance – aurait peut-être pu se maintenir à la tête du PS ; après une semaine de battement, son sort est scellé. Le choc est descendu dans les profondeurs du parti. Aux yeux des militants, le premier secrétaire, premier de liste, doit s'en aller. Le dimanche 19 juin, quand devant les dirigeants socialistes rassemblés à La Villette il monte à la tribune demander la confiance du parti, il est déjà destitué. Les électeurs l'ont battu. Les militants l'ont désavoué après les électeurs. Les dirigeants vont parachever sa défaite.

Ce remplacement rapide de Rocard, je ne l'avais pas anticipé. Deux données l'ont accéléré. D'abord, la perte de confiance des militants : auparavant ils espéraient en Rocard ; pendant la campagne ils ont douté ; depuis les élections européennes ils n'y croient plus. Pis, ils voient en lui désormais un obstacle. Rocard maintenu premier secrétaire du PS, cela voudrait dire Rocard candidat à l'élection présidentielle, et cette candidature-là ils n'en veulent plus. L'attitude même de Rocard, à la fois désireux de rester en fonction et comme fasciné par son propre départ, accentue le rejet. Le dimanche de son éjection, il agit comme si, psychologiquement, il ne voulait plus rester. Pierre Mauroy, dans une courte intervention prononcée à huis clos, commet un double lapsus, évoquant la « stragédie » de Rocard et l'échec infligé par les « électueurs » ! Henri Emmanuelli est pressenti pour devenir le nouveau premier secrétaire. Afin de préserver son autorité sur ce qui reste de son « courant ». Lionel Jospin essaie d'éviter l'élection de son ancien lieutenant. Il temporise mais, répugnant à se présenter lui-même, il ne peut bloquer plus longtemps. Pierre Mauroy cherche, lui aussi, des arguments dilatoires : Rocard est depuis longtemps son allié, qui le ménage et qu'il ménage. Le parti socialiste ne peut cependant pas rester sans dirigeant. A une large majorité, dont ma voix et celle de mes amis proches, Henri Emmanuelli est élu premier secrétaire. Michel Rocard s'en va. Les socialistes ne savent pas s'ils doivent se réjouir ou pleurer. D'ici peu aura lieu l'élection présidentielle. Dans la foulée, les échéances municipales. En quelques mois, il va falloir tout recommencer : une identité à retrouver, un combat à revivifier, un moral à reforger.

Au soir de cette journée qui a vu l'élimination de Rocard et le succès d'Emmanuelli la presse fait mon siège et me demande si je suis content. Sous-entendu : Rocard est parti, vous voilà vengé ! Ce raisonnement n'est pas le mien, pas plus que le ressentiment qu'on voudrait me voir éprouver. Rocard est parti parce que électoralement il a échoué. Il est parti parce que, dans cette période hostile aux formations politiques, il a commis l'erreur de croire qu'il pourrait asseoir son dessein présidentiel sur le contrôle du parti socialiste. Il est parti parce que ce qui avait fait la singularité du rocardisme – la société avant l'Etat, la société conçue comme un jeu de forces autorégulées d'où les conflits devraient être au maximum écartés –, cette perception-là, longtemps utile pour combattre l'excès d'étatisme et de volontarisme de la politique française, n'est plus en phase avec les nécessités du temps. Il est parti parce qu'à la tête du PS il s'est placé dans une alternative intenable : ou bien « faire du Rocard », et ne pas répondre aux nécessités de sa fonction partisane, ou bien chercher à être un autre que lui-même et perdre sa singularité. Non, je ne me sens nullement vengé. Je pense simplement qu'une page se tourne. On ne gagne pas durablement des batailles avec des appareils mais avec des idées.

A travers ces péripéties, à travers les alliances ou les

contre-alliances internes accompagnant leur mise en œuvre, j'éprouve une fois de plus combien il y a quelque chose d'hermétique et de rebutant pour l'opinion dans le fonctionnement des partis, notamment celui du parti socialiste. Que toute aventure collective passe par les hommes, soit ! Que les idées ne puissent pas s'incarner par elles-mêmes, mais qu'elles aient besoin de responsables pour les porter, bien sûr ! Encore faut-il que de véritables idées soient présentes et qu'une authentique aventure collective soit proposée. C'est cela trop souvent qui manque ou qui n'apparaît pas. Jeux de clans, luttes concentrées sur le pouvoir et desquelles les projets de fond sont absents : je ressens cette perversion, je comprends ce reproche. Les militants, les sympathisants alors se détournent. Cette pratique à laquelle je suis mêlé et contre laquelle je tente moi aussi de lutter deviendra-t-elle à ce point insupportable qu'elle fera éclater le parti socialiste ? Saurons-nous, par un renouvellement des projets, des structures, des responsables, nous régénérer ? Les deux options sont ouvertes. Beaucoup dépend de l'élection présidentielle de 1995. Une bonne campagne, un score honorable, plus encore une victoire, faciliteront la régénérescence du PS.

L'élection présidentielle de 1995 approche. Rocard est maintenant hors jeu. Il nous faut un candidat. Les querelles à droite entre MM. Balladur et Chirac, la médiocrité de la situation économique et sociale, le nombre croissant des demandeurs d'emploi, font avancer une hypothèse jusque-là en sommeil, la candidature de Jacques Delors. Au départ, elle était exclue. Elle devient possible. Puis vraisemblable. Les sondages de popularité montent. Delors – personnage complexe, à la fois modeste et fier de l'être – commence-t-il lui-même à y croire ? Lors d'une longue rencontre avec lui au moment des élections européennes, je ne l'ai pas trouvé fermé à cette éventualité. Auparavant, c'était : « Non, je ne serai pas candidat. » Puis : « Je ne suis pas candidat... tout comme M. Balladur. » Le voici qui franchit une nouvelle étape : « Si je l'étais, ce serait par devoir. » En novembre 1994, le congrès de Liévin lui offre un argument de plus. Présentant un visage d'unité, il plébiscite Delors, absent, donc libre. Le positionnement nettement à gauche du Congrès ne constitue pas un obstacle. Quant à François Mitterrand, il se rend personnellement à Liévin pour encourager la perspective.

Certes, la plupart des socialistes n'éprouvent pas d'enthousiasme pour les thèses de Delors, ils ne partagent pas son souhait, exprimé ou sous-entendu depuis longtemps, d'alliance avec le centre droit, mais ils veulent, et cela de toutes leurs forces, battre la droite. Ils pensent – sondages à l'appui – que Delors est capable d'y parvenir. Or, c'est désormais l'opinion étalonnée par les instituts du même nom qui fait ou qui défait les candidats. C'est l'appréciation portée quelques mois avant la campagne par le « public » qui conditionne les postulants. L'équilibre des pouvoirs à la Montesquieu est devenu une vieille lune. La loi de la République sondagière et télévisuelle impose son joug. Nous sommes entrés en vidéosphère. Le pouvoir médiatique a pris le pouvoir. Cette conception de la politique, qui n'est pas la mienne, peut parfaitement conduire Delors à l'Elysée.

L'élection présidentielle de 1974 s'était faite sur le rajeunissement : Giscard d'Estaing l'avait emporté. Celle de 1981, sur le changement : François Mitterrand avait gagné. Celle de 1988 sur l'expérience : de nouveau François Mitterrand. L'élection de 1995 se fera sur fond d'emploi, d'Europe et de vertu : Delors est très bien placé. La « Deloromania » frôle même le cocasse. En décembre 1994, prenant l'ascenseur à l'Assemblée nationale avec trois députés de droite, je les salue par un original « Comment ça va ? ». Deux d'entre eux me répondent : « Pas fameux. » Le troisième, député chiraquien du Pays basque, ajoute : « Oh, moi, ça va. Je pourrai toujours m'arranger. La femme de Delors est basque... » Six mois avant l'élection, la droite ne s'interroge même plus sur le résultat. Elle a perdu. Elle discute de la date et des conséquences de la dissolution. En politique, il n'y a jamais de jamais.

Car le dimanche 11 décembre, juste avant 20 heures,

le soufflé Delors retombe. L'émission télévisée – télévisée, évidemment! –, pendant laquelle il devait donner sa réponse, avait pourtant bien commencé. Delors s'y montrait vif, à l'aise. Il développait clairement ses arguments, égratignait avec humour nos adversaires, étalait sa sincérité. Ayant ainsi démontré ses capacités, comment pourrait-il nous faire faux bond? Et pourtant si : « J'ai décidé de ne pas être candidat... » Déception, coup de massue, colère chez certains d'entre nous. Delors avance des arguments personnels? Soit, mais il les connaissait six mois avant, lorsqu'il nous laissait espérer. Des arguments politiques? Allons donc! Comme si Delors, une fois élu, n'avait pas pu disposer d'une majorité parlementaire pour gouverner! Nous sommes une dizaine à regarder ensemble l'émission ce soir-là. Aucun de nous n'est convaincu par le raisonnement, contraire aux enseignements électoraux de 1981 et de 1988. L'élection présidentielle fait toujours bouger les lignes. En admettant même qu'il ne dispose pas d'une majorité parlementaire, serait restée à Jacques Delors la conduite de la politique européenne, responsabilité essentielle du Président. Notre incompréhension, notre désillusion sont lourdes. Delors, pensons-nous, vient de briser l'espoir de gagner.

Cette défection impose de trouver un autre candidat. Des noms sont lancés. Peu à peu des retraits s'opèrent. Mes amis proches me sollicitent, ils me poussent, la presse m'interroge. Serai-je candidat? Je réponds : non. A cause de l'affaire du sang contaminé et si infondée que soit ma mise en cause, je considère que je ne suis pas en situation. J'ai fait mon choix en conscience. Je le précise aussitôt, ne voulant pas qu'existe la moindre ambiguïté sur ma démarche.

Pierre Mauroy, auquel une candidature n'aurait pourtant pas déplu, se récuse également, jugeant comme souvent ce qu'il doit faire à l'aune de la mairie de Lille. Martine Aubry, responsable de valeur, encore peu expérimentée mais dotée d'un charisme certain, refuse à son tour, s'estimant trop jeune. Jack Lang est, à gauche, le favori des sondages. Une campagne méchante, l'hostilité des entourages de Lionel Jospin et de Michel Rocard, un scepticisme que je partage – et je le lui dis – sur ses chances de l'emporter au sein du PS, la réticence de François Mitterrand lui-même, le conduisent à renoncer. Il soutiendra Henri Emmanuelli. Quant à Michel Rocard, il va répétant qu'il ne sera pas candidat, mais il multiplie les articles, les déclarations comme s'il cherchait à l'être, distanciant de plus en plus son propos de son propre parti, décrété par lui « champ de ruines » : de toute façon, pour lui, la roue a tourné, c'est trop tard.

Une fois le retrait de Bernard Tapie opéré par décision de justice, demeurent en réalité quatre hommes entre lesquels la compétition peut se jouer. Lionel Jospin souhaite être candidat depuis longtemps et il attend l'occasion propice. Henri Emmanuelli est placé dans une situation incommode : d'un côté, il ne désire pas entrer dans la bataille, considérant qu'une défaite handicaperait son maintien à la tête du PS ; de l'autre côté, il estime, puisque aucune personnalité ne s'impose, que la légitimité plaide en sa faveur. Les noms de Pierre Joxe et de Robert Badinter émergent eux aussi, comme des candidatures ayant un grand poids moral. Pour en avoir le cœur net, je leur rends visite avant Noël.

Pierre Joxe, premier président de la Cour des comptes, me reçoit à son domicile quai de l'Horloge. A la fois affable et raide, il ne change pas avec le temps. Excellent ministre de l'Intérieur dans mon gouvernement, doté d'un caractère difficile, il sait se montrer avenant, délicat, et possède un grand sens de l'Etat en même temps qu'une intégrité morale irréprochable. Il a milité pour la candidature de Jacques Delors et a beaucoup insisté auprès de lui pour qu'il se présente. Désormais il doit opérer un choix. Ou bien poursuivre ses fonctions à la tête de la Cour des comptes jusque par exemple aux élections législatives qu'il estime plus importantes que la présidentielle, quitte à revenir alors en politique. Ou bien se présenter à l'élection présidentielle, mais il souhaite alors que ce soit le PS qui le lui demande sur la base d'une délibération collective de la demi-douzaine de ses principaux dirigeants. Après cet entretien, je doute qu'il soit candidat. Début janvier, il refuse.

Robert Badinter possède la même image d'intégrité que Pierre Joxe et une réputation d'autorité morale peut-être plus élevée encore. La presse a rapporté qu'il écartait toute candidature en ce qui le concernait. Pourtant une conversation que j'ai eue récemment avec lui et l'évolution générale de la situation politique rendent nécessaire une vérification. Effectivement, Badinter n'est pas demandeur. Quelques mois auparavant il a décliné une proposition que lui faisait François Mitterrand de soutenir sa candidature au cas où Jacques Delors se récuserait. Mais le contexte politique s'est modifié depuis. Je lui représente les mérites que porterait sa candidature pour le pays et pour la gauche. Aux yeux de beaucoup de Français qui ont voté Mitterrand en 1981, il incarne l'honneur de la gauche. J'esquisse devant lui les principaux thèmes sur lesquels, à mon sens, pourrait et devrait se mener une campagne. Il aligne les objections d'ordre personnel. Nous discutons en confiance comme le permet et même l'exige notre amitié. Il veut pouvoir disposer d'un peu de temps pour étudier les grands sujets sur lesquels portera le débat. Il nous fixera au plus tard début 1995. Mi-janvier, ayant pesé le pour et le contre, c'est non.

Début janvier, Lionel Jospin fait savoir, quant à lui, qu'il est candidat à la candidature présidentielle. Après le retrait de Jacques Delors et compte tenu du vide qu'il constate, pourquoi ne s'engagerait-il pas ? Il possède des titres pour cela et, méditant l'exemple de Mitterrand, il espère, naturellement, reprendre ainsi le premier rang. Jospin s'est assuré au préalable du soutien de Mauroy, de Rocard et de quelques autres caciques. Emmanuelli, qui s'est entretenu avec Jospin avant Noël et qui n'a rien vu venir, hésite sur la conduite à tenir. Lui-même ne s'est pas vraiment préparé. Il estime ne pas avoir « la tête » d'un candidat à l'élection présidentielle. Il redoute la perspective de passer en jugement début mars à propos de l'affaire Urba, perspective d'autant plus injuste qu'Emmanuelli est un homme parfaitement intègre. Au milieu du mois de janvier, il se décide. Si Jospin est présent au deuxième tour, estime-t-il, pourquoi lui, Emmanuelli, ne le serait-il pas ? Et si Jospin est absent du deuxième tour, ce sera une catastrophe pour tous ; il faut empêcher cela. Pour autant, Emmanuelli sait qu'il a mauvaise image. Il redoute que le parti ne se divise. François Mitterrand lui conseille de ne pas être candidat, puis le rappelle quelques heures plus tard pour préciser qu'on lui a prodigué, à lui, le même conseil en 1965 et qu'il a eu raison de ne pas le suivre. Finalement, Henri Emmanuelli rencontre Lionel Jospin pour lui demander, comme à Jack Lang, de se retirer dans un souci d'unité. Lang accepte – il le regrettera ensuite. Jospin refuse. Il y aura donc deux candidats.

Jacques Delors a disparu du débat. Lionel Jospin possède des qualités évidentes, mais à ce stade aucune personnalité ne s'impose vraiment. Il me paraît, dès lors, que la légitimité socialiste doit prévaloir, donc la candidature d'Henri Emmanuelli. Une campagne rapide s'engage pour la désignation du candidat. Jospin dispose de bons arguments. Son passé ministériel, le fait qu'il ne dirige plus le PS, l'avantage dont il bénéficie dans les sondages plaident en sa faveur. Les militants votent. Lionel Jospin, parce qu'il apparaît comme le plus crédible candidat à l'élection, l'emporte largement. De cela, il faut tirer au moins une conclusion immédiate : sauf débat politique interne majeur, l'extérieur et l'intérieur du parti socialiste constituent désormais une seule et même réalité. Les sondages et les médias ont installé Lionel Jospin comme favori, les militants ont confirmé le favori. Celui-ci a eu l'intelligence de se couler dans le moule du congrès de Liévin, malgré ses réticences à l'époque. La confrontation interne n'a rien eu d'un clivage politique et la candidature d'Emmanuelli est apparue trop tardive. Le score de Jospin est sans appel.

Le lancement de la campagne s'opère dès le lendemain à la Mutualité. Il est réussi. Henri Emmanuelli prononce un discours très digne. Lionel Jospin, après avoir souligné qu'il lui revient, comme il y a quatorze ans à la tête du parti socialiste, de succéder à François Mitterrand, rend hommage à Jacques Delors, à Michel Rocard, à Pierre Mauroy. Aux télévisions, je déclare simplement : désormais tous ensemble ! La presse est bonne, et même excellente. Le schéma classique droite-gauche est retrouvé. Les partisans de Balladur ont le même intérêt que les socialistes à essayer de marginaliser Chirac.

Le mercredi suivant, nous nous rencontrons au domicile de Jospin, pour parler franchement. C'est indispensable. Cela fait très longtemps que nous n'avons pas eu de conversation approfondie. Dans la période qui s'ouvre, tout le monde doit être mobilisé : la chance de la gauche est en jeu, il faut faire le maximum pour aider le candidat socialiste, j'y suis décidé. Nous éprouvons un peu de mal à « démarrer ». Lionel Jospin me déclare qu'il souhaite le soutien de chacun. Il note que je suis l'un de ceux qui ont « freiné sa désignation ». « J'ai soutenu Emmanuelli, lui dis-je, parce que, après la défection de Delors, j'ai considéré que la candidature devait revenir à celui qui portait la légitimité du parti socialiste, c'est-à-dire à son premier secrétaire. » Je lui fais observer d'ailleurs que, lorsqu'il a présenté sa propre candidature, il en a informé plusieurs responsables socialistes, mais pas moi. Nous n'allons pas continuer ainsi notre ping-pong ! Par honnêteté et pour vider l'abcès, Jospin tient à revenir sur les événements de mars-avril 1993 : « Lorsque tu as été écarté de la direction du parti socialiste, je n'étais pas physiquement présent. Mais je ne peux pas dire que je n'étais pas au courant. » Puis il m'indique qu'il a songé à quitter la politique pour devenir ambassadeur. Le ministre des Affaires étrangères de l'époque, Alain Juppé, ne lui a proposé aucun poste. Sinon, il aurait tout abandonné et il serait parti. En montant à la tribune de la Mutualité le dimanche précédent, ajoute-t-il, il a chuchoté quelques mots à mon intention, que je n'ai pas entendus : « Ç'aurait pu être toi, le candidat ; tu pourras l'être dans l'avenir. » Probablement Jospin estime-t-il que je vis difficilement sa désignation, en raison de nos conflits passés et de l'élection présidentielle suivante, celle de 2002... Peu à peu la conversation devient plus fluide. Nous discutons des thèmes de la campagne, des erreurs à éviter, de la priorité absolue à accorder à l'emploi. Au fur et à mesure, notre méfiance à tous les deux, notre réserve s'estompent. Une sorte de complicité réapparaît. Nous convenons des modalités du travail à mener ensemble. En même temps, je sens qu'il reste prudent. Intelligent, tenace, susceptible, il m'apparaît plus détendu qu'avant, beaucoup plus épanoui. Quoi qu'il en soit, c'est la victoire du candidat de la gauche qui nous intéresse. Jospin est désormais le candidat des socialistes. Il porte notre espoir de succès, et rien d'autre ne doit compter. Je m'engage clairement à ses côtés. Nous allons tous nous battre dans cette perspective.

Jusqu'à l'annonce des résultats du premier tour, la campagne est jugée plutôt terne. Neuf candidats sont sur les rangs, avec un trio de tête – Chirac, Balladur, Jospin – qui donne le sentiment de ne pas peser tout à fait le même poids que ses grands prédécesseurs. En début de campagne, la République semble jouer « petit bras ». On souhaiterait que l'élection du Président permette de se hisser au moins une fois tous les sept ans vers les grandes causes, vers les grands choix; en monopolisant l'intérêt du premier tour, la querelle Chirac-Balladur suscite la déception. Comme si on demandait aux Français de départager seulement deux sensibilités du RPR!

La désignation de Lionel Jospin par les militants lui a donné dans l'opinion un vrai capital de sympathie. Le parti socialiste lui fournit toute l'aide dont il est capable. La presse de droite, désireuse d'un deuxième tour droite-gauche, le traite avec un certain ménagement. Va-t-il « décoller »? Il mène campagne sans rien négliger : meetings, interviews, reportages, photos, la gamme y passe. Il propose un programme raisonnable, au point de l'apparaître parfois trop. Il décline les sujets qu'il faut décliner : exclusion, chômage, logement, Sida, politique étrangère, place des femmes... Hésitant entre la critique et la continuité, il gère toutefois difficilement ses rapports avec Mitterrand. Jusqu'aux résultats du premier tour, il subit surtout un handicap central : dans cette campagne présidentielle, et à ce moment, qui croit réellement que Jospin peut devenir Président ?

Jacques Chirac, quant à lui, mène une campagne réputée remarquable d'efficacité. Malgré son retard initial par rapport à Edouard Balladur, les sondages indiquent qu'il le remonte, puis qu'il le dépasse. Le Premier ministre sortant rate sa déclaration de candidature. Il gère son bilan plus qu'il ne se projette dans l'avenir. Une mauvaise série gouvernementale le frappe. Son style « chaise à porteurs » réapparaît. Les Français sont de moins en moins sensibles à la berceuse balladurienne. Il décroche dans l'opinion.

Chirac surfe sur le mécontentement. Il est le candidat du vrai changement, assure-t-il. Celui du changement fréquent en tout cas. Avec un culot impressionnant, il propose les dépenses de la gauche, les impôts de la droite, et les déficits de personne. Oublié son passé de conservateur, négligé son soutien parlementaire à son ami de trente ans, abandonnée son image d'agité. Un Chirac nouveau se présente, qui entend redonner du tonus à la France. Et ce Chirac plaît. Mais s'il est élu, gare à la suite : son programme côtoie la démagogie, son calendrier de campagne compte un gros mensonge par jour. Un journaliste trouve une jolie formule : c'est Caméléon Bonaparte.

L'élection présidentielle possède ses constantes. Sauf en 1969, elle apporte toujours une prime au candidat socialiste. Le mécanisme du deuxième tour auquel seuls deux candidats peuvent participer conduit en effet à regrouper les forces autour de qui – un pour la droite, un pour la gauche – y figure. Mitterrand a su en tirer parti. Sur le papier, Jospin dispose donc d'un bon capital, d'autant que le nombre des candidats à gauche est limité par le mécanisme des parrainages. Pourtant, cette fois-ci, l'avantage jouera-t-il ? Nous sommes inquiets. Les sondages ne sont pas fameux pour nous. Dans les ultimes journées avant le premier tour de scrutin, nous martelons l'argument du vote utile. Robert Hue mène pour le PCF une solide campagne de proximité. Dominique Voynet draine avec elle des restes d'écologie et d'extrême gauche. Arlette Laguiller progresse. Dans les sondages, toutes ces voix additionnées pèsent autant que le score prêté à Lionel Jospin. Le risque apparaît d'un second tour entre deux candidats du RPR. Les enquêtes ne l'excluent pas, la presse l'envisage, l'opinion y fait écho. En réalité, cette prophétie va se détruire elle-même. Au dernier moment, un double phénomène se produit. Puisque Chirac, à droite, est assuré de distancer Balladur, il n'est plus nécessaire dans son camp de voter pour lui : Chirac baisse, Balladur remonte et ils finissent à peu de distance l'un de l'autre. Symétriquement, puisque Jospin est menacé de ne pas figurer au second tour, on va, à gauche, voter pour lui. Le vote utile joue en sa faveur : Jospin, qui a accéléré en cours de campagne, finit à la première place avec un peu plus de 23 % des voix. La veille, on enfonçait Jospin ; le lendemain, on l'encense. Après la « Deloromania », la « Balladuromania », la « Chiracomania », voici la « Jospinomania ».

La soirée des résultats du premier tour ne manque pas de saveur. Jusqu'au milieu de l'après-midi, sur la base des sondages non publiés des derniers jours, sur la base aussi des chiffres réputés « sortis des urnes », l'ordre annoncé est le suivant : en tête Chirac, puis Jospin, Balladur troisième. Lorsque j'arrive rue du Cherche-Midi, au quartier général de Jospin, vers 18 h 45, j'apprends aussitôt la nouvelle que viennent de donner les sondeurs à partir, cette fois, du dépouillement effectif des votes : Jospin est en tête, Chirac et Balladur derrière, au coude à coude, personne n'atteint le quart de l'électorat, le vote est éclaté. Nous sommes ravis. Jospin hésite entre joie et incrédulité. Il commence à modifier le texte de sa future déclaration, jusque-là de tonalité circonspecte. Le deuxième tour sera dur, assurément, mais c'est ouvert, d'autant plus que la surprise du premier tour va donner à la campagne un nouveau coup d'accélérateur. A deux mois de distance, le même processus se répète en faveur de Lionel Jospin. Sa facile désignation interne avait fait démarrer sa campagne de premier tour ; sa première place contre Jacques Chirac obtenue à la surprise générale fait démarrer sa campagne pour le second.

Les quinze jours de campagne du deuxième tour modifient sensiblement l'atmosphère. Handicapé par sa deuxième place et par son modeste score de 20 %, Jacques Chirac se démène pour trouver le complément de voix nécessaire. Il obtient le soutien des électorats conservateurs d'Edouard Balladur et de Philippe de Villiers, mais c'est encore trop court. Où iront les nombreuses voix, 15 %, qui se sont portées sur Le Pen? Chirac sort l'artillerie de l'antisocialisme primaire. Il ne lance cependant aucun appel direct du pied à Le Pen. Ce dernier, tout en soulignant que « Jospin est un homme respectable », annonce qu'il votera blanc et refuse de se prononcer pour l'un des finalistes. Quant à Jospin, porté par l'heureuse surprise du premier tour, il réactive les réflexes gauche-droite, mène une campagne très dynamique, ne commet pas de faute et convainc de plus en plus.

Dans ce contexte, intervient le traditionnel débat télévisé de l'entre-deux-tours. Débat courtois, presque technique. Les deux adversaires ont décidé de jouer en fond de court, de ne monter pour ainsi dire jamais à la volée. Jospin veut gagner ses galons de challenger incontesté : il y parvient. Chirac ne veut pas mettre en danger sa place de favori : il y réussit aussi. Ce qui me frappe surtout, c'est le décalage, pour ne pas dire le fossé, entre, d'un côté, la gravité de la situation que les deux protagonistes décrivent fort bien et, de l'autre côté, le classicisme du catalogue de remèdes qu'ils proposent. Du débat présidentiel, on attend un projet très mobilisateur. Incontestablement, il tarde à venir.

Dans les tout derniers jours cependant, Jospin redouble d'énergie. Il a trouvé son ton. Selon l'heureuse expression qu'il utilise lui-même, il a « fendu l'armure ». Ses meetings rassemblent beaucoup de monde, notamment des jeunes. Chirac apparaît las. Rendus modestes par le premier tour, les sondages se taisent. Le peuple de gauche recommence d'y croire. La droite a peur, et cette peur la mobilise. Le 7 mai arrive enfin. Jospin, malheureusement, est battu mais d'assez peu. Chirac est élu. Plus par résignation que par adhésion. A l'ancienneté. C'est son tour, pensent beaucoup. Je résume à la télévision mon sentiment sur notre insuccès : « C'est une défaite d'avenir. »

La soirée des résultats, le 7 mai, est pleine d'enseignements. Quand j'arrive rue du Cherche-Midi, l'équipe rapprochée de Jospin connaît déjà la tendance. Elle est déçue, bien sûr, comme nous tous, mais nullement abattue. Elle pense déjà à la suite. Jospin, qui a pris de la densité, de l'audace et du délié au cours de la campagne, a déjà digéré – intellectuellement – la défaite. Nous évoquons la déclaration qu'il devra faire, un peu plus tard, devant les micros. La lecture des résultats s'organise. Pour les uns, le parti socialiste était au plus bas, Jospin est arrivé, désormais il faut autour de lui entamer le renouveau. Pour les autres, dont la plupart des dirigeants du PS, la réussite a été davantage collective ; Jospin y a joué un grand rôle ; le renouveau doit profiter au parti et à toute la gauche. Ces nuances subtiles m'apparaissent un peu dérisoires. La réalité est plus simple : Jospin a perdu mais il a mené une très bonne campagne. Chirac a gagné mais sa tâche sera difficile. S'il échoue, l'alternance jouera. Quant au parti socialiste : « Débrouillez-vous comme vous l'entendez, mais surtout ne recommencez pas à vous chamailler », estime avec bon sens le plus grand nombre.

En cette soirée, je pense rétrospectivement à notre 10 mai 1981. Cette fois-ci, la joie de la droite s'étale. Elle est compréhensible et légitime. Mesurant les difficultés qui attendent le nouveau gouvernement, comme elles nous attendaient quatorze ans avant, j'incline personnellement à une certaine prudence et même à la bienveillance. Je ne me fais aucune illusion sur la politique qui sera menée, mais aux (futurs) ministres que je croise dans les antichambres des studios de télévision, à Alain Juppé dont chacun pressent qu'il sera Premier ministre, je souhaite « bonne chance ». Comme nous, deux septennats plus tôt, ils en auront assurément besoin.

Chemin faisant

On demande rarement à Edouard Balladur pourquoi il est de droite. Et à Robert Badinter pourquoi il ne l'est pas. Après presque vingt ans de politique, on continue à me demander pourquoi je suis de gauche. Eh bien, oui : pourquoi ?

J'ai expliqué plus haut comment, né dans une famille républicaine, de sensibilité socialiste quoique non vraiment politisée, j'avais depuis toujours penché à gauche et pensé à gauche. Cette conviction ne m'a pas été léguée par un arrière-grand-père ou par un grand-oncle idéalisé, conservant des souvenirs de la Commune dans son grenier ; elle ne m'a pas été révélée non plus par une scène de particulière injustice. Elle a toujours été là, au point que je n'imagine même pas qu'il aurait pu en aller autrement. Quelques idées simples se sont développées chez moi au fil du temps, au fur et à mesure que je passais de l'enfance à l'adolescence : la gauche, c'était simplement la justice, le rejet des inégalités, la chance donnée à chacun au-delà de sa situation de naissance, par l'effort individuel et l'organisation sociale. Ces idées-là, j'en suis constitué ; elles sont le filtre, le tamis à travers lequel je perçois la vie.

D'où vient alors cette interrogation qui, à mes débuts surtout, mais encore parfois aujourd'hui, a été formulée sur l'authenticité de mon engagement ? Je n'ai pas d'explication simple et totalement convaincante. Est-ce le patrimoine dont je serais pourvu, en contradiction avec les thèses et les partisans de la gauche ? J'ai expliqué la réalité, les faits. Au demeurant beaucoup d'authentiques hommes de gauche ne sont pas des prolétaires.

Me reprocherait-on un itinéraire politique cahotique? Depuis le début de mon engagement, je n'ai connu qu'un seul parti, adhéré qu'à un seul parti, milité que dans un seul parti, le parti socialiste, ce qui n'est pas si fréquent de nos jours, y compris chez les responsables du plus haut niveau. Mon action au gouvernement, alors? Certes, en contribuant à éradiquer l'inflation, à réconcilier l'entreprise et la société, à mettre fin à la guerre scolaire, à construire l'Union de l'Europe, je n'ai pas agi en irresponsable extrémiste, mais la gauche, que je sache, ce n'est pas l'irresponsabilité ; et des mesures qui portent directement ma marque gouvernementale soutiennent plutôt favorablement la comparaison avec d'autres : l'adoption de l'impôt sur les grandes fortunes, la création des baccalauréats professionnels, le soutien à la lutte contre l'apartheid en Afrique du Sud, la défense partout intransigeante des droits de l'homme, il n'y a pas de quoi se flageller !

Alors, quelle autre explication? Un style, fait de modération et d'appel au raisonnement plutôt qu'à l'affrontement? Une morphologie? Le longiligne dégarni relèverait nécessairement d'un camp et le rondouillard chevelu de l'autre? Tout cela n'est pas sérieux. Il demeure, y compris pour moi, une sorte de mystère dans cette méfiance, comme si, sans qu'aucune raison précise ne s'impose, l'opinion – et surtout les cadres dirigeants – avait considéré que ce Fabius était à surveiller du coin de l'œil. N'avais-je pas tout pour être un météore giscardien en 1974 au moment où Giscard devint Président? Mais c'est Mitterrand que j'ai choisi de soutenir. Ne pouvais-je faire autre chose que de la politique? Evidemment, mais j'ai fait de la politique. N'aurais-je pas pu m'implanter dans une circonscription peuplée d'universitaires? Certes, mais je me suis battu dans l'une des circonscriptions les plus ouvrières de France. Avec le temps, cette attitude à mon endroit s'est d'ailleurs atténuée : difficile d'entretenir éternellement un procès en pseudo-socialisme à l'endroit de qui a été Premier ministre socialiste, a dirigé le parti socialiste, n'a pas cessé d'affirmer ses convictions socialistes, même lorsqu'elles n'ont plus été au pouvoir ou à la mode. J'avoue cependant ne pas avoir totalement réussi à percer le mystère. Si je devais éprouver quelque contrariété de ce soupçon, je me console en pensant aux précédents historiques, dont Léon Blum ne fut pas le moins éclatant.

Trop jeune, peut-être? Sans avancer le reproche d'immaturité, on m'a demandé – et l'interrogation se voulait gentille – si je ne regrettais pas d'avoir été nommé si jeune à de si hautes fonctions, dans la mesure où la période suivante, celle que nous vivons aujourd'hui, apparaîtrait par contraste moins exaltante, moins pleine, plus en demi-teintes. C'est oublier qu'en général on ne choisit pas de devenir Premier ministre, qu'on n'en choisit pas non plus le moment, et que, lorsqu'on vous le propose, il est peu fréquent qu'on le refuse. Il ne sert pas à grand-chose d'imaginer ce qui aurait pu se produire si...

Admettons cependant. Admettons que j'aie eu le choix du poste, du moment, du contexte. Je crois que ma jeunesse a constitué un atout. Pour bouger la société française, il faut de l'énergie et de l'ambition. Il en faut également pour affronter les obstacles et les coups bas qui composent le lot quotidien de la vie publique. D'autres voies, brillantes et rémunératrices, pouvaient m'être ouvertes : j'ai voulu agir dans l'arène publique. Certes, du fait de ma jeunesse, je n'ai évidemment pas bénéficié de l'expérience possédée dix ans après. Je reconnais, en outre, un certain nombre de défauts que l'âge, l'expérience peuvent corriger, du moins je l'espère : une distance apparente parfois excessive envers les gens, distance issue d'une certaine retenue, d'une timidité de ma part, parfois interprétées de travers; une inclination à trop personnaliser les rapports, à les vivre en termes de sympathie entière ou d'antipathie, de confiance totale ou d'hostilité, et à mal supporter les demi-postures; une propension à aller vite, à exiger des autres une efficacité rapide, à considérer que chacun partagera le même rythme que moi; une tendance enfin à sous-estimer certains obstacles, et à considérer ensuite comme injuste tel ou tel échec de ma part, pourtant prévisible. Cela peut expliquer des insuffisances, des erreurs que j'ai commises. Si j'établis la balance des plus et des moins dans ma vie personnelle, ai-je eu raison, ai-je eu tort de m'engager comme je l'ai fait ? De toute façon, je le devais, c'était ma conviction, mon choix. Je souhaitais agir pour les autres et avec eux. Une sorte de morale laïque m'a poussé. Sur le plan de l'intérêt général, sur le plan des valeurs auxquelles je crois, je pense avoir été utile, même si j'ai mis certainement plus d'efficacité à agir qu'à le faire savoir, à réformer qu'à organiser la publicité de mes réformes. En cela, je n'ai peut-être pas été suffisamment de mon temps.

Pourquoi la politique ? Pourquoi le jeune intellectuel que j'étais, issu d'une famille qui ignorait ce domaine, a-t-il décidé de suivre la voie politique ? Le hasard a joué son rôle dans cette aventure. A partir des convictions qui étaient les miennes, à une époque qui correspondait à la montée en puissance de la gauche et où je commençais tout juste ma vie professionnelle, le hasard m'a placé sur le chemin d'amitié de François Mitterrand. Mais on ne donne pas par hasard vingt ans de sa vie, et surtout pour une vie aussi particulière et aussi dure. On ne devient pas à trente-sept ans chef du gouvernement d'une des cinq plus grandes puissances du monde uniquement par hasard. Il fallait encore, outre l'ancrage à gauche de mes idées, un goût pour la transformation des choses, une aptitude à analyser et à répondre à des situations complexes, la volonté de consacrer toutes mes forces au progrès commun, d'anticiper, de transformer, de résister et de servir. D'où ma passion pour ces vingt ans de vie publique. D'où ma volonté de surmonter les épreuves personnelles et de dominer l'opprobre jeté sur l'activité politique elle-même. Opprobre d'autant plus pénible que, lorsque j'ai décidé de m'engager dans cette fonction politique, c'est précisément parce qu'elle me paraissait noble, supérieure aux petits arrangements et aux calculs sordides, conforme à l'intérêt général, susceptible d'exprimer cet idéal du service de la personne humaine que je place au-dessus de tout. Maintenant que je sais de quoi il est question, maintenant que j'ai, sinon tout, du moins beaucoup connu, la question est posée : continuerai-je l'action politique d'Etat? Continuerai-je le service du public exactement sous la même forme? Les années qui viennent répondront pour moi.

Le socialisme auquel je continue de croire est-il le même qu'en 1974 lorsque j'ai rejoint le parti socialiste? Oui et non. Il y a vingt ans, comme beaucoup de mes camarades, j'idéalisais, je grossissais, je simplifiais la démarche socialiste. Je pensais, nous pensions pour la plupart qu'elle constituait une rupture franche, nette, datable, que le seul fait pour la gauche d'accéder au gouvernement et d'exercer le pouvoir permettrait des améliorations capitales dans la répartition de l'avoir, du pouvoir, du savoir. Nous pensions que la propriété des moyens de production et d'échange était la question décisive, que les nationalisations pourraient changer profondément la donne économique et sociale. Nous pensions que, même si le contexte international était hostile, un gouvernement de gauche, dans une nation riche comme la France, pourrait rapidement imprimer sa marque et contribuer à faire basculer sur certains points la sensibilité mondiale. Nous pensions que les changements dans la vie quotidienne seraient évidents sous l'effet de notre volonté politique.

Vingt ans après, nous avons changé sur plusieurs points. Les faits eux-mêmes ont changé, ainsi que leur environnement et leur interprétation. L'écroulement du communisme à l'Est a libéré des peuples en même temps qu'il rendait plus complexe toute vision. L'informatisation du monde, la société de communication sont encore devant nous. La construction européenne, la dimension internationale sont devenues des éléments constitutifs de tout projet politique sérieux. Le rôle majeur conquis par les médias, et plus largement par la culture, en fait une donnée nouvelle, au moins aussi importante que l'économie dans la définition d'un projet de société. Ce projet de société apparaît lui-même moins clair, l'essentiel du choix socialiste résidant désormais dans la démarche, dans les valeurs qui l'éclairent, plus que dans le but. Il n'y a plus de chemin préétabli. Le chemin se trace en marchant. La vision du socialisme comme récompense sublime offerte après une longue marche, ce paysage irénique qu'on découvrirait après avoir gravi durement les contreforts d'une montagne, cette approche messianique est dépassée. La perspective du grand soir a disparu. Dans chaque domaine, l'ambition du socialisme devient – ou redevient comme chez Jaurès – l'extension la plus grande possible de la démocratie.

L'expérience du pouvoir est passée par là. Depuis 1975, c'est-à-dire depuis vingt ans, la gauche aura gouverné pendant dix ans, 1981-1986, 1988-1993. Les deux septennats de François Mitterrand auront marqué le pays, apporté des améliorations importantes, mais assez loin de l'espérance originelle. Des failles auront aussi barré le chemin. J'emprunte ses mots à Eluard, même si leur nostalgie vise un autre temps : « Nous attendions un grand printemps. » En me lançant dans cette aventure collective, pouvais-je envisager que les inégalités de revenus et de fortune seraient, quatorze ans après, aussi fortes qu'au début ? Certainement pas ! Pouvais-je imaginer que le chômage, malgré nos efforts, augmenterait à un tel rythme au cours de ces années, ravageant notre société ? Pas davantage !

A côté des acquis évidents de ce double septennat pendant lequel – ne l'oublions pas – la France s'est accoutumée à l'alternance, a choisi l'Europe, la modernisation économique, les libertés judiciaires et audiovisuelles, tout en maintenant les services publics et la protection sociale, à côté de ces acquis considérables comment ne pas éprouver une certaine déception au nom même de notre attente du « grand printemps » ? Sans doute n'avons-nous pas assez mesuré le changement d'univers qui était à l'œuvre. Nous avons proposé des mesures, souvent utiles, là où il eût fallu un projet qui tienne mieux compte de la mondialisation tout en infléchissant la donne. Sans doute aussi avons-nous sous-estimé certaines contraintes, commis aussi des erreurs et des dérives, insuffisamment apprécié les données et parfois les contradictions de l'espace et du temps.

L'espace, d'abord, avec une contradiction qui n'est pas un thème imaginaire mais qui constitue un problème de fond : entre d'un côté notre engagement européen et de l'autre notre conviction socialiste. Les questions sont devenues internationales, nos réponses sont restées trop souvent nationales. Ou bien, à l'inverse, les mécanismes libéraux de l'Europe ont réduit la portée de notre ambition socialiste. Voulait-on taxer les capitaux ? L'Europe libérale invoquait la situation du Luxembourg pour dire non. Voulait-on développer la protection sociale des travailleurs européens ? L'Europe libérale invoquait la situation de la Grande-Bretagne pour dire non. Voulait-on favoriser une relance budgétaire ? L'Europe libérale invoquait l'Allemagne pour dire non. A partir du milieu des années 80, nous n'avons pas exigé de l'Europe une approche suffisamment résolue. Une autre contradiction a tenu à la période économique pendant laquelle s'est déroulé au moins le début du premier septennat : quelle relance possible en France sur fond de crise mondiale ? Après 1981, les comptes extérieurs de notre pays ont rapidement viré au rouge, il a fallu réduire la voilure. La crise a frappé une nouvelle fois pendant les années Bérégovoy, il a été indispensable alors de diminuer à nouveau le rythme, l'emploi s'est trouvé pénalisé. En revanche, la première cohabitation (de 1986 à 1988), de même que la période du gouvernement Rocard ont connu une situation économique internationale florissante : les gouvernements d'alors auraient pu en tirer parti pour réformer davantage.

Ces regrets n'entachent en rien la reconnaissance de ce qui a été accompli d'excellent. Ils ne me conduisent pas à me désolidariser ou à me décourager. Ils ne me poussent pas à abandonner mon idéal, mon attachement aux valeurs fondamentales de la gauche. Simplement, au nom même de cet attachement, je pense que nous devrons à l'avenir nous préoccuper davantage des ombres et un peu moins du seul soleil. Définir plus clairement, à partir de notre expérience et des changements du monde, ce que peut, ce que doit être la gauche. Redéfinir notre vision. J'entends y prendre ma part.

Je suis convaincu, en particulier, que l'apport de la gauche ne peut pas être perçu clairement si elle se borne à parler de court terme. Ce n'est pas là-dessus que la gauche établira sa différence. Certes, les mesures immédiates sont importantes mais elles n'ont de sens que rapportées à un projet d'ensemble, à une colonne vertébrale. J'inverserai la fameuse formule de Keynes, pour dire : « A court terme, nous sommes tous morts. » Il y a quelques années, j'avais parlé de la nécessité d'un « grand dessein ». On avait brocardé l'expression, puis on l'avait reprise. La nécessité reste actuelle : l'homme, la famille, l'entreprise, la nation, ne se mobilisent pas, ne se transcendent pas sans un dessein. Ce qui ne veut pas dire une illusion. La gauche doit présenter un projet, sans pour cela être arrogante. Elle doit apporter beaucoup plus que des recettes. En ces temps non de crise mais de rupture, il existe deux, trois grands défis à relever. Si, comme je le pense, la politique consiste à rendre les citoyens co-intelligents des situations et des décisions à prendre, c'est par rapport à ces défis et à cette rupture que la gauche doit se situer.

Premier défi : le chômage, évidemment, qui mine notre société. L'automatisation, l'informatisation, la mondialisation ont tout changé. La société de communication bouleverse tout. Sous l'effet des mutations technologiques, économiques, culturelles, le travail ne parvient plus à être la matrice du lien social, l'exclusion gagne du terrain, les individus se replient sur eux-mêmes. D'immenses richesses coexistent avec les SDF et les STF, les sans domicile fixe et les sans travail fixe. Or, la « classe politico-économique », quoi qu'elle prétende, continue à s'accommoder du chômage. Ou à penser qu'on résoudra la crise du travail seulement par le travail, ce qui est illusoire. Tout, dans les vingt années précédentes, a été essayé, sauf massivement la réduction-réorganisation de la durée du travail, le développement des emplois d'utilité sociale et la redistribution que ces changements impliquent. Car dans un pays qui connaît à la fois l'un des niveaux de richesse nationale par tête les plus élevés du monde et l'un des taux de chômage les plus pénalisants, le problème est aussi une question de plus juste répartition. De 1880 à 1990, en un peu plus d'un siècle, la durée du travail a été réduite en moyenne de 1 % par an. Pourquoi le mouvement s'arrêterait-il soudain, au moment précis où les progrès de productivité sont plus foudroyants que jamais ? Trente-sept heures par semaine en 1997, proposions-nous lors de la campagne présidentielle, vers les trente-cinq heures en fin de législature : il faudra aller au-delà, nettement au-delà. L'objectif, l'horizon, c'est la semaine de travail de quatre jours, c'est le temps choisi pour chacun. Et, parallèlement, la création d'un nombre considérable d'emplois d'utilité sociale, écologique, culturelle, ce qui implique de les professionnaliser et de les payer. Combien de besoins insatisfaits dans la population ! Ce sont eux qui devront donner naissance à autant d'activités nouvelles dans tous les domaines. Une nouvelle économie est en gestation, davantage immatérielle, extérieure au domaine marchand traditionnel, tournée vers des secteurs comme la formation, l'information, la santé, les loisirs, l'environnement, et susceptible de développer de nouvelles pratiques de solidarité. C'est une ambition de société qui se profile, avec des conséquences majeures sur l'éducation, sur la culture, sur le sport, sur la vie familiale, sur la ville. Avec, en perspective, une organisation différente des temps de vie et des rapports sociaux. Une relation différente entre vie professionnelle et vie personnelle. La gauche porte avec elle cette redistribution du temps et des ressources. Pour que tous les citoyens disposent enfin sans exception – sans exclusion – d'une véritable activité. Pour qu'on ne martèle pas la solidarité avec les sans-logis chaque hiver, avant de faire disparaître du paysage les sans-ressources chaque été.

L'Europe s'englue, c'est notre deuxième défi. Contrairement à ce qu'on nous serine, l'Europe actuelle n'est pas bien partie. Consensus sur l'Europe ? Non : consensus pour faire silence ou pour rester flous. Nous devons marteler que l'élargissement européen qui se profile à de nouveaux pays – au total près de trente – se transformera en une catastrophe si, d'urgence, on ne se décide pas à approfondir et à changer le fonctionnement de l'Union. Nous devons sortir du brouillard qui baigne la question des compétences, celle des votes et celle des dates. Croit-on qu'on évitera une nouvelle Yougoslavie, en ne précisant pas les chemins d'une politique extérieure et de défense commune entre la France et l'Allemagne ? Croit-on qu'on évitera une dérive vers l'Europe libre-échangiste, l'Europe-terrain vague, si la « question de confiance » n'est pas posée à l'Allemagne ? Je milite quant à moi pour une Europe qui tienne pavillon haut – commerce, monnaie, industrie, recherche – face aux continents rivaux. Une Europe qui porte partout le message des droits de l'homme et de la paix. Une Europe qui refuse la dissémination nucléaire, qui plaide – propositions à l'appui – pour le respect de l'environnement, une Europe qui entraîne vers de nouveaux rapports d'échange entre le Nord et le Sud et qui, face aux problèmes évidemment internationaux (drogue, pollution, Sida, spéculation, surarmement), impose des solutions internationales. Un peu d'européanisme éloigne de la patrie, beaucoup d'européanisme y ramène. Trop vaste pour les problèmes modestes, la nation est devenue trop modeste pour les problèmes les plus vastes. A l'évidence, l'Europe offre le bon échelon pour beaucoup de nos difficultés. Les Français devront choisir. Ou bien l'Europe corsetée des financiers. Ou bien l'Europe zigzag à la Chirac. Ou bien l'Europe projet de civilisation, la nôtre.

Longtemps la France a donné un exemple de démocratie au monde ; elle a perdu une part de ce grand rôle : c'est le troisième défi que la gauche devra relever. Changer la pratique institutionnelle en redonnant vitalité au Parlement et en réduisant le poids de la présidence impériale. Traiter les questions démocratiques du nouveau siècle : comment équilibrer la puissance des médias, comment insuffler une vitalité nouvelle à la démocratie représentative et parfois directe, comment assurer une parité réelle entre les femmes et les hommes? « La France inégale », avais-je écrit il y a vingt ans, pour décrire ce qu'il fallait transformer. Il n'y a pas de démocratie sans action permanente contre les inégalités. La tâche reste largement à accomplir. Agir partout contre les inégalités : fiscales par une imposition plus faible du travail et plus juste du capital; éducatives par l'édification d'une école hors les murs, d'une vraie éducation permanente, d'une école tout au long de la vie; sociales, par une protection qui garantisse chacun contre la maladie, la vieillesse, le chômage; spatiales par le renforcement des services publics, la concrétisation d'une authentique civilisation urbaine, l'affirmation du rôle de l'Etat. Nous reconnaissons désormais que le capitalisme porte en lui une certaine efficacité économique, mais nous devons être incomparablement plus vigoureux pour combattre les inégalités inacceptables qu'il engendre et les dégâts écologiques qui menacent cette efficacité elle-même. Dans une société où l'argent roi transforme en marchandises le corps, le sport, la culture, le patrimoine naturel, la politique, nous avons besoin de pouvoirs publics régulateurs, nationaux et internationaux, indépendants du marché, capables de préserver l'intérêt général et, demain, l'espèce elle-même. Tout cela est en germe dans notre vision de la démocratie. C'est la tâche de la gauche de demain.

A travers quelle(s) formation(s) politique(s)? Le parti socialiste futur ressemblera-t-il à celui d'aujourd'hui? Existera-t-il encore un parti socialiste? J'ignore les formes exactes que celui-ci prendra à court terme. En revanche, à moyen terme, je crois y voir à peu près clair. Je continue de croire que la France a besoin d'une droite et d'une gauche. Même si ces notions ont changé, les tempéraments, les valeurs, les méthodes de ces deux grandes familles d'idées sont différentes et elles le demeureront. Conservatisme d'un côté, progressisme de l'autre. Davantage de pessimisme sur la nature humaine ici, davantage d'optimisme là. Toute démocratie a besoin de ce dialogue. Le débat s'en nourrit. L'alternance y trouve ses ressorts. La France ne fera pas exception.

Personnellement, je crois à une rénovation ou à une refondation du parti socialiste. Depuis le début du siècle une telle transformation se produit environ tous les vingt-cinq ans, c'est-à-dire l'espace d'une génération. En 1971, au congrès d'Epinay, sur une ligne d'Union de la gauche et avec François Mitterrand, il y eut refondation. Nous voici presque vingt-cinq ans après : le temps d'une nouvelle étape approche. Elle se franchira comme chaque fois autour d'une idée nouvelle : cette fois-ci l'approche d'un socialisme débarrassé de l'hypothèque du communisme à l'Est. Elle se construira à partir des forces militantes existantes : le parti d'Epinay naquit de la SFIO et non pas du néant. Il en ira de même avec la prochaine étape, rassemblant, je l'espère, beaucoup des forces éparses à gauche et chez les écologistes. Je crois donc à la permanence d'un parti socialiste, modernisé dans ses pratiques, bâti autour d'une idée simple – la conviction active dans le progrès, la synthèse entre efficacité et justice –, ancré à gauche, plus concrètement internationaliste qu'avant, incarnant pour enjamber le siècle les forces de transformation culturelle, sociale, économique, écologique, et les valeurs permanentes d'égalité et de solidarité.

Cette étape nouvelle est d'autant plus indispensable que les partis de droite, quelques mois après avoir conquis tous les pouvoirs, apparaissent déjà essoufflés, et que l'extrême droite française, quoi qu'on en dise, augmente régulièrement son influence. Longtemps celle-ci fut marginale. Dans le débat public, les partis traditionnels jouaient à se renvoyer la responsabilité de son existence dans des procès approximatifs. Ces temps-là sont dépassés. L'extrême droite française est devenue l'une des plus puissantes d'Europe. Elle n'a rien d'un feu de paille. Par rapport à nos voisins et à notre histoire, elle constitue un phénomène particulier qui draine désormais, lorsqu'on l'examine attentivement, un électorat nombreux, jeune, populaire. C'est la France de la déstructuration industrielle, la France des inquiétudes urbaines, celle qui redoute le chômage, l'insécurité, l'immigration. La question du Front national n'est donc plus seulement une question politique et posée à la droite ; elle est aussi sociale et posée à la gauche. Elle est massive. Elle est posée à toute la France. Nous ne pouvons pas la traiter à la légère.

Car le véritable « gaucho-lepénisme » qui se lève menace non seulement l'audience du parti socialiste, mais il menace la perspective d'alternance et le bon fonctionnement de notre équilibre démocratique. La réponse à cette menace par le boycott des municipalités dirigées par le Front national, réponse trop schématique de ma part et à laquelle on m'a trop vite identifié, est, je le reconnais, discutable. La vraie réponse passe par la solution aux problèmes dont se nourrit le Front national sans vouloir vraiment les résoudre. Elle passe par le démontage précis et systématique des mensonges et des promesses de ce parti, dont l'application porterait atteinte aux couches populaires. Elle passe par le refus d'abandonner à l'extrême droite la belle idée, ouverte, de « nation ». Mais la première réponse passe par la présence sur le terrain, par la solidarité active, par les réseaux associatifs, mutualistes, syndicaux, politiques, bref par le militantisme. On ne luttera efficacement contre le Front national ni par la diabolisation, ni par le silence, ni par la complaisance. On luttera en étant présents, efficaces, solidaires. C'est une raison supplémentaire pour souhaiter la rénovation du parti socialiste et pour mettre tout en œuvre afin de la réussir.

En d'autres termes, par rapport au débat engagé sur l'avenir de la gauche, je ne sépare pas la nécessaire rénovation idéologique du parti socialiste et sa rénovation comme organisation. Le PS a souffert du décalage entre son projet, son action au pouvoir et l'attente des milieux populaires qui, avec les couches moyennes, constituent son électorat de base. La mondialisation de l'économie et de la révolution technologique, la montée en puissance des nouvelles couches moyennes salariées, le déclin de la classe ouvrière traditionnelle, l'effondrement des idéologies héritées du XIXe siècle, l'avènement de l'individualisme moderne, la réapparition d'un chômage de masse, la crise de l'Etat-providence, la révolution des médias et l'affirmation du « quatrième pouvoir » : tout cela a précipité la crise des partis socialistes et sociaux-démocrates. Le parti socialiste français n'a pas échappé à cette difficulté générale. Il s'agit de trouver (et de mettre en œuvre) des réponses neuves à des questions classiques de la social-démocratie, mais qui se posent aujourd'hui en termes différents, notamment trois questions centrales.

Comment contrebalancer, infléchir, maîtriser les forces du marché dans le contexte actuel de mondialisation de l'économie et de révolution technologique ? La réponse ne peut plus être apportée en économie quasi fermée et dans le cadre strict de l'Etat-Nation. Tant que les partis socialistes et sociaux-démocrates ne disposeront pas des moyens institutionnels d'une grande politique de réformes, ils seront condamnés à pratiquer la politique de leurs moyens : intéressante, certes, supérieure à celle des libéraux, mais pas à la dimension des problèmes qui nous assaillent. La gauche socialiste doit proposer un cadre institutionnel nouveau, à l'échelon local, national et surtout européen si elle veut être en mesure de bâtir un nouveau compromis progressiste maîtrisant les forces du marché.

Comment unifier les catégories populaires alors qu'on assiste depuis vingt ans à la segmentation du salariat en groupes aux intérêts divergents ? Dans le même temps où augmente le nombre des exclus, les taxes s'alourdissent sur les classes moyennes salariées pour porter assistance aux laissés-pour-compte de l'automatisation et de la mondialisation. D'où la cassure dans la base sociale de la gauche : d'un côté les victimes de la modernisation et de la mondialisation exigent davantage d'aides publiques ; de l'autre, les classes moyennes protestent contre l'augmentation des impôts et des taxes. Les premières sont tentées par les sirènes populistes. Les secondes par les sirènes libérales. La synthèse entre ces intérêts divergents, la capacité à formuler des revendications et des propositions unificatrices, c'est ce qu'on attend de nous.

Comment, enfin, promouvoir la participation des salariés, des jeunes, des défavorisés, à la vie politique, dans les conditions nouvelles de la démocratie ? Nos sociétés, selon l'analyse d'un sociologue, « ne sont pas seulement devenues médiatiques et sondagières, elles sont aussi sceptiques, individualistes, hypermarchandes et passablement impotentes ». Les conditions de l'engagement et de la participation politiques se sont modifiées, sans que les partis de gauche – mais aussi les syndicats et bien des associations au passé vénérable – en tirent toutes les conséquences. Il en résulte une désaffection massive envers les formes traditionnelles de participation politique. Partis et syndicats voient chuter le nombre de leurs adhérents. Au même moment, il existe une immense demande de participation, d'information, d'action politiques. Plus que la politique elle-même, c'est une certaine offre politique, routinière, archaïque, rébarbative, qui subit un rejet. Pour y répondre, l'effort de rénovation organisationnelle doit être mené énergiquement. Je fais confiance à la démarche de Lionel Jospin pour proposer dans ce domaine les réformes indispensables.

***

En analysant tout au long de ce livre mon propre itinéraire, qui coïncide avec celui d'une partie de la gauche, je n'ai pas cherché l'exhaustivité. J'ai retenu seulement quelques points dont je pensais qu'ils méritaient de l'être par leur importance, par leur signification ou pour redresser des inexactitudes. J'ai naturellement beaucoup parlé de François Mitterrand. En essayant de le faire avec pudeur. Parce que ainsi ont toujours été nos rapports : pudiques et profonds. A l'évidence François Mitterrand a joué un rôle majeur dans mon parcours, je lui porte une grande reconnaissance, même si cela ne m'a pas empêché d'avoir certains désaccords avec lui et d'éprouver un sentiment critique sur telle de ses actions. La fidélité n'exclut pas l'objectivité.

J'ai connu François Mitterrand assez tard dans sa vie politique, en 1976. Je l'ai toujours appelé « Président ». Comme s'il portait en lui cette qualité, cette destinée.

De son passé, je ne connaissais pas les détails, mais on m'en avait assez dit, j'en avais assez lu pour savoir qu'il avait été initialement un homme de droite, « modéré » comme il le disait de lui-même avec bienveillance. Le Mitterrand de la jeunesse, celui de la IVe République, ne m'ont jamais été sympathiques et ils ne m'ont jamais séduit, ni même vraiment intéressé. Je ne m'y suis pas appesanti. En fouillant, je redoutais de rencontrer un personnage qui ne m'aurait pas convenu, trop en opposition avec celui qu'à partir du milieu des années 70 j'avais servi avec admiration et contribué à faire élire, avec des millions de Français. Cette réticence de ma part envers l'autre Mitterrand, celui-ci ne chercha d'ailleurs jamais à l'évoquer pour la faire disparaître. Il ne m'en parlait pas, sauf de la période de la Résistance et de ses évasions. Il ne me mentait pas mais il ne se dévoilait pas non plus dans sa totalité. Il cloisonnait les rencontres, les fréquentations. Et moi, je ne cherchais pas à aller au-delà, pressentant que cette quête n'apporterait rien de positif, au point que, lorsque parut le livre bien documenté de Pierre Péan sur la jeunesse de Mitterrand, j'en parcourus seulement les bonnes feuilles dans la presse, ne souhaitant pas lire l'ouvrage intégral. Le dessin d'ensemble était clair. Je ne voyais pas la nécessité pour moi de mettre les points sur les i d'une aussi triste période.

Je n'avais pas besoin de cet épisode et de la controverse passionnée à laquelle il donna naissance pour percer un secret assez simple mais que j'avais mis des années à comprendre. La clé de la personnalité de Mitterrand, de son exceptionnelle réussite, de sa longévité, de son énergie, la clé de la fascination qu'il a exercée sur des millions de personnes à travers le monde, c'est son extraordinaire, sa sidérante ambivalence. Je dis bien l'« ambivalence », et non pas l'ambiguïté en quelque sorte ordinaire, la duplicité médiocre ou l'opportunisme si fréquents en politique. Une ambivalence fondamentale, métaphysique, qui le fait considérer toute chose comme à la fois elle-même et son contraire, toute personne comme à la fois bonne et mauvaise, toute situation comme simultanément tragique et pleine d'espérances. Ambi-valence : valeur double. Une perception chez lui totalement dialectique de la réalité humaine, où les contradictoires coexistent, où les temps transforment le rose en noir, où les êtres deviennent ce qu'ils sont avant de se transformer à nouveau, la seule permanence étant précisément cette disponibilité, cette fluidité, jusqu'au moment où la mort vient apposer son sceau, un nouveau mystère se révélant alors, celui de l'éternité, dont nul ne sait si elle fixe à jamais les êtres ou si au contraire elle ouvre le bal d'un changement désormais sans fin. Oui, la vraie clé de François Mitterrand, c'est cette ambivalence essentielle.

Ceux qui n'aiment pas Mitterrand ont tiré son ambivalence du côté de la tactique et du florentinisme. Il est exact que le Président qui, de toute notre histoire, aura par le suffrage universel le plus longtemps « régné » sur la France, a été un maître tacticien, habile comme personne à redresser les situations désespérées, à démolir de prétendues positions inexpugnables, à faire jaillir des étincelles de la nuit. Pour autant, cette capacité ne fut jamais que l'application en politique d'une vision chez lui plus profonde, ontologique, qui explique son extraordinaire capacité de rebond. Au point que le personnage, avec le temps, l'emportera peut-être sur l'œuvre : on parlera autant, voire plus de Mitterrand que de ses actes, on dira de telle ou telle personnalité « c'est un Mitterrand », cependant que l'action menée par lui se bonifiera avec le recul. L'axiome numéro un de la politique, celui qu'il n'a cessé de me répéter, s'énonce pour François Mitterrand en cinq mots : « La vie est du judo. » Il n'existe ni éternellement faible ni éternellement fort. Le faible peut vaincre le fort s'il trouve un point d'appui solide. En même temps, toujours parce qu'il est ambivalence, Mitterrand prétend que tout est possible, il respecte les rapports de puissance et salue ceux qui les établissent à leur avantage, il préfère parfois les thèses de ses adversaires à celles de ses amis. Il est darwinien, il croit à la sélection des plus forts et il le dit.

S'il ne cultive évidemment pas la provocation pour la provocation, il déteste encore plus les conformismes. Tout conformisme atteint sa liberté. Pour lui, pouvoir égale liberté. Il veut pouvoir dire « je suis », « je vais », « je veux », il veut pouvoir rejeter les contraintes. Mitterrand n'aime rien tant que résister aux pressions, aller là où personne ne veut qu'il se rende, prendre chacun à rebrousse-opinion. On ne veut pas qu'il rencontre le colonel libyen Kadhafi, il le rencontrera. On ne veut pas qu'il reçoive le général polonais Jaruzelski, il le recevra. On ne souhaite pas qu'il accueille Fidel Castro, il l'accueillera. On ne veut pas du droit de vote des immigrés, il le revendiquera. A cet égard, il y a du de Gaulle chez Mitterrand. De Gaulle qu'il a admiré et détesté non seulement parce qu'ils se sont durement opposés, mais aussi parce que de Gaulle est entré dans l'Histoire – dont il tire sa légitimité – par la grande porte de la guerre, alors que Mitterrand, lui, l'autre fameuse figure française de cette seconde partie du siècle, aura dû chercher sa légitimité dans la politique dont il est devenu le maître, dans cette politique qui a constitué toute sa vie mais qu'il réduit à la formule d'Aristide Briand : « La politique, qu'est-ce que c'est? C'est dire des choses à des gens. »

L'ambivalence? C'est elle qui explique qu'il faille « donner du temps au temps ». Seul le temps peut transformer les êtres et les choses, au point qu'ils présentent leur autre face, leur autre nature, leur autre projet, bref qu'ils deviennent ce qu'ils sont. L'ambivalence? Ce chef de parti méprise les partis. Ce splendide orateur de tribune est aussi un conteur intimiste. Ce sceptique éprouve et fait partager les émotions les plus grandes. L'ambivalence? L'Europe aura été une des plus fortes convictions de sa vie, mais rien ne vaut un arpent de France. La France est sa passion, un morceau de lui-même, mais il place au-dessus de tout la force du rêve européen. Capable de la plus tendre gentillesse envers l'ami en détresse et de la plus implacable dureté envers le même lorsqu'il a cessé de plaire. Déployant sa séduction pour conquérir, pour reconquérir, mais glacial de mépris lorsque la conquête et la reconquête sont acquises. Fasciné par les grandes réussites financières et insensible à l'argent. Rien d'étonnant si l'adjectif préféré de Mitterrand est « ductile » : « duc » comme ce préfixe qui peut conduire partout, « tile » comme ce suffixe qui donne la clé du subtil. Là où un homme ordinaire frapperait par la diversité de ses talents ou heurterait par la contradiction de ses comportements, Mitterrand séduit par la dualité de son action, de sa relation au monde. Cette ambivalence, qu'il ne théorise pas, le peuple français, lui, l'a comprise. Elle lui correspond d'une certaine façon. Elle traduit et permet le passage d'une période historique à une autre, d'une géographie à une autre, d'un siècle à un autre. Mitterrand est la double face de la France. C'est pourquoi leurs deux chemins ont si longtemps mêlé leur destin.

Pendant la vingtaine d'années où j'ai partagé sa vie politique et des morceaux de sa vie personnelle, François Mitterrand n'a cessé de me parler de la mort. De la mort en général, de celle des autres qu'il voyait en nombre grandissant disparaître autour de lui, puis de la sienne propre. Elle aura été, avec l'Histoire, sa seule obsession. Parce que c'est elle, évidemment, qui fixe les êtres dans leur vérité. Parce qu'elle est probablement la clé de son engagement : la politique est un moyen de laisser une trace et de dominer le temps. Avec elle, et seulement avec elle, l'ambivalence n'existe plus. Plus de séductions, plus de comédie, plus de rebonds. La fin est là. Mitterrand a voulu apprivoiser ce mystère dont il sait qu'il le concerne essentiellement et qu'il est plus grand que lui.

La captivité de François Mitterrand, son évasion, les risques qu'il a côtoyés pendant la guerre l'ont rendu insensible au danger physique. Courageux, il n'hésite pas à braver une foule, à affronter plus fort que lui. La mort, dans ce qu'elle peut comporter de souffrance, il ne la redoute pas. Ce qu'il redoute s'appelle la déchéance, l'affaiblissement physique et mental, la déréliction. Il ne craint pas l'ennemi lorsqu'il est en face. Il le craint lorsqu'il s'insinue en vous et vous transforme au point que vous ne puissiez plus faire face. En cet instant l'homme est fragile, c'est là qu'il se révèle, c'est donc là qu'il faut lui donner la main. Mitterrand n'est jamais aussi présent que lorsqu'un ami proche, ou même une simple relation tombe malade ou se trouve au bout de la route. Etre là au moment où cela ne peut « servir » à rien : c'est sa manière d'être généreux. Extraordinairement généreux : il l'est. Capable de tous les calculs et de tous les machiavélismes, il possède sa plage de gratuité totale où il se montre d'une sensibilité et d'une altérité extrêmes. La souffrance des autres, leur maladie, l'approche du trépas, c'est sa « zone de sainteté ». Non seulement parce que l'être y atteint son authenticité, parce qu'il cherche en cet instant l'essentielle solidarité humaine, mais parce que Mitterrand a besoin de ce dévouement et de cette pureté dans sa propre vie : il les trouve en ces moments-là.

Avec le temps, j'ai vu grandir chez François Mitterrand l'idée de sa propre mort. Progressive. Bouleversante. Avant d'être imposée par son cancer, elle s'est insinuée à travers le décès de ses proches. Quelques mois avant son accession à l'Elysée, la mort de Georges Dayan fut un choc très lourd parce qu'il était son ami le plus intime. La mort de plusieurs membres de sa famille rapprocha encore la cible. La mort de Patrice Pelat l'éprouva profondément. La mort de Pierre Bérégovoy, le compagnon des bons et des mauvais jours, son collaborateur le plus direct, fut le point de basculement.

Un an après le suicide de Pierre, le 1er mai, nous sommes revenus à Nevers, Mitterrand, moi-même, bien d'autres, pour célébrer son souvenir. Le déplacement avait donné lieu à des manœuvres indécentes autour des rôles respectifs du parti socialiste et du Président dans l'organisation de la cérémonie, ainsi que de la présence éventuelle de Bernard Tapie. Une fois les discours terminés, le Président souhaita que nous nous éloignâmes lui et moi pour parler. J'étais indigné par l'hypocrisie dont faisaient preuve beaucoup de dirigeants à l'occasion de cet anniversaire et je le lui dis. Eux qui, de son vivant, avaient souvent salement combattu Pierre, eux qui avaient multiplié les petites phrases ou les rumeurs, eux qui avaient mal dissimulé leur sourire lorsqu'il était attaqué dans son honnêteté au point que Pierre, si calme, si posé, si raisonnable, ne vit plus que le suicide pour échapper, tous ceux-là se rassemblaient, la parole devenue bénisseuse et les yeux mi-clos. On les interrogeait à la radio, à la télévision pour leur demander leur réaction ? Ils répondaient en parlant d'eux-mêmes. Ils se pavanaient. Ils me faisaient honte !

Je dis tout cela à François Mitterrand, ou plutôt je le lui déversai. Il se lança alors dans une méditation chuchotée sur la mort. Sur le départ hors de la vie. Oui, beaucoup d'hypocrisie régnait dans ces rassemblements. Oui, un socialiste ne trouvait grâce aux yeux des puissants que le jour de sa disparition. Oui, cette imposture était d'autant plus insupportable que la mort constituait le principal – le seul ? – moment d'authenticité. Mitterrand me parlait de Bérégovoy, du rassemblement qui venait d'avoir lieu, de tout ce qui devrait être accompli après, quand il ne serait plus là ; mais c'était sans témoins de lui-même qu'il parlait. Peut-être souhaitait-il m'offrir cette complicité en signe de notre amitié. Peut-être aussi, évoquant le futur, entendait-il défier sa propre fin, disséquant à l'avance la part de comédie officielle qui l'entourerait, à la fois mystique et moqueur. Il me parla de ce qu'il appelait mon « destin ». Puis il cessa de parler. Nous étions là côte à côte, sans un mot. Et moi, ressentant profondément ce moment de dramatique complicité, me remémorant en cet instant toutes les années passées ensemble, regardant son visage de parchemin blanc envahi désormais par la mort, j'avais la gorge serrée comme jamais.

La mort, alors ? Au-delà de l'obsession mitterrandienne, serait-ce la clé de la politique et son principal ressort ? Toute politique veut naturellement surmonter les barrières, donner un sens. Toute politique est fondamentalement un anti-destin. Agnostique, on ne s'engage pas totalement en politique si l'on ne se sent pas l'âme d'un prêtre laïque, d'un missionnaire républicain. On ne continue pas à faire de la politique si l'on perd confiance dans le futur, dans la capacité d'organiser, d'améliorer le futur. En cela, la politique est bien une conjuration contre la mort. Mais elle est surtout, telle que je la conçois, un formidable hymne à la vie.

On m'interroge parfois sur ce qu'est pour moi la politique. Autre façon de me demander de juger mon propre chemin. Je pense alors à cette belle expression d'Hugo : « Le temps, ce grand sculpteur ». Le temps, sculpteur des destins individuels et des aventures collectives : c'est ainsi que j'ai vécu ces vingt ans. Malgré les difficultés, malgré les blessures de la vérité, je garde foi en l'action publique. Je l'idéalise moins qu'avant. Je ne crois plus que tout soit politique. Je relativise les clivages. Je récuse le manichéisme. Mais je continue de croire que la politique peut avoir utilité et profondeur.

Il y a quelque temps, une jeune étudiante m'a rendu visite pour m'interroger précisément sur la politique. Elle préparait un diplôme d'histoire. Nous avons parlé. Beaucoup parlé. Elle était originaire du Midi, chaleureuse, intelligente, avec un regard noir et vif. Au moment de partir, en la raccompagnant jusqu'à la porte, j'ai voulu un instant renverser les rôles. « Et pour vous, mademoiselle, la questionnai-je, c'est quoi, exactement, la politique ? » « Oh, monsieur Fabius, c'est simple. La politique, c'est l'ombre et le soleil. »

Table

Cet ouvrage a été réalisé par la
SOCIÉTÉ NOUVELLE FIRMIN-DIDOT
Mesnil-sur-l'Estrée
pour le compte des Éditions Flammarion
en août 1995

Imprimé en France
Dépôt légal : septembre 1995
N° d'édition : 16371 – N° d'impression : 31643